职业教育教材·新形态教材　财经商贸类

网络营销——基础、实务与实训

秦　勇　刘建华　白灵燕　主编

清 华 大 学 出 版 社
北京交通大学出版社
·北京·

内容简介

本书紧跟网络营销理论与实践发展潮流，采用项目任务式编写体例，全面阐述网络营销策略、网络营销策划、网络营销推广、网络营销工具、网络营销方式与方法。全书内容共分两篇 11 个学习项目 37 个学习任务。主要内容包括网络营销的实现方式、网络营销策略、网络营销策划、网络营销调研、网络消费者购买行为分析、网络广告营销、搜索引擎营销、微营销、直播营销、短视频营销、网络事件营销、大数据营销、O2O 营销、小程序营销、论坛营销、App 营销、病毒式营销、许可 E-mail 营销、二维码营销等。

本书语言通俗，案例丰富，注重实务，突出实训，适宜作为应用型本科院校和高职院校网络营销课程教学用书。

图书在版编目（CIP）数据

网络营销：基础、实务与实训 / 秦勇，刘建华，白灵燕主编. —北京：北京交通大学出版社：清华大学出版社，2024. 3

ISBN 978-7-5121-5172-7

Ⅰ. ①网…　Ⅱ. ①秦…　②刘…　③白…　Ⅲ. ①网络营销—高等学校—教材　Ⅳ. ①F713.365.2

中国国家版本馆CIP数据核字（2024）第022707号

网络营销——基础、实务与实训

WANGLUO YINGXIAO——JICHU, SHIWU YU SHIXUN

责任编辑：郭东青

出版发行：北京交通大学出版社　　电话：010-51686414　　http://www.bjtup.com.cn

地　　址：北京市海淀区高梁桥斜街44号　　邮编：100044

印 刷 者：北京时代华都印刷有限公司

经　　销：全国新华书店

开　　本：185 mm × 260 mm　　印张：15.5　　字数：396 千字

版 印 次：2024 年 3 月第 1 版　　2024 年 3 月第 1 次印刷

印　　数：1～2 000 册　　定价：49.00 元

本书如有质量问题，请向北京交通大学出版社质监组反映。对您的意见和批评，我们表示欢迎和感谢。

投诉电话：010-51686043，51686008；传真：010-62225406；E-mail：press@bjtu. edu. cn。

前　言 FOREWORD

网络营销是伴随着国际互联网迅猛发展而诞生的一种全新营销模式，具有低成本、跨时空、交互性、整合性、高效率和精准营销等诸多优点，在促进经济发展、拉动消费增长、提升网络用户购物体验等方面发挥着重要的功能。据中国互联网信息中心发布的《第52次中国互联网络发展状况统计报告》显示，截至2023年6月，我国网络购物用户规模达8.84亿人，较2022年12月增长3 880万人，占网民整体的82.0%。根据商务部发布的《中国电子商务报告（2022）》，自2013年起，我国已连续十年保持全球规模最大的网络零售市场地位。另据国家统计局数据显示，2022年，全国电子商务交易额达43.83万亿元，按可比口径计算，比2021年增长3.5%。网络营销在培育消费市场新动能、助力推动消费“质”“量”提升双升级、推动消费“双循环”方面发挥着更加重要的作用。

网络营销的迅猛发展和营销方式的不断创新，要求高等院校能够为企业输送更多的具有创新精神、通晓网络营销理论、掌握专业实战技能的新型网络营销人才。为全面贯彻党的教育方针，落实立德树人根本任务，帮助高等院校更好地实现应用型网络营销人才的培养目标，编者团队在深入学习党的二十大报告的基础上编写了本书。

本书集网络营销工具、方法、实务于一体，语言通俗，案例丰富，注重实务，突出实训。本书采用项目式编写体例，以任务驱动为主线，以学以致用为根本导向。全书共计11个学习项目，每个学习项目下包含若干具体的学习任务。本书内容全面，既包含网络营销策略、网络营销策划、网络市场调研、网络消费者行为分析等网络营销基础知识；还包含网络广告营销、搜索引擎营销、微信营销、微博营销、直播营销、短视频营销、网络事件营销、大数据营销、O2O营销、论坛营销、病毒式营销、小程序营销、App营销、许可E-mail营销、二维码营销等常见的网络营销工具与方法。

本书应用型特色鲜明，编写体例丰富。书中每个学习项目均由项目情境导入、项目分析、项目学习任务书、若干学习任务、微课堂、案例分析、练习题和案例讨论所组成。每个任务又包含了任务引入、相关知识、任务实训等模块。本书为用书教师提供丰富的配套教学资源，包含PPT授课课件、补充教学案例、教学大纲、电子教案、题库、课后习题答案、辅助教学视频、补充阅读资料等，并将持续更新。

本书适宜作为应用型本科院校和高职院校网络营销课程教学用书，也可作为行业培训教材和从业人员的参考用书。

本书由秦勇、刘建华和白灵燕主编，鉴于编者学识有限，书中难免存在不足之处，敬请各位读者批评指正。

编　者

2023年11月

目 录 CONTENTS

▶第Ⅰ篇 基础篇◀

▶ 第Ⅱ篇 实务篇 ◀

基础篇

第Ⅰ篇

导语：网络营销是伴随着信息技术高速发展而诞生的一种全新营销模式。与传统营销相比，网络营销具有低成本、跨时空、交互性、整合性、高效率和精准营销等诸多优点，在促进社会经济发展、拉动消费增长、提升消费者购物体验、推动人民生活水平提升等方面发挥着重要的功能。

本篇为全书的基础篇，包括2个学习项目，下含6个学习任务。通过对本篇的学习，能够帮助我们理解网络营销的含义，了解网络营销的内容，熟悉网络营销的实现方式与营销策略，掌握网络营销的策划与调研方法，并对网络消费者的行为有一个较为深入的了解。

项目 1 初识网络营销

学习目标

【知识目标】

（1）理解网络营销的概念。
（2）熟悉网络营销的内容。
（3）熟悉网络营销的实现方式。
（4）熟悉网络营销的策略。
（5）掌握网络营销策划的方法。

【技能目标】

（1）能够根据企业实际情况为其选择适合的网络营销方式。
（2）能够帮助企业完成网络营销策略的制定。
（3）能够形成清晰的网络营销策划思路。

【素质目标】

（1）树立正确的网络营销价值观。
（2）培养对网络营销的学习兴趣。
（3）提升分析网络营销问题及解决问题的能力。

项目情境导入

2020 年国庆期间最大的电影票房黑马非《我和我的家乡》莫属。10 月 9 日，国庆档电影榜单出炉，《我和我的家乡》以 18.7 亿元的票房成绩、4 732 万的观影人次独占鳌头。消费者在感受家乡巨变的同时，也纷纷以在线下单、实地旅游等方式支持家乡的好货与美景。

作为这部电影的官方合作伙伴，电商平台拼多多特别上线了“家乡好货”专区，并对应影片故事分别设置了京津冀、云贵川、江浙沪、西北和东三省销售专场，通过特色产品的集中展示、大规模的补贴让利，进一步带领消费者体验家乡风貌的深刻变化。消费者可在拼多多“家乡好货”专区页面选购各地的特色产品，如图 1-1 所示。

图 1–1 拼多多“家乡好货”专区页面

受电影的影响，不少消费者对影片提及的陕西、贵州、浙江、辽宁等地的好货与美景产生了浓厚的兴趣。相关地区的特色农产品和农副产品的销量随着电影票房一路上涨，国庆期间，拼多多“家乡好货”专区的产品订单量已突破 1 亿单。

拼多多数据显示，2020 年 10 月 1 日至 8 日，北京的糕点、河北的山楂等在京津冀专场中销量靠前。在假期消费热潮的带动下，拼多多北京糕点类产品的订单量同比上涨近 70%。

云贵川专场的产品种类最多，从四川的丑橘、石榴，到云南的鲜花饼、土豆，再到贵州的辣椒、牛肉粉，热门产品不一而足。值得一提的是，电影中《天上掉下个 UFO》这一故事反映的黔货运输难问题近年来已随着道路交通状况和物流基础设施的不断完善而逐步得到解决。

在拼多多“家乡好货”江浙沪专场中，江苏的螃蟹、糯米藕，以及浙江的梅干菜、水磨年糕等产品较受欢迎。此前，在长三角区域合作办公室和沪苏浙皖一市三省农业主管部门的共同指导下，包括太湖、固城湖、洪泽湖、长荡湖等在内的长三角大闸蟹优质产区联合拼多多共同成立了“长三角大闸蟹云拼优品联盟”，为消费者带来了众多优质产区的源头好蟹。

电影里，陕西苹果在《回乡之路》这一故事中频繁出现，现实中陕西苹果、冬枣、猕猴桃等牢牢占据着西北专场产品销量前三的位置，东三省专场则几乎是黑龙江大米、红肠，以及辽宁小米、果梨和吉林人参的天下。

随着平台商品补贴力度的不断加大、优惠举措的不断丰富，“家乡好货”专区的产品订单量仍在快速上涨。在拼多多 5 周年之际，平台希望与消费者分享生日的喜悦，助力家乡好货一起拼。

问题：你知道的网络营销方式有哪些？你如何看待拼多多的社交裂变营销？本案例给了我们哪些启示？

项目分析

网络营销是电子商务重要的具体应用。近年来，网络信息技术的不断进步、消费者价值观的改变以及激烈的商业竞争，促进了网络营销的蓬勃发展。商务部发布的《中国电子商务报告（2022）》显示，自 2013 年起，我国已连续 10 年保持全球规模最大的网络零售市场地位。国家统计局数据显示，2022 年，全国电子商务交易额达 43.83 万亿元，按可比口径计算，比 2021 年增长 3.5%。2022 年，全国网上零售额达 13.79 万亿元，其中实物商品网上零售额 11.96 万亿元，比上年增长 6.2%，占社会消费品零售总额的比重上升至 27.2%。网络营销在促进我国经济发展的过程中发挥着极为重要的作用。

那么，什么是网络营销？网络营销包含哪些内容？网络营销的实现方式有哪些？网络营销的策略有哪些？如何开展网络营销策划？本项目将对以上问题进行解答。

任务 1.1　了解网络营销的含义与内容

任务引入

小李和小王都是某校的应届毕业生，他们因打球而认识，后来成了无话不谈的好友。小李学的是电子商务专业，小王学的是公共事业管理专业。毕业季，小李求职非常顺利，在校招的现场就与一家电子商务运营商签订了三方协议，工作岗位是网络营销专员。而小王求职时则屡屡碰壁，对口的工作一个也没签下来。小李知道小王性格外向，对人热情，沟通能力很强，而且平时对网络很感兴趣，也选修过市场营销的课程，因此他建议小王不如也去面试一下网络营销岗位。

你觉得小王去面试网络营销岗位可行吗？如果小王如愿获得了工作，他还需要进一步学习网络营销的哪些基础知识？

相关知识

1. 网络营销的含义

网络营销（online marketing 或 e-marketing）是指以现代营销理论为指导，以国际互联网为基础，利用数字化的信息和网络媒体的交互性来满足消费者需求的一种新型的市场营销方式。可见，网络营销的实质仍然是市场营销，是传统营销在网络时代的变革与发展。

与传统营销相比，网络营销具有可以降低营销成本、突破市场的时空限制、满足消费者的个性化需求、提供更好的购物体验、实现与消费者的实时互动等优点，因而成为当前很受企业重视的主流营销方式之一。

课堂讨论

不少人认为电子商务就是网络营销，你同意这个观点吗？请谈谈你的看法。

2. 网络营销的内容

网络营销涉及的范围较广，所包含的内容也较为丰富。与传统营销相比，网络营销的目标消费者和营销手段均有所不同，因此，网络营销的内容与传统营销的内容也有很大的差异。具体来说，网络营销的内容主要包括以下几个方面。

1）网络市场调查

网络市场调查是开展网络营销活动的前提和基础，也是企业了解市场、准确把握消费者需求的重要手段。网络市场调查是指企业通过互联网，针对特定的营销任务而进行的调查活动，主要包括调查设计、资料收集、资料处理与分析等环节。网络市场调查的重点是充分利用互联网的特性，提高调查效率和改善调查效果，以求在浩瀚的网络信息海洋中快速获取有用的信息。

2）网络消费者行为分析

网络消费者是伴随着电子商务的蓬勃发展而产生的一个特殊消费群体，这个群体的消费行为有其自身的典型特征。因此，企业在开展网络营销活动前必须深入了解网络消费者不同于传统消费者的需求特征、购买动机和购买行为模式。网络消费者行为分析的内容主要包括分析网络消费者的用户特征、需求特点、购买动机、购买决策等。

3）网络营销策略制定

为了实现网络营销目标，企业必须制定相应的网络营销策略。与传统营销策略类似，网络营销策略也包括产品策略、价格策略、渠道策略和促销策略 4 个方面，但企业在具体制定网络营销策略时应充分考虑互联网的特性、网络产品的特征和网络消费者的需求特点。例如，企业在制定网络营销的价格策略时，通常可以对某些在线体验类产品，如在线培训、远程医疗、虚拟旅游、游戏等采取全部免费或部分免费的价格策略。

4）营销流程改进

与传统营销相比，网络营销的流程发生了根本性的变化。利用互联网，企业不仅可以实现在线销售、在线支付、在线服务等，还可以通过网络收集信息并分析消费者的特殊需求，以生产消费者需要的个性化产品。著名的李维斯（Levi's）公司就是利用互联网为消费者量身定制个性化产品的典范。消费者可以在李维斯公司的网站上直接输入所需服装的尺寸、款式和喜欢的颜色等信息，如此李维斯公司就可为其量身定制服装，从而使消费者的个性化需求得到满足。

5）网络营销管理

营销管理是企业为了实现营销目标而开展的计划、组织、领导和控制等一系列管理活动的统称。传统营销管理的许多理念和方法虽然也适用于网络营销管理，但网络营销依托全新的网络平台开展营销活动，难免会遇到新情况和新问题，如网络消费者的隐私保护问题及信息安全问题等，这些都要求企业做好有别于传统营销的营销管理工作。

任务实训

1. 实训目的

了解网络营销的含义，通过浏览相关网站，形成对网络营销的初步认识。

2. 实训内容及步骤

（1）浏览慧聪网、天猫商城、京东商城、淘宝网、格力官网、拼多多 App、抖音短视频、中国互联网络信息中心等平台，全面了解网络营销的发展与应用情况。

（2）总结个人对网络营销的理解与认识。

（3）撰写实训心得。

（4）在班级微信群或班级邮箱里分享实训作业，在课后与同学们分组讨论。

3. 实训成果

实训作业：我对网络营销的初步认识。

任务 1.2 熟悉网络营销的实现方式

任务引入

小王在小李的建议下开始寻找网络营销的工作岗位，他投递了不少简历，但因专业不对口，仅有两家公司给了他面试的机会。小王在参加第一家公司的面试时被问到网络营销的实现方式有哪些，它们各有何特点，由于事先准备不足，小王的回答令面试官很不满意。

如果你是小王，你该如何回答上述问题？

相关知识

1. 企业网站营销

企业网站是企业开展网络营销活动的基础。没有网站，许多网络营销方法将没有用武之地，网络营销的效果也会大打折扣。企业网站的网络营销功能主要有企业形象塑造、产品 / 服务展示、客户关系管理、网络市场调研和在线销售等。

2. 搜索引擎营销

搜索引擎（search engine）会根据一定的策略，运用特定的计算机程序收集互联网上的信息，在对信息进行组织和处理后，将处理后的信息展示给用户。它是为用户提供检索服务的系统，能帮助用户在浩瀚的信息海洋里方便快捷地找到需要的信息。由于搜索引擎的商业价值极高，很多企业都将搜索引擎营销作为一种重要的网络营销方式，并取得了较好的营销效果。

3. 直播营销

网络直播是最近几年兴起的一种新的高互动性视频娱乐方式和社交方式，具体形式有电商直播、游戏直播、才艺直播、综艺直播、资讯直播和体育赛事直播等。借助网络直播平台，网络主播可以将现场制作的视频实时传输给目标受众并与目标受众进行双向的互动交流。随着网络平台的发展、直播用户的增加，以及一大批“网红”主播带来的示范效应，直播营销已经成为备受重视的网络营销方式。

4. 网络广告营销

网络广告是指以数字化信息为载体，以国际互联网为传播媒介，以文字、图片、音频、视频等形式发布的广告。网络广告具有非强迫性、实时性与互动性、易统计性与可评估性、低成本性、发布方式多样性等优点，是很多企业投放广告的首选。自 2016 年起，我国网络广告的营业额已超过四大传统广告媒体（广播、电视、报纸、杂志）的营业额总和。

5. 许可 E-mail 营销

许可 E-mail 营销是企业在用户允许的情况下，通过电子邮件的方式向目标用户传递营销信息的一种网络营销方式。用户允许企业发送电子邮件是开展许可 E-mail 营销的前提。许可 E-mail 营销具有成本低、实施快速、目标精准、主动性强等优势。因此，自诞生之日起，许可 E-mail 营销就被众多开展网络营销的企业重视。

6. 微信营销

微信营销是随着微信的普及而兴起的一种新型网络营销方式。借助微信平台，企业可以实现点对点的精准营销。微信营销包括个人账号营销和微信公众号平台营销及小程序营销等方式，本书将在后续章节进行详述。

7. App 营销

App 营销则是指企业利用 App 将产品、服务等相关信息展现在消费者面前，利用移动互联网平台开展营销活动。因为智能手机相对于传统计算机而言操作方式较为简便快捷，即使对计算机不熟悉的人，也能够快速熟练地使用智能手机，因而促进了 App 的快速发展。

8. 博客 / 微博营销

博客 / 微博营销是指企业或个人利用博客 / 微博开展营销活动的一种新型网络营销方式。企业借助博客 / 微博平台可以开展广告宣传、品牌推广、活动策划及产品促销等一系列网络营销活动。

9. 病毒式营销

病毒式营销是一种常用的网络营销方式，其原理是通过“让大家告诉大家”的口口相传的用户口碑传播，利用网络的快速复制与传递功能让企业想要传递的营销信息在互联网上像病毒一样迅速扩散与蔓延。病毒式营销常被用于网站推广、品牌推广、为新产品上市造势等营销实践中。需要注意的是，病毒式营销成功的关键是关注用户的体验和感受，即营销活动要能给用户带来积极的体验和感受。

10. 网络事件营销

网络事件营销是指企业借助热点事件开展网络营销。借助网络事件营销，企业往往可以快速、有效地宣传产品或服务。在网络营销实践中，网络事件营销因成本低、传播迅速、影响面广以及关注度高等优点而备受企业青睐。

11. 网络视频营销

网络视频营销近年来异军突起，成为网络营销的又一个重要风口。它具有互动性强、传播迅速、成本低廉等优势，因而被企业高度重视。尤其是抖音、快手、哔哩哔哩等短视频平台的兴起，更是推动了网络视频营销的蓬勃发展。网络视频营销呈现品牌视频化、视频网络化以及视频广告内容化的趋势，并衍生出了新的特点，值得我们深入学习。

12. O2O 营销

O2O（online to offline，线上到线下）营销，即企业充分利用互联网挖掘线下的商务机会，让互联网成为线下交易的前台，达成线上用户与线下产品或服务的交易。在互联网时代，O2O 营销成为互联网领域最具潜力的营销方式之一。相对于实体商店传统的“等客上门”的营销方式，O2O 营销代表了一种新的营销逻辑。“逛在商场，买在网上”“网上下单，线下体验”即对这种营销方式的最好诠释。

13. 大数据营销

大数据营销是企业通过大数据技术，对从多平台获得的海量数据进行分析，并依据分析结果改善营销策略的一种新型营销方式。大数据营销具有全样本调查、数据化决策、强调及时性和个性化营销等特点，能大大提高企业营销的效率，促进营销平台的互联互通，而且能够帮助企业有效改善用户的体验。因此，大数据营销逐渐成为营销行业的热点。

14. 网络营销的其他实现方式

除上述 13 种方式之外，网络营销的实现方式还包括论坛营销、网络软文营销、社交网络服务（social networking services，SNS）营销、二维码营销等。

任务实训

1. 实训目的

了解网络营销的不同实现方式。

2. 实训内容及步骤

（1）浏览艾瑞咨询、网经社、青瓜传媒、虎嗅网、格力官网、百度、美团网、京东商城、天涯社区、新浪博客 / 微博等网站，登录抖音、微信等平台，全面了解网络营销的实现方式。

（2）总结不同的营销方式的特点，列举典型案例，完成表 1–1 的填写。

表 1–1 网络营销的实现方式的比较

网络营销的实现方式	实现方式解读	特点	典型案例
企业网站营销			

续表

网络营销的实现方式	实现方式解读	特点	典型案例
搜索引擎营销			
直播营销			
网络广告营销			
许可 E-mail 营销			
微信营销			
App 营销			
博客 / 微博营销			
病毒式营销			
网络事件营销			
网络视频营销			
O2O 营销			
大数据营销			

（3）完成表格填写后提交作业，交授课教师评阅。

3. 实训成果

实训作业：网络营销的实现方式的比较。

任务 1.3　了解网络营销策略

任务引入

小王吸取了第一次面试失败的教训，在去第二家公司面试之前做足了准备。他深入学习了网络营销的基础知识，又专门请小李给他做了面试前的辅导，还在网上查看了不少网络营销岗位面试的经验。小王这次面试的企业是一家网络营销咨询公司，面试的岗位是网络营销策划专员。第一轮是面试考核，由于预先准备充分，面试官提出的问题小王都对答如流，面试官对他较为满意，通知他一周后参加总部组织的笔试考核。第一轮面试结束后，小王获悉笔试主要考核被试人员的网络营销策划能力，要求被试人员熟知网络营销的各种策略，并能撰写出一份给定的某一企业的网络营销策略。

小王应该准备哪些网络营销策略方面的知识？他该如何撰写这份网络营销策略？

相关知识

网络营销策略是指开展网络营销的企业为实现营销目标而对企业内部要素（包括生产要素、经营要素等可控要素）进行的综合把握和利用，一般包括产品策略、价格策略、渠道策略和促销策略。

1. 网络营销产品策略

1）网络营销中的产品

（1）实体产品。实体产品是指具有物理形态的、人们可以通过视觉和触觉感觉到的产品。网络营销是市场营销方式的一种，从理论上说，任何一种实体产品都可以通过网络进行交易，但在实践中，仍有少数产品因物流成本太高等问题而不适合在网络上销售。

（2）虚拟产品。虚拟产品一般是无形的，即使表现出一定形态也是通过其载体体现出来的。例如，计算机软件的实质是存储在磁盘上的有规则的数字编码，磁盘是软件的载体。在网络上销售的虚拟产品分为软件和服务两大类，包括各种软件、视听产品、电子书籍、在线培训课程网络游戏等。相较于实体产品，虚拟产品更适合在网络上销售。

2）网络营销产品的特性

（1）产品性质。在电子商务发展的早期，网上销售的产品大多是虚拟产品、图书、电子产品等。后来，随着网络技术、安全技术、物流技术等的发展以及人们消费观念的改变，一些最初人们认为不适合在网上销售的产品，如汽车、地产、生鲜冷食等均实现了在线销售。尤其是当前O2O模式的兴起，打通了线上与线下的渠道，大大拓展了网络营销产品的范围。但网络营销产品还是会受到自身属性的一些影响。一般来说，标准化的产品、易于保存和运输的产品、数字化的产品、远程服务等尤为适合在网上销售。

（2）产品质量。网上购物使消费者在购买时无法亲身体验产品而只能依靠商家提供的文字、图片、视频等介绍选择产品，无法做到“眼见为实”。因此，在网络世界里，要想取得消费者的信赖，商家所售的产品质量必须得到保障，要经得起考验。因为网络具有的特性，一旦产品质量失信于消费者，商家的“恶名”就会广为传播，这些商家也必将被消费者抛弃。

3）网络营销产品策略的内容

企业的营销活动以满足消费者的需求为中心，而需求的满足只能通过提供某种产品（或服务）来实现。因此，产品是开展企业营销活动的基础，产品策略的好坏直接影响和决定企业营销活动的成败。网络营销产品策略主要包括新产品开发策略、产品生命周期策略、产品组合策略、品牌策略等。

网络营销的产品策略与传统营销的产品策略所应用的基本理论是一致的，二者的不同之处在于网络营销的产品策略中融入了互联网思维。例如，在新产品研发过程中，企业可以充分利用网络平台的互动性，倾听消费者的心声，甚至可以邀请消费者共同参与产品的研发、设计。此外，在电子商务时代，产品的生命周期更短、更新换代的速度更快，这就对企业制定网络营销产品策略提出了新的挑战。

2. 网络营销价格策略

1）网络营销的产品价格特征

与传统营销的产品价格相比，网络营销的产品价格具有如下一些新的特征。

（1）低价位。网络经济是直接经济，因为减少了交易的中间环节，所以能够降低网上销售产品的价格。另外，由于网络信息的共享性和透明性，消

微课堂

网络营销的价格策略

费者可以方便地获得产品的价格信息，这要求企业必须以尽可能低的价格向消费者提供产品和服务。如果产品的定价过高或降价空间有限，那么该产品则不太适合在网上销售。

（2）消费者主导定价。消费者主导定价是指消费者通过充分的市场信息来选择购买或定制令自己满意的产品或服务，同时以最小代价（产品价格、购买费用等）获得这些产品或服务。在网络营销过程中，消费者可以利用网络的互动性与商家就产品的价格进行协商，这使消费者主导定价成为可能。

（3）价格透明化。在网上，产品的价格是完全透明的。网络消费者足不出户，通过轻点鼠标就可以查询同一产品的报价信息，如果商家的定价过高，产品将会很难销售出去。下面通过图 1–2 来进行说明。

从图 1–2 中可以看出，网站页面不仅给出了某图书在京东商城的价格走势，而且给出了按照价格升序排列的全网价格信息。这样消费者一眼就能看出最低报价，并可迅速做出购买决策。

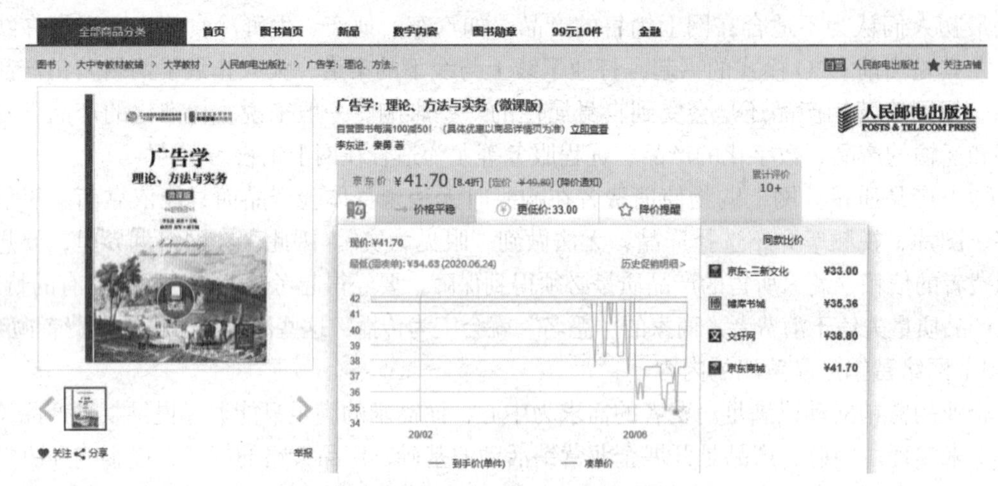

图 1–2　京东商城某图书报价页面

2）网络营销的定价策略

（1）免费定价策略。面对浩瀚的网络信息海洋，消费者的注意力无疑是最为稀缺的资源。因此，经济学家提出了“注意力经济”“眼球经济”的概念。很显然，免费是吸引消费者“注意力”或“眼球”的一大利器。

免费定价是指企业以零价格的形式将产品（服务）的全部或部分提供给消费者使用的定价方式。免费定价策略主要有 4 种形式：完全免费、限制免费（一定时间内或一定次数内免费提供产品，如网络杀毒服务）、部分免费（部分内容免费、部分内容收费，如研究报告的数据）和捆绑式免费（在购买产品后，其附属的一些东西免费，如正版软件附带的小软件）。从成本的角度分析，免费定价策略适合复制成本几乎为零的数字化产品和无形产品。

（2）新产品定价策略。新产品定价策略关系到新产品能否顺利地进入市场、能否在市场上立足，以及能否为目标消费者所接受和认可等。所以，企业制定合理的新产品定价策略至关重要。在网络营销实践中，可供选择的新产品定价策略主要有撇脂定价策略、渗透定价策略和满意定价策略。因在本书的价格策略一章中已经对这 3 种定价策略做过介绍，在此不再重述。

（3）折扣定价策略。折扣定价策略是指企业对现行定价做出一定的调整，直接或间接地降低价格，以争取消费者，增加销量。折扣定价策略可采取数量折扣、现金折扣、季节折扣、功能折扣和时段折扣等多种形式，其实质是一种渗透定价策略。

（4）差别定价策略。差别定价策略是指企业根据消费者、销售区域等方面的差异，对同一种产品或服务设置不同的价格，以达到获取最大利润的目的。

（5）拍卖定价策略。拍卖定价策略是指网络服务商利用互联网技术平台，让产品所有者或某些权益所有人在其平台上开展以竞价、议价方式为主的在线交易。实施拍卖定价策略具有一定的风险，因为这样做有可能会破坏企业原有的营销渠道和定价策略。通常比较适合采用拍卖定价策略的是企业的库存产品或二手产品。当然，如果企业希望通过拍卖展示来吸引消费者的关注，这种定价策略也适用于部分新产品。

（6）定制定价策略。定制定价策略是指企业为所生产的消费者定制的产品定价。采用这种定价策略，每一个产品的价格会因消费者的独特需求而不同。例如，计算机组装企业完全根据消费者指定的配置来提供产品，所以每台计算机的价格自然由配置的好坏来决定。

（7）使用定价策略。所谓使用定价策略，是指消费者只需根据使用次数付费，而不需要完全购买产品。企业采取这种定价策略有助于吸引消费者使用产品，扩大市场份额。使用定价策略比较适合虚拟产品，如计算机软件、音乐、电影、电子出版物和游戏等。

（8）品牌定价策略。品牌是影响产品定价的重要因素，产品如果具有良好的品牌形象，就可以定较高的价格。例如，名牌产品采用“优质高价”的策略，既增加了盈利，又让消费者在心理上获得极大的满足。

3. 网络营销渠道策略

1）网络营销渠道概述

营销渠道是产品从商家交换至消费者的通道。对于开展网络营销的企业来说，熟悉网络营销渠道的结构，掌握不同网络营销渠道的特点，合理地选择网络营销渠道，无疑会促进产品的销售。

网络营销既可利用直接渠道，也可利用间接渠道。两者各有利弊，下面分别进行介绍。

2）网络直接渠道

网络直接渠道又称网络直销，是指开展网络营销的企业不经过任何中间商而直接通过网络将产品销售给消费者的营销模式。

（1）网络直接渠道的优点。①降低产品售价。由于没有中间商赚差价，网络直销可以有效地降低交易费用，从而为企业降低产品售价提供保障。②及时获取消费者的反馈信息。开展网络直销的企业可以通过网络及时了解消费者对产品的意见和建议，并可针对这些意见和建议改进产品质量、提高服务水平。

（2）网络直接渠道的缺点。网络直接渠道的缺点主要在于由于自身能力所限，企业很难建立被众多消费者关注的销售平台，因而产品销量有限。当前我国企业自建的销售平台不计其数，然而除个别行业和部分企业自建的销售平台外，大部分自建销售平台的访问者寥寥无几，营销效果平平。

3）网络间接渠道

网络间接渠道又称网络间接销售，是指开展网络营销的企业通过网络中间商将产品销售给消费者的营销模式。

（1）网络间接渠道的优点。①可以利用网络中间商的强大分销能力迅速覆盖市场并提高销量。②提高交易的成功率。网络产品交易中介机构的规范化运作可以降低交易过程中的不确定性，从而提高交易的成功率。

（2）网络间接渠道的缺点。网络间接渠道的缺点也很明显，如企业容易受制于中间商，市场反馈信息不如直接渠道通畅，中间商的存在提高了产品的售价使产品缺乏竞争力等。

4. 网络营销促销策略

1）网络促销的概念

促销是指企业为了激发消费者的购买欲望、影响他们的消费行为、扩大产品销售而进行的一系列宣传报道、说服、激励、联络等促进性工作。企业的促销策略实际上是对各种不同的促销活动的有机组合。与传统促销方式相比，基于国际互联网的网络促销有了新的含义和形式，它是指利用现代化的网络技术向虚拟市场传递有关产品和服务的信息，以激发消费者的需求，引起消费者的购买欲望和购买行为的各种活动。

2）网络促销的特点

（1）虚拟性。在这个环境中，消费者的消费行为和消费观念都发生了巨大的变化。因此，开展网络营销的企业必须突破传统实体市场和物理时空的局限性，采用全新的思维方法，调整自己的促销策略和实施方案。

（2）全球性。虚拟市场的出现将所有的企业（无论规模大小）都推向了全球市场。传统的区域性市场正在被逐步打破，因此，开展网络促销的企业面对的将是一个全球化的大市场。

（3）发展变化性。这种建立在计算机与现代通信技术基础上的促销方式还将随着这些技术的不断发展而发生变化。

3）网络营销促销的方式

传统营销的促销方式主要包括广告、公共关系、人员推销和营业推广 4 种。与之对应，网络营销的促销方式也主要有 4 种，分别是网络广告、网络公共关系、网络关系营销和网络营业推广。

（1）网络广告。网络广告促销是指开展网络营销的企业借助网络广告的形式，如网页广告、电子邮件广告、新媒体广告等开展的促销活动。网络广告既具有传统广告的优点，又具有后者无法比拟的实时性、交互性等优势，是企业开展网络营销促销的主要方式之一。

（2）网络公共关系。网络公共关系是一种以互联网为传播媒介，依托互联网为企业营造良好的组织形象，塑造有利的内外部环境的新型公关方式。网络公共关系在功能上与传统公共关系并无太大差异，但网络公共关系主要利用互联网进行公关活动，因此具有更强的开放性和互动性。网络公共关系的这种特性使企业可以摆脱传统新闻媒介的局限性，在利用新闻媒介方面的主动性得到了增强。例如，2018 年 3 月底，星巴克就借助网络媒体迅速平息了一起谣言风波。2018 年 3 月 30 日，星巴克迎来了一次躺枪的“公关危机”，这场危机是由一篇名为“震惊！星巴克最大丑闻曝光！我们喝进嘴里的咖啡，竟然都是这种东西……”的文章引起的。为提高“星巴克致癌”的可信度，该文章还引用了美国一家法院的判决，要求星巴克必须在所售咖啡的外包装上标上“有毒”提醒。很快，舆论沸腾了，网上陆续出现“据说星巴克致癌”的消息。然而在短短两天的时间内，星巴克公关部就利用网络媒体巧妙地澄清了事实，并化解了危机。星巴克首先举报造谣的微信账号，再邀请权威账号丁香医生进行辟谣，然后积极回应媒体，针对刷屏文章提到的“法院判决”，附上了全美咖啡行业协会相关的公告图，顺便还给公众做了一次关于“咖啡到底健康不健康”的常识的普及。

（3）网络关系营销。网络关系营销与传统促销中的人员推销相对应。人员推销，是指企业销售人员与潜在消费者直接接触，帮助和说服消费者购买某种产品或服务的过程。人员推销是一种独特的促销方式，它具备许多区别于其他促销方式的特点，可实现许多其他促销方式所无法实现的目标。对于某些产品或服务来说，人员推销的效果是极其显著的，如工业品、原材料、保险产品等的销售，主要采用人员推销的方式。但网络促销是在虚拟的网络市场中进行的，企业销售人员与消费者不会直接接触，人员推销这种促销方式被网络关系营销取代。网络关系营销的核心是建立和发展与企业目标消费者的良好关系，以培育消费者忠诚度，从而实现企业的营销目标。利用网络关系营销开展促销活动具有低成本、针对性强、亲和力强、信息反馈及时等优点，因而被越来越多的企业重视。

（4）网络营业推广。网络营业推广又称网络销售促进，是开展网络营销的企业在某一段时间内采用特殊的营销手段对消费者进行强烈的刺激，以促进产品销量迅速增长的一种策略。网络营业推广以强烈的呈现方式和特殊的优惠手段为特征，给消费者不同寻常的刺激，从而激发他们的购买欲望。针对消费者的常见的网络营业推广方式包括赠送促销、折扣促销、优惠券促销、积分促销、网络会员促销、网络抽奖促销等。

因资源所限，网络营业推广不能作为企业的经常性促销手段来使用。但在某一特定时期内，如在每年一度的“双 11”购物节期间，大多数电商企业都会积极采取这种促销手段，以求取得良好的促销效果。

案例分析

WL 辣条的网红营销

网络时代，从来就不缺“网红”。曾经常出现在学校小卖店里的辣条、面筋和辣片等也出了一个“网红”品牌——WL。“80 后”“90 后”对 WL 的记忆包括两个阶段，第一个阶段是童年时购买的各种零食，经常被成年人认为是“垃圾食品”，第二个阶段就是近几年，WL 已经从各种品牌的辣条中脱颖而出，与其他“网红”合作，更换包装、开设天猫店、推出多种口味，变身“高端”零食。WL 已经成为一种潮流，已经从学生蔓延到白领。“来包辣条压压惊”“辣条给我吃一根！”“来包辣条冷静一下”等表情包广为流传，这些表情包中的辣条无一例外均为 WL 品牌。在麻辣零食界，WL 好比可乐界的可口可乐、薯片界的乐事。

1. 找准消费者人群

WL 走红也只是近几年的事情。新媒体时代是品牌营销最“坏”的时代，稍不留神就坏事传千里。同时，这也是最好的时代，企业利用网络可以精准地找到营销对象，让一个产品快速走红。WL 的成功在很大程度上是因为其营销团队找准了营销对象。辣条的消费者多为“90 后”，他们擅长解构事物，富有个性，讨厌传统和一成不变，他们更需要碎片化的信息，需要情绪发泄的渠道。他们喜欢的事物没有固定的套路，随时会将注意力从一个事物转移到另一个事物。直接、感性、有趣与口语化是他们喜欢的沟通方式。认清了“90 后”喜欢什么，WL 的营销就成功了一半。

2. 全方位线上营销

网络平台是多元化的，“90 后”喜欢通过社交媒体（包括微博、微信和 QQ 空间等）获得信息。而社交媒体同时也是网络信息的发源地，是“网红”走红的平台，甚至也成为电视、报刊等平面媒体的信息采集地。从 2013 年起，网络中零零散散出现了辣条表情包或者关于辣条的段子。WL 的营销团队敏锐地抓住了这一点，继而在网络上投放更多的表情包，并与微博段子手合作，让段子手通过段子和表情包“隐秘”地推荐品牌。这种营销方式的效果是显著的，在“90 后”的文化圈子里，WL 一下子变成辣条的代名词。“硬推广”对“90 后”并不奏效，这种隐藏在段子里的广告才是主流。这一阶段的推广无比重要，它为日后网民自发传播关于 WL 的表情包和段子奠定了基础。此外，WL 开通了官方微博和微信公众号，在两个平台上尽显幽默气质。但是，WL 在这两个平台上均存在信息发布不及时和缺乏维护的问题，这也是其营销过程中的一个缺憾。

3. 与草根网红合作

WL 产品价格便宜，符合大众口味。从诞生起，WL 就与“草根”二字紧密相关。在 WL 的新媒体营销中，与草根“网红”的合作也成为其一个亮点。WL 曾邀请“网红”张某到 WL 位于漯河的车间进行网络直播，以展示 WL 车间的卫生安全，该直播获得了大量粉丝关注。

案例分析： WL 辣条之所以能够成为网红级别的食品，是因为离不开精准的目标市场定位、全方位的线上营销、与草根网红的成功合作。WL 摒弃传统的铺天盖地的推广，将目光投放在微博等社交媒体层面，利用和用户最垂直的联动方式，将自身定位为一个段子手、一个网红，在萌贱的画风下，WL 辣条的每一次营销活动都能成为网民们津津乐道的话题。对于消费者而言，WL 已然成为辣条的代名词，甚至说是成为如今年轻人一种生活方式的代表。WL 辣条的网红营销启示我们，在当今的网络时代，企业的营销也要不断创新。

任务实训

1. 实训目的

认识网络营销与电子商务的区别。

2. 实训内容及步骤

网络营销是电子商务的具体应用，两者有很大的区别，但很多人都将其混为一谈，甚至一些电商从业人员也说不清两者的区别。请以小组为单位，基于对项目 1 的学习，从专业的角度对网络营销和电子商务的区别进行分析，并撰写一份不少于 500 字的分析报告。

3. 实训成果

实训作业：网络营销与电子商务的区别分析。

任务 1.4　熟悉网络营销策划

任务引入

由于提前阅读了数篇网络营销经典策划方案，小王受益匪浅，他在第二轮笔试环节表现优秀。小王在撰写面试公司指定的网络营销策划方案时才思泉涌，如有神助，写出的方案逻辑严密，切实可行，面试官对他赞赏有加。最终，小王顺利入职，正式成为该公司的网络营销策划专员。在这个岗位上，小王的工作职责是帮助客户完成网络营销策划的制定工作。如愿获得了心仪的工作岗位，小王既兴奋又忐忑，他深知自己任重而道远。

面对网络营销策划这份全新的工作，小王如何才能做好呢？

相关知识

1. 网络营销策划的含义

网络营销策划是指企业为了实现既定的网络营销目标而进行的策略规划和方案制订的过程。与计划相比，策划更加强调方案的谋略性和创意性，包含了策略思考、布局规划和谋划制胜等内容；而计划是指企业为适应未来变化的环境，实施既定的经营方针和经营战略，而对未来的行动所做出的科学决策和统筹安排。计划更为具体，其工作内容可概括为5W1H，即做什么（what）、为什么做（why）、何时做（when）、何地做（where）、谁去做（who）、怎样做（how）。

阅读资料

宝马汽车的网络营销策划

摄影师 @ 摄影 ER 在他微博上发布了一条令人感到匪夷所思的消息：“距离西宁开车 3 小时左右的戈壁上发现“沙漠怪圈”（见图 1–3）！！圆环和线条都十分规整且精确对称，沟壑很深，目测有 3 ～ 5 米。司机邹师傅说上周还没有出现，当身处这个巨大怪圈之内的时候，那种感觉实在难以用语言表达，出现这样的现象唯一可以接受的解释就是外星人所为！！”这条消息随即引来众多好奇心强烈的网民的关注。

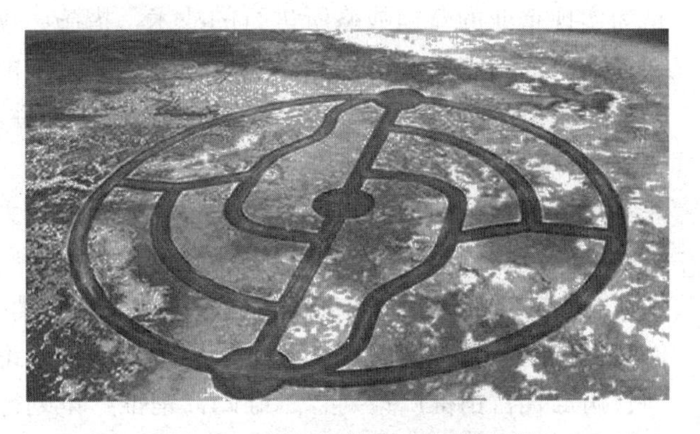

图 1–3　媒体航拍的“沙漠怪圈”

不到一周的时间，该微博已经被转发了 15 万余次，有将近 5 万条网友评论。其在搜索引擎中有超过12 000条相关链接，新浪微博中带有#沙漠怪圈#关键字的微博接近20万条，连续3天位列新浪微博热门转发评论榜第一，甚至还有“好事媒体”专门跑到事发地点进行航拍报道。一时间，“沙漠怪圈”成了众多媒体和网友关注的热点话题之一。

事实上，这是宝马公司为配合宝马1系汽车和计划于年底上市的全新1系汽车所做的精心策划。宝马1系之所以选择这样一种特立独行的悬念营销方式，是因为考虑到其目标消费者富有个性、具有活力，同时也喜欢探索未知事物，喜欢创新。另外，大家所看到的“沙漠怪圈”后来也被证实是“人为制造”的——3辆宝马1系汽车加上导航仪，在经过精确计算并控制驾驶路线之后碾压而成。

宝马的这次“沙漠怪圈”网络营销策划，从前期的预热、升级，到最后的揭秘，整个过程安排得非常缜密。宝马运用多种媒体渠道联合发声，赚足了网民的眼球，吸引了各方的关注。

此次宝马“沙漠怪圈”网络营销策划活动充分表明，一次好的创意策划，胜过无数平淡无奇的广告宣传。宝马1系汽车的目标消费者为年轻群体，他们之前对宝马1系汽车的关注度并不高。但凭借这次别出心裁的营销策划，宝马出奇制胜，以较小的投入获得了目标消费群体的极大关注，获得了巨大的成功。

2. 网络营销策划的分类

1）按照网络营销策划的层次进行分类

网络营销策划按照层次进行划分，可分为网络营销战略策划和网络营销战术策划。

网络营销战略策划是由企业高层做出决策、有关企业网络营销活动总体目标和战略方案的策划。网络营销战略策划注重企业的网络营销活动与企业总体战略之间的联系，内容涉及企业战略发展方向、战略发展目标、战略重点等。网络营销战略策划的基本特点是涉及的时间跨度长、涉及范围广，策划的内容抽象、概括，策划的执行结果往往具有一定的不确定性。

网络营销战术策划是有关企业在网络营销战略策划的指导下如何实现总体目标的详细策划，是对战略策划的细化和落实。网络营销战术策划注重企业网络营销活动的可操作性，是为实现企业的营销战略所进行的战术、措施、项目和程序的策划，如产品策划、价格策划、渠道策划和促销策划等。网络营销战术策划的特点是策划涉及的时间跨度较短、覆盖的范围较小，内容较为具体，具有较强的可操作性。

2）按照网络营销策划的具体内容进行划分

网络营销策划按照具体内容进行划分，可分为网络营销市场调研策划、网络市场推广策划、网络营销品牌策划、网络广告策划等。而网络市场推广策划又可细分为网站推广策划、App推广策划、网店推广策划、搜索引擎营销推广策划、自媒体营销推广策划、网络事件营销推广策划、网络软文营销推广策划、网络论坛营销推广策划、网络社区营销推广策划、病毒式营销推广策划、二维码营销推广策划等。以上部分网络营销策划方式在本书的后续章节有所涉及，受篇幅所限，在此不做详细阐述。

3. 网络营销策划的程序

网络营销策划需按照一定的程序来进行。第一步是进行市场分析，以界定问题；第二步是在市场分析的基础上确定网络营销策划目标；第三步是构思网络营销策划创意，明确营销活动的方式和策略；第四步是拟订网络营销策划方案，并进行优选，同时完成网络营销策划书的撰写；第五步是实施网络营销策划方案；第六步是对网络营销策划效果进行评估。网络营销策划程序如图 1–4 所示。

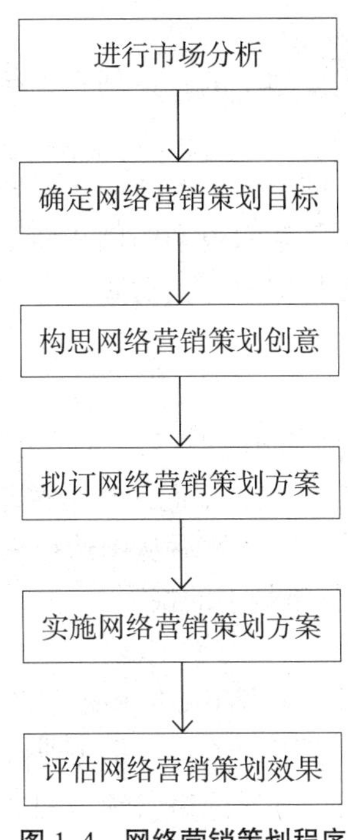

图 1–4　网络营销策划程序

1）进行市场分析

网络营销策划的第一步是进行市场分析，其内容包括网络营销环境分析、目标消费者分析等。网络营销环境分析又可分为宏观环境分析、行业环境分析以及企业内部环境分析。企业可采用的分析法包括 PEST 分析法，即从政治（politics）、经济（economy）、社会（society）和技术（technology）4 个方面对企业的宏观环境进行分析；五力分析模型法，即从现有企业间的竞争、潜在竞争者的威胁、替代品的威胁、供应商的议价能力以及顾客的议价能力这 5 个方面对行业环境进行分析；SWOT 分析法，即将企业的优势（strengths）和劣势（weaknesses）与外部的机会（opportunities）和威胁（threats）相结合，对企业的内外部环境进行综合分析。目标消费者分析包括分析网络消费者的需求特点、影响网络消费者购买行为的因素以及网络消费者的购买行为过程等。市场分析是开展网络营销策划的前提，也是界定网络营销策划问题的关键。

2）确定网络营销策划目标

网络营销策划目标是指企业通过网络营销策划活动所要取得的预期营销成果，它对企业的网络营销策略和行动方案具有明确的指导作用。企业在确定网络营销策划目标时要基于市场分析的结果，制定切实可行的目标。确定网络营销策划的目标应明确以下几点。

（1）网络营销策划目标必须具有明确的实施主体，即“由谁来实现目标”。

（2）网络营销策划目标的实现要有明确的时间限定。不管是长期目标还是短期目标，都应该有一个预先规定的完成期限。

（3）网络营销策划目标应该有明确的预期成果描述，否则，所提的目标不过是一句空洞的口号。预期成果的描述包括要实现的销售增长目标、市场占有率目标、企业利润目标、企业品牌形象塑造目标等内容。

3）构思网络营销策划创意

网络营销策划创意是网络营销策划中的一系列思维活动，是对网络营销策划主题的提炼以及对策划方案的综合思考与想象。

创意是网络营销策划的灵魂，创意水平的高低在很大程度上决定了网络营销活动的成败。构思网络营销策划创意是一项复杂而艰辛的创造性工作，但绝不是无中生有。它不仅需要策划者的灵感，更需要策划者扎实的营销功底、丰富的网络营销实战经验和科学严谨的创作过程。

4）拟订网络营销策划方案

拟订网络营销策划方案指在前期工作的基础上进行具体的网络营销活动安排，如投入多少活动经费、采用何种网络营销方式、不同阶段应采取的营销手段等。需要注意的是，在此阶段，企业需先拟订多个备选方案，然后从中选择最优的方案，同时网络营销策划方案要落实到书面上，即完成网络营销策划书的撰写。

5）实施网络营销策划方案

在确定网络营销策划方案之后，企业下一阶段的工作就是要将方案付诸实践。企业在实施网络营销策划方案时，要注意以下两点。一是企业必须要严格按照此前确定的策划方案开展网络营销活动；二是企业要做好对网络营销策划方案的执行、监督和控制工作，一旦发现偏离了既定的策划目标，需要立即采取纠偏措施。

6）评估网络营销策划效果

网络营销策划的实施并不是整个活动的终结，企业还要对活动的最终效果进行评估。具体的做法是将实施效果与既定目标进行比较，如果存在问题，要分析问题产生的原因并找出解决的办法，以便今后加以改进。

任务实训

1. 实训目的

掌握网络营销策划书的撰写方法。

2. 实训内容及步骤

（1）阅读相关文献，了解网络营销策划书的基本结构与写作要求。

（2）确定网络营销策划的主题和目标。

（3）在市场分析和创意的基础上完成网络营销策划书的撰写。

（4）提交网络营销策划书到班级的学习群，供同学们评阅。

3. 实训成果

实训作业：× × 企业（产品）网络营销策划书。

练习题

一、单选题

1.（　　）成功的关键是关注用户的体验和感受，即营销活动要能给用户带来积极的体验和感受。

A. 会员制营销　　B. 微信营销　　C. 病毒式营销　　D. 微博营销

2.（　　）更适合在网络上销售。

A. 实体产品　　B. 虚拟产品　　C. 价格高的产品　　D. 体积大的产品

3.（　　）是开展网络营销活动的基础。没有它，许多网络营销方法将没有用武之地，网络营销的效果也会大打折扣。

A. 企业网站　　B. 搜索引擎营销　　C. 许可 E-mail 营销　　D. 博客 / 微博营销

4.（　　）是指消费者通过充分的市场信息来选择购买或定制令自己满意的产品或服务，同时以最小代价（产品价格、购买费用等）获得这些产品或服务。

A. 撇脂定价　　B. 消费者主导定价　　C. 渗透定价　　D. 满意定价

5. 针对消费者的常见的（　　）方式包括赠送促销、折扣促销、优惠券促销、积分促销、网络会员促销、网络抽奖促销等。

A. 网络广告　　B. 网络关系营销　　C. 网络营业推广　　D. 网络公共关系

二、多选题

1. 网络营销策划按照层次进行划分，可分为（　　）。

A. 网络营销战略策划　　B. 网络市场调研策划　　C. 网络营销品牌策划
D. 网络市场推广策划　　E. 网络营销战术策划

2. 以下属于网络促销特点的有（　　）。

A. 虚拟性　　B. 全球性　　C. 区域性
D. 发展变化性　　E. 相对固定性

3. 网络营销的策略包括（　　）。

A. 价格策略　　B. 渠道策略　　C. 促销策略
D. 产品策略　　E. 定位策略

4. 网络营销的实现方式包括（　　）。

A. 企业网站营销　　B. 搜索引擎营销　　C. 许可 E-mail 营销
D. 博客 / 微博营销　　E. 微信营销

5. 网络营销的产品价格特征主要包括（　　）。

A. 高价位　　B. 价格透明化　　C. 消费者主导定价
D. 低价位　　E. 生产者主导

三、名词解释

1. 网络营销　2. 网络营销策略　3. 网络关系营销　4. 网络促销　5. 网络营销策划

四、简答及论述题

1. 网络营销的实现方式有哪些？
2. 网络促销的特点主要有哪些？
3. 试论述网络营销产品的特性。
4. 试论述网络营销的定价策略。
5. 试论述网络营销策划的程序。

案例讨论

从淘宝到天猫：绽放女装旗舰店

淘宝上曾经有一家名叫“绽放”的旅行女装店铺，其店铺等级为五皇冠，2015 年的销售额高达 3 000 万元，拥有 84.4 万名粉丝，复购率高达 65%。2017 年 6 月，绽放天猫旗舰店正式上线；2018 年，绽放首个线下体验空间——绽放之家线下体验店开业。

打开绽放天猫旗舰店的产品页面，呈现在我们眼前的是色彩鲜明的亚麻服装，旅拍形式的视觉效果，文艺感十足的文案内容。

创始人三儿之前在某旅游节目中任职，而他的妻子茉莉则在某畅销书作家的公司担任美术总监，他们一个有丰富的旅行经验，另一个也喜欢旅行并且对美有很强的鉴赏力，这都为他们后来创立绽放品牌埋下了种子。

1. 属于白领女性的绽放

在博客特别火的那几年，已经是“中国最佳女性博客博主”的茉莉经常在自己的个人博客“十分钟年华不老”上发布有关女性成长的文章，分享自己喜爱的电影、书籍和服饰。慢慢地，她发现不少读者除了喜欢她的文字，还十分中意她分享的服装。于是夫妻俩决定开一家淘宝女装店。

他们给店铺取名为“绽放”。“我们喜欢‘绽放’这个状态。这个状态是女性非常好的一种状态，意味着一种积极向上的能量。”基于之前的工作经验，三儿和茉莉对旅行中的人的着装需求比较了解，因此以旅行为切入点。“旅行的人的要求是服装版型宽松、便于行走，看上去比较洒脱。在色彩方面，需要明亮的颜色，这样的话拍照会很好看。”而为了更好地贴近自然，提高旅行中穿着的舒适度，夫妻俩采用了以亚麻为主的面料。

原来，绽放针对的市场人群以 28 ～ 38 岁的白领女性为主，其中也不乏全职妈妈，她们的共同点是经济独立和具备一定的文化知识。她们对旅行服装的第一要求是舒适，其次才讲究格调和美观。

回顾从淘宝到天猫的开店历程，绽放别具一格的经营理念值得我们深入研究。

2. 花式玩转“粉丝”经济

早在运营个人博客“十分钟年华不老”时，茉莉就在网上聚集了一票“粉丝”。随着绽放店铺的开业，这批博客上的“粉丝”也逐渐被导流到淘宝店铺，他们成了绽放最原始的一批忠实消费者。

“我们有一个跟淘宝店铺有关的论坛，这个论坛其实是最早跟‘粉丝’互动的地方，直到后来才慢慢开始变成社群。”

令人惊讶的是，起初绽放是不重视旺旺客服的，但产品质量和品牌文化驱动了消费者的购买意向，绽放的好评率依然是 100%。对茉莉来说，“打理店铺的人太少，询问的人太多”，店铺自然而然就走上了自主购物的道路。就在绽放初步品牌化之后，三儿意识到只有在一线接触消费者，才能提高服务水平。于是夫妻俩又开始完善旺旺客服的机制，但同时也发现只依赖旺旺客服来接触消费者是远远不够的。

3. 别具一格的微信运营

随着互联网的进一步普及及其在商业上的广泛运用，与“粉丝”在微博、微信等新媒体上进行互动成为品牌运营的大趋势。尽管人人都知道该往哪个方向做，却依旧很少有人能够在这方面做出斐然成绩——多番努力后产品复购率仍然无法提高，依旧是令商家头痛的问题。

新媒体是“玩”出来的，三儿很懂这个道理。他根据群内“粉丝”对品牌认识的先后顺序为其设置了不同的职位。不同职位的粉丝承担不同的职责，如拥有较高职位的粉丝要带动群内气氛、维护“粉丝”关系。这样的机制不仅能够极大增强“粉丝”对品牌的黏性，还能在潜移默化中将品牌理念植入“粉丝”生活。绽放天猫旗舰店的社群如图 1–5 所示。

图 1–5　绽放天猫旗舰店的社群

4. 带着“粉丝”去旅行

旅行是两人生活中不可或缺的一部分，也一直是店铺分享给消费者的主要内容。这是他们的特色，也是他们擅长的东西。慢慢地，“旅行”融入产品，成为一种风格。“这是一个品牌和消费者之间情感的连接”，但仅在新媒体上与消费者进行远距离的交流是很难维系良好的关系的。三儿想出了另一个主意——让绽放的团队带着“粉丝”去旅行。这不仅可以拉近与“粉丝”的距离，还可以围绕品牌强化公司的文化理念。

如今，旅行已经成为越来越多人的重要需求，无论是身体的旅行还是心灵的旅行，在旅行的过程中有一件衣服可以帮助人们更好地释放自我、更轻松地进入状态，这是非常有必要的。从这个层面看，绽放认为自己在做的不只是服装，更是一个品牌，一个理解旅行是什么、懂得旅行魅力的服装品牌。

5. 未来不只在线上

绽放店铺地处苏州。苏州是重要的服饰中心，也是亚麻的产地。三儿与当地的工厂合作进行生产，供应链周期维持在一周左右，采用的也是直接的消费者反馈制度，当有质量问题的服饰被退回时，工厂会直接做出响应。

虽然在品牌的精准定位上，绽放以旅行为切入点，但在风格定位上依然以亚麻材质代表的文艺路线为主。所以，旅行只是一个切入点，走进消费者的生活才是绽放真正想做的。三儿希望未来可以布局线下，提供场地为当地“粉丝”举办沙龙活动。他称其为“女主人计划”。“女主人计划”可以通过网上申报主题的形式参加，活动内容包括烘焙、插花等多种形式。凡是通过审核的选题，绽放都会为其提供线下店铺的场所、音响等设备，为“粉丝”搭建交流、展示自我的平台。这些软性的社群营销可以帮助当下的女性释放压力和解决自我提高的问题，这恰恰契合了绽放关注女性成长的文化理念。

2018 年 7 月，绽放品牌创立 10 周年，万千名“粉丝”翘首以盼的绽放生活馆正式揭幕。绽放生活馆之所以称为生活馆，是因为茉莉和三儿想把他们能想到的美好生活的元素都加进去。除有绽放女装、三茉童装、咖啡区、小剧场、绘画与绽放故事展示墙之外，他们还聚焦在了彩色亚麻的各种衍生品上。这次和绽放生活馆一同落成的还有绽放家居馆，彩色亚麻床品、桌布、围裙等产品陆续进场，甚至还有各种原木家具。

2018 年 7 月 14 日下午，绽放在生活馆里准备了一场特别的生日会。三儿和茉莉邀请了 68 位来自全国各地的“绽友”前来见证绽放生活馆揭幕，还请到了他们的好友及另外几位非常优秀的女性朋友做分享。下午两点活动正式开始，有的“绽友”早早地就来到了大厅里，为此，绽放特地准备了拍照墙和道具，供“绽友”在等待的时候拍照留念。

也有许多没有抢到入场券的“绽友”，她们自发前来，就是为了看看第一家绽放生活馆的样子，看看从来没见过但仿佛已经是老朋友的三儿和茉莉。

从单纯的文艺青年到开淘宝店再到开公司，三儿和茉莉一路走来，情怀还在，初心依旧。在他们看来，绽放是某个静态的瞬间，也是一个动态变化的漫长过程。家要成，钱要挣，但别忘了什么才是自己最想要的人生。

他们始终相信每个女生都是一朵特别的花：可能是热烈的玫瑰，也可能是纯净的水仙。但无论是哪种花，绽放都应该是她最好的姿态。他们致力于让“绽放”的生活方式成为每个女生不断实现自我成长的养分，因为只有当内在的核足够强大，开出的花朵才会无比娇艳而又充满力量。

思考讨论题

从夫妻店到原创品牌，从淘宝到天猫，绽放比其他同类型店铺更早布局线上女性亚麻服饰市场并获得了巨大的成功。但随着当下文艺女装店的普及，这样的“粉丝”运营方式是否是长久之计？今后他们还需要做哪些改变？

学生工作页

项目1　初识网络营销					
任务	分析网络营销发展的新趋势				
班级		学号		姓名	

本任务要达到的目标要求：

1. 提升学生的自主学习能力。
2. 了解我国网络营销的发展现状。
3. 认识网络营销未来的发展趋势。

能力训练

1. 当前我国网络营销发展呈现出哪些新的特点？

2. 当前网络营销的新风口有哪些？

3. 未来的网络营销将会向哪个方向发展？

学生评述

完成任务的心得与体会：

教师评价

项目2 网络营销调研与网络消费者购买行为分析

学习目标

【知识目标】

(1) 理解网络营销调研的内涵。
(2) 认识网络营销调研的优势与不足。
(3) 熟悉网络营销调研的过程。
(4) 了解影响网络消费者购买决策的因素。
(5) 掌握网络消费者购买决策的过程。

【技能目标】

(1) 能够根据所学知识为企业制订网络营销调研方案。
(2) 能够根据目标消费者的需求特点为企业制订网络营销策划方案。
(3) 能够根据所学知识为企业制定目标市场营销策略。

【素质目标】

(1) 提升开展网络营销调研活动的能力。
(2) 培养以消费者为中心的网络营销理念。
(3) 提升洞察网络消费者行为变化的能力。

项目情境导入

电商平台计算机数码产品的市场竞争激烈，但A平台却能在激烈的竞争中一枝独秀，笔记本电脑的在线市场份额占比超过了75%，也就是说线上每售出4台笔记本电脑，至少有3台来自A平台。这既是A平台计算机数码“行业第一”实力的证明，更是用户对A平台信任的体现。

这一切都离不开A平台用户直连制造商（customer to manufacturer，C2M）对用户需求的探索。早在C2M的摸索阶段，A平台就以“用户深访”的形式对不同行业的用户需求进行调研，发现了上班族和游戏玩家对笔记本电脑的不同需求点。

对于A平台来说，用户才是最好的产品经理，除了开拓细分市场，A平台更是从细节入手，不断为用户打造“爆款”产品。在产品设计上，A平台挖掘用户的每一个需求点，反向推动品牌厂商创造研发。依托A平台大数据，用户在选购、下单、收货、评价反馈的每一步都成了A平台的评估参数，用户浏览哪种规格的产品较多、用户在页面停留时间的长短都关乎着“用户喜好”。

A平台还将用户喜好传达给品牌厂商，助推爆款笔记本电脑的诞生。例如，电脑制造商B企业的拯救者Y7000P便是由A平台C2M反向定制打造的一款“现象级”爆款产品。除B企业的拯救者Y7000P外，A平台C2M还打造了一系列其他笔记本电脑厂商的爆款产品。

问题：为什么A平台能够通过网络营销调研成为笔记本市场的“行业第一”？本案例给我们的启示有哪些？

项目分析

网络营销调研是企业开展网络营销活动的前提，也是制定网络营销策略的重要依据。企业开展网络营销活动必须要高度重视网络营销调研。此外，网络营销的根本目的是满足网络消费者的需求，而要满足消费者的需求必须要充分掌握网络消费者的需求特点和购买行为。因此，网络营销调研和网络消费者购买行为都是网络营销活动开展的基础。

什么是网络营销调研？网络营销调研的内容包括哪些？网络营销调研的过程如何？如何采取正确的网络调研方法和策略开展调研活动？网络消费者的需求有哪些特点？影响消费者购买决策的因素有哪些？网络消费者的购买行为是一个什么样的过程？本项目将对以上问题分别进行解答。

任务 2.1 熟悉网络营销调研

任务引入

营销调研是企业开展营销活动的首要任务，它为将要开展的所有营销活动奠定基础、指明方向。具体来说，营销调研是指企业用科学的方法，系统而有目的地收集、整理、分析及研究所有与营销有关的信息，特别是消费者需求、购买动机和购买行为等方面的信息，并以此作为制定相关营销决策的基础。

与传统营销调研相比，网络营销调研有何优势？如何开展网络营销调研？

相关知识

1. 网络营销调研的概念与内容

1）网络营销调研的概念

网络营销调研是指企业通过互联网开展收集市场信息、了解竞争者的情报以及调查消费者对产品或服务的意见等市场调研活动，以此为网络营销决策提供数据支持和分析依据。目前，在网站上要求消费者进行注册、填写免费服务申请表格、开展问卷调查等是企业发起网络营销调研的基本手段。

网络营销调研包含对信息的判断、收集、记录、分析、研究和传播活动，其调研对象是网络市场信息，且直接为网络营销服务。与传统营销调研相同，网络营销调研的主要任务在于进行市场可行性研究、分析不同地区的销售机会和潜力、研究影响销售的各种因素

（如产品竞争优势、目标消费者心态、市场变化趋势），以及开展广告监测、广告效果研究等活动。

2）网络营销调研的内容

（1）消费者对产品的需求信息。网络消费者的需求特点，特别是需求及其变化趋势调查是网络营销调研的重要内容。企业利用互联网了解消费者的需求状况，首先要识别消费者的个人特征，如地址、性别、年龄、职业等。为鼓励受访者填写问卷和保护隐私，企业在调查中要采取一些技巧，从侧面了解、印证与推测有用的信息。

（2）企业产品或服务的信息。企业应通过网络营销调研了解企业当前所提供的产品或服务的市场地位、消费者反应等，将其与消费者需求对比，找出差距。企业现有产品或服务的相关信息包括产品供求状况、市场容量、市场占有率、消费者满意度、产品或服务的销量变化、消费者建议等。

（3）目标市场信息。目标市场信息主要包括市场容量、产品供求形势、销售份额、市场开发潜力、市场存在的问题、竞争格局等。

（4）竞争对手及其产品信息。竞争对手分析主要包括竞争对手是谁、竞争对手的实力如何、竞争对手的竞争策略、竞争对手的网络营销战略定位、竞争对手的发展潜力等。关于竞争产品，我们主要了解产品的市场占有率、广告手段、消费者满意度、销量变化等。企业收集此类信息的途径主要有访问竞争对手的网站、收集竞争对手在网上发布的信息、从其他网站摘录竞争对手的信息、从有关新闻报道或电子公告中获取竞争对手的信息等。

（5）市场宏观环境信息。企业在做重大网络营销决策时，必须对市场宏观环境（包括政治、法律、经济、文化、地理、人口、科技等方面）进行分析，该类宏观信息可以通过相应的网站或有关书刊获取。例如，政府信息可以通过一些政府网站或网络内容提供商（Internet content provider，ICP）网站查找。

此外，企业还应根据实际情况了解合作方、供应商、中间商等的相关信息。

阅读资料 2-1

网络营销调研的优势与不足

1. 网络营销调研的优势

概括来讲，网络营销调研主要具有以下几个方面的优势。

（1）经济、高效。企业进行网络营销调研是不受时空限制的，不需要派出专人开展实地调查，在网络上即可完成。信息的收集和录入也是通过受访者的终端直接完成，这大大提高了企业市场调研的工作效率。

（2）准确、及时。在传统的营销调研方式中，受访者多是被拦截或随机抽取的，在回答问题时相对被动。而网络营销调研的受访者多是对问卷内容感兴趣的人，回答问题时更可能是经过认真思考和亲身体验的。因此，网络营销调研的结果相对准确、真实。同时，由于信息在网络上传递十分迅速，网络营销调研可以使企业及时获得调研信息。

（3）易于接受。美国的唐纳·米切尔教授曾对网络营销调研与传统营销调研的效果进行对比研究，结果表明，受访者认为网络营销调研更重要、更有趣、更愉快、更轻松。在网络营销调研中，他们愿意回答更多的问题，而且反馈信息时更坦白。此外，网络营销调研采用匿名提交的方式，可以更好地为受访者保密，这使受访者更易接受此类调研。

2. 网络营销调研的不足

虽然具有以上优势，但网络营销调研还存在着一些不足。

（1）覆盖范围受限。网络营销调研的覆盖范围是指网络营销调研对象占调研目标总体的比例。其中，目标总体是调研所涉及的总体对象，网络营销调研对象指普通网民。但在某些时候、某些地方，调研覆盖范围可能会因网络不普及而受限。

（2）对象缺乏代表性。网民通常有年轻化、城市化等特征，这使网络营销调研对象往往不具有真正的代表性。网络营销调研受网民特征的限制，其调查结果一般只反映网民中对特定问题感兴趣的人的意见，它所能代表的群体可能是有限的。所幸，当前网民数量正在持续增加，且增长迅猛，这使网络营销调研有了获取更多受访者的可能。但网络营销调研仍要着眼于具体的调查项目和受访者群体的定位，如果网络上受访者的规模不够大，就意味着该项目不适合在网络上进行调研。

（3）过程难控制。网络营销调研大多采用网络问卷的方式进行。由于网络的虚拟性，调研者很难控制调研过程，如无法防止调研对象以外的人填写调研问卷等，而这些问题可能导致调研结果出现偏差。

由于网络营销调研存在以上不足，并非所有的营销调研都可以通过互联网来实现，所以营销人员在进行市场调研之前要考虑该项目是否适用于网络营销调研。

2. 网络营销调研的过程

1）确定调研目标

明确调研问题和调研工作所要实现的目标是网络营销调研的第一步。调研目标既不可过于宽泛，也不能过于狭窄，企业要明确地界定调研目标并充分考虑网络调研成果的实效性。在确定调研目标时，企业应考虑企业的消费者或潜在消费者是否上网，企业的网络消费者群体规模是否足够大，网络消费者群体是否具有代表性等一系列问题，以保证网络营销调研结果的有效性。

2）制订调研计划

网络营销调研的第二步是制订可行的营销调研计划，包括确定资料来源、调研对象、调查方法、调查手段等。网络营销调研计划的制订者及相关管理者必须具有丰富的营销调研知识，以便全面、周密地制订与审批调研计划，预测调研结果。

具体来讲，网络调研计划应包含以下几个方面的内容。

（1）要考虑为实现调研目标需要哪些类型的资料，是一手资料还是二手资料。

（2）要确定营销调研的对象。网络营销调研的对象主要分为企业面向的消费者或潜在消费者、企业的竞争对手、企业的合作者和行业内的中立者4类，前两类是企业在调研中经常选择的对象。

（3）要选用恰当的调查方法。企业在开展网络营销调研的过程中，经常使用的方法有网络问卷调查法、网络讨论法、网络观察法、网络文献法等。同时，企业还要选择相应的调研手段。网络营销调研经常借助的调研工具有网络问卷、计算机辅助电话调查系统及网络调研软件系统等。

（4）要确定抽样方案，包括抽样单位、样本规模及抽样程序等。抽样单位是抽样的目标总体。样本规模则涉及调研结果的可靠性，因此样本数量应足够大，并包括目标总体范围内所能发现的各类样本。而在确定抽样程序时，企业应尽量采用随机抽样法。

（5）要规划好调研的进度并做好经费预算。调研者需事先对调研成本进行估算，将各项开支逐条列出，以免产生额外的支出。

3）收集资料

网络通信技术的迅速发展使信息收集变得越来越简单。在传统的营销调研过程中，调研者需整理纸质问卷，手工录入数据；而在网络营销调研中，企业只需要对受访者反馈的信息进行下载、归类，或直接从网上下载相关数据即可。

4）分析资料

在网络营销调研中，信息分析非常重要，它直接关系到信息的使用和企业的决策。调研者如何从数据中提炼与调研目标相关的信息，会直接影响最终的调研结果。在这一阶段，调研者需要具有耐心细致的工作态度，善于归纳总结，去粗取精，去伪存真。同时，调研者在分析资料时还需要掌握相应的数据分析技术并借助先进的统计分析工具。常用的数据分析技术包括交叉列表分析、概括分析、综合指标分析和动态分析等，而目前国际上较为通用的统计分析工具有 SPSS、SAS 等。

即时性是网络信息的一大特征，因此，调研者增强对信息的分析能力，有利于企业在快速变化的市场中捕捉商机，获得竞争优势。此外，调研者还应对调研结果进行事后追踪与调查，以进一步确保网络营销调研的准确性与完善性。

5）撰写调研报告

撰写调研报告是整个网络营销调研活动的最后一步。调研报告一般包括标题、摘要、目录或索引、正文、结语、附录等部分。

（1）标题。标题是对调研报告本质内容的高度概括。一个好的调研报告标题，不仅能直接反映报告的核心思想和基本内容，还会引发读者强烈的阅读欲望。所以，标题要开宗明义，做到直接、确切、精练。

（2）摘要。摘要是对本次网络营销调研情况简明扼要的说明，主要用高度概括的语言介绍此次调研的背景、目的、意义、内容、方法和结论等。

（3）目录或索引。如果调研报告内容较丰富、篇幅较多，从方便读者的角度出发，应当使用报告目录或索引，将报告的主要章节及附录资料的标题列于报告之前，在目录或索引中写明章节等的标题和页码。

（4）正文。正文是调研报告陈述情况、列举调查材料、分析论证的主体部分。正文部分必须真实、客观地阐明有关论据，包括从提出问题到论证问题，再到得出结论的全部过程以及与之相联系的各种分析研究的方法。

此外，正文的内容结构也要精心安排，基本要求是结构严谨、条理清楚、重点突出。要做到这一点，报告撰写者就要将调研得到的材料等进行科学的分类和符合逻辑的安排。

（5）结语。结语是调研报告的结束部分，没有固定的格式。一般来说，这部分内容是对正文的概括和归纳，是对调研报告主要内容的总结。有的结语会强调报告所论及问题的重要性，以提示读者关注；有的结语会提出报告中尚未解决的问题，以引起重视；有的结语则和盘托出解决问题的办法、建议或措施。无论是哪种结语，其结论和建议都要与正文的论述一一对应，不要重复，以免画蛇添足。

（6）附录。附录是对正文内容的必要补充，是用以论证、说明或进一步阐述正文内容的某些资料，如调查问卷、调查抽样细节、原始资料的来源、调研获得的原始数据图表（正文一般只列出汇总后的图表）等。

报告撰写者在撰写调研报告时，不应简单堆砌数据和材料，而应在科学分析数据后，整理得出相应的有价值的结果，为企业制定营销策略提供依据。在撰写调研报告前，报告撰写者要先了解读者希望看到的报告形式及期望获得的信息。调研报告要清晰明了、图文并茂。在写作过程中还要注意语言规范，不能太过口语化，以免读者对调研报告的准确性产生怀疑。

案例分析

M外卖平台“春节宅经济”报告

2020年2月19日，M外卖平台发布的《2020春节宅经济大数据》报告显示，春节期间M外卖平台烘焙类商品的搜索量增长了100多倍。同时，蔬菜、肉、海鲜等食材类商品的平均销量环比增幅达200%，香菜以近百万份销量，与土豆、西红柿等一并登上“国民蔬菜榜”。

春节期间，居家防疫减少出门的人们，开发了钻研厨艺这项“娱乐行为”，导致M外卖上购买非餐饮类商品的平均客单价增长了80.7%。报告显示，M外卖上烘焙类商品的搜索量增加了100多倍，带动酵母/酒曲类商品销量增长近40倍，饺子皮销量增长7倍多。

在家研究做菜的人也在增加。数据显示，春节期间，葱、姜、蒜售出393万份，酱油醋、十三香等各式调味料的总体销量增长8倍多。在M外卖平台买菜食谱中，家常菜、烘焙、滋补靓汤、冬季养生、应季时蔬、无辣不欢等菜谱最受欢迎。

从购物人群年龄看，使用M外卖购物的人中，有1%出生于1970年之前，36%的消费者是“80后”“90后”以53%的比例牢牢占据主力军位置，推动方便面、豆干、饮料、膨化食品、叶菜成为2020年1月商品销量的Top5，堪称“宅家快乐5件套”。

报告数据显示，2020年1月，蔬菜、肉食海鲜等各类食材销量的平均环比增幅达到200%，生菜、香菜、油菜等叶菜整体销量最高，达814万份。其中，香菜的销量接近百万份，土豆、西红柿、洋葱、胡萝卜等各自的销量与香菜处于同等量级。

从肉类食材来看，海鲜类涨幅最高，鱼、虾、蟹比平时多卖了3.5倍，大闸蟹、银鱼等都成了抢购的目标。在M外卖平台上，春节期间购买食材的平均客单价上涨了70%。

此外，春节期间，人们通过M外卖买走了500多万个口罩，而出于防疫和健康需要，各类维生素C销售近20万份，感冒清热类的中成药也售出了20多万份。

案例分析：M外卖平台“春节宅经济”报告语言通俗易懂，观点明确，阐述较为清晰。报告中大量使用数据对“春节宅经济”进行描述，直观明了，让阅读者一目了然。而且数字比文字表述更为准确，增加了调研报告的精确性。

3. 网络营销调研的方法

网络营销调研的方法主要有网络问卷调查法、网络讨论法、网络观察法和网络文献法等。其中，前三种方法多用于网络一手资料的获取，而网络文献法多用来收集二手资料。在网络营销调研过程中具体采用哪种方法来收集数据，要根据实际调查的目的和需要而定。

1）网络问卷调查法

网络问卷调查法在网络营销调研中应用广泛。网络问卷调查法是调研者将其所要获取的信息设计成调查问卷在网上发布，让受访者通过网络填写问卷并提交的一种调查形式。

调查问卷一般包括卷首语、问题指导语、问卷的主体及结束语 4 个组成部分。其中，卷首语用来说明由谁执行此项调查、调查目的和调查意义。问题指导语即填表说明，用来向受访者解释怎样正确地填写问卷。问卷的主体包括问题和选项，是问卷的核心部分。问题的类型分为封闭型问题（问题后有若干备选答案，受访者只需在备选答案中做出选择）、开放型问题（只提问题，不设相关备选答案，受访者有自由发挥的空间）和半封闭型问题（在采用封闭型问题的同时，附上开放型问题）3 类。结束语用来表示对受访者的感谢，或承诺提供一些奖品、优惠等。

课堂讨论

网络问卷调查有何优点和缺点？实施网络问卷调查需注意哪些问题？

网络调查问卷由调研者将设计好的问卷通过一定的方式在网上发布，让受访者了解并参与调查。常见的发布方式有以下几种。

（1）网站（页）发布。网站（页）发布即由调研者将设计好的问卷放在网站的某个网页上，这要求问卷有吸引力并易于回答。发布方法可以是在网站（页）上添加调查问卷的标志或链接文字，使受访者通过单击链接进入问卷页面，并完成问卷的填写。例如，华为在其官网的花粉俱乐部发布了调查问卷链接，以供受访者填写，如图 2–1 所示。

图 2–1　华为荣耀智能设备使用用户问卷调研发布页面

（2）弹出式调查。调研者在网站上设计一个弹出窗口，当访问者进入网站时，窗口自动弹出，请求访问者参与网络问卷调查。若访问者有兴趣参与，单击窗口中的“是”按钮，就可以在新窗口中填写问卷并在线提交。调研者可以在网站上安装抽样软件，按一定的抽样方法自动抽取受访者。这类似于传统调研中的拦截式调查（经常访问者被拦截抽中的可能性大于偶尔访问者），并且可采用跟踪文件的方式避免受访者重复填写问卷。

（3）E-mail 调查。E-mail 调查是指调研者将问卷直接发送到受访者的个人电子邮箱中，让受访者主动填写并回复邮件。这类似于传统调研中的邮寄问卷调查，需要调研者收集目标群体的电子邮箱地址作为抽样样本。该类调研方法的不足之处在于，问卷以平面文本格式为主，无法实现跳答、检查等较复杂的问卷设计，并且抽样的完备性和问卷的回收率较难保障，而这将影响问卷调查的质量。

（4）讨论组调查。讨论组调查是指调研者在相关的讨论群组中发布问卷，邀请受访者参与调查。该调研方法属于主动型调研，但在新闻组和公告板系统（bulletin board system，BBS）上发布时，应注意调查的内容与讨论群组主题的相关性，否则容易引发受访者的反感或抵制情绪，从而无法完成调研。

（5）专业的问卷调查平台。专业的问卷调查平台功能强大，能够为用户提供全面的问卷调查解决方案，并能提供问卷设计、问卷发布、数据采集、统计分析、生成报表和报告等服务。例如，问卷网提供多种精品调查问卷模板，并支持微信、微博、QQ 等多种发布模式，还能自动生成专业的分析报告。问卷网的市场调研模板如图 2–2 所示。

图 2–2　问卷网的市场调研模板

再如，问卷星提供大量问卷调查模板，统计分析报告和原始答卷可免费下载，还支持手机填写，也可多渠道（QQ 好友、QQ 群、QQ 空间、微信好友、微信群、朋友圈、发送问卷二维码、群发短信邀请、群发邮件邀请）推送问卷、收集答卷和红包抽奖，大大提高了调研的便利性和受访者的参与热情。

2）网络讨论法

网络讨论法是互联网上的小组讨论法，它通过新闻组、邮件列表讨论组、BBS 或网络实时交谈（Internet relay chat，IRC）、网络会议等进行讨论，从而获得资料和信息。网络讨论法实施的一般步骤是：首先，确定要调查的目标市场，识别目标市场中可参与调查的讨论组；其次，准备好需要讨论的话题；再次，登录相应的讨论组发布调查项目，请组内成员参与讨论，发表各自的观点和意见；最后，通过过滤系统发现有用的信息，或发布新的话题深入挖掘信息。网络讨论法的结果需要调研者加以总结和分析，这种方法对信息收集和数据处理的模式设计要求很高，难度较大。

3）网络观察法

网络观察法，即实地调查法在互联网上的应用，是一种对网站的访问情况和用户的网络行为进行观察和监测的调查方法。采用该方法的代表性企业是法国的 Net Vlaue 公司，该公司因"基于互联网用户的全景测量"而著名。一般的网络观察法是通过网站的计数器来了解访问量和停留时间等信息，而 Net Vlaue 公司的测量方式则不同，它先通过大量的计算机辅助电话访问（computer assisted telephone interview，CATI）获得用户的基本人口统计资料，然后在其中抽样，在用户自愿的情况下将软件下载至用户的计算机上，由此记录用户的全部上网行为。

网络观察法具有直接性、情境性与及时性等优点，但也存在一些弊端：其一，该方法只能反映客观事实的发生过程，而不能说明其原因；其二，观察者在某种程度上会影响被观察者，难免使调查结果带有一定的主观性和片面性；其三，调查时间较长，费用偏高。

4）网络文献法

网络文献法是利用互联网收集二手数据的调研方法，也称网络文献调研，主要通过搜索引擎、网络社区、新闻组和 E-mail 等途径进行。

（1）利用搜索引擎收集资料。搜索引擎是自动从互联网收集信息，经过一定整理以后，将信息提供给用户进行查询的系统。搜索引擎是互联网上使用最普遍的网络信息检索工具。当前，许多企业、非营利组织等已经建立并使用网站，使用搜索引擎收集资料越来越方便快捷。

（2）利用网络社区收集资料。网络社区是指包括 BBS、贴吧、公告栏、群组讨论等形式在内的网上交流空间。同一主题的网络社区集中了具有共同兴趣的访问者，他们在社区里获取信息，寄托情感，使网络社区具有很强的用户黏性，这也为收集网络二手资料提供了方便。

（3）利用新闻组收集资料。新闻组是一个基于网络的计算机组合，这些计算机被称为新闻服务器。不同的用户通过一些软件可连接到新闻服务器上，阅读其他人的发布消息并参与讨论。用于访问新闻组的软件有微软的 Outlook Express（OE）等。

（4）利用 E-mail 收集资料。通过 E-mail 收集资料具有成本低、便利、快捷等优点。利用 E-mail，企业可以收到企业外部主体（如用户、供应商和分销商等）发送给企业的邮件，也可以收到企业在一些相关的知名网站注册订阅的相关邮件信息。许多网络内容服务商为保持与企业用户的沟通，也定期给企业用户发送 E-mail，发布自己的最新动态和有关产品服务的信息。

4. 网络营销调研的策略

1）提高网络调研参与度

在传统的营销调研中，调研者可以采用不同的抽样方法来选择调研对象，主动通过调研区域的选择、职业类型的判断、年龄阶段的界定等各类标准有针对性地选取样本。网络营销调研则不同，调研者难以决定谁将成为网站的访问者，不好确定调研对象的群体范围。因而，如何吸引较多的访问者成为网络营销调研的关键问题。

所以，网络营销调研者应采取一些手段激励用户参与调研。例如，企业通过在网站提供免费咨询服务等方式，增加注册、登录网站的用户数量，并激励用户填写网站上的调查问卷，参与网站互动活动，从而达到网络营销调研的目的。例如，步长制药的企业网站通过开设健康咨询栏目，给访问者介绍医药常识，以吸引更多有健康知识需求的人登录网站。企业也可以通过适当的物质奖励，如在网站发放优惠券、试用品等，鼓励访问者完成问卷或参与讨论，提高网络调研的参与度。宝洁公司就经常在网站上推出试用活动，会员可以网上申请付邮试用，并提交试用报告。图 2–3 为宝洁公司网站推出的试用活动截图。

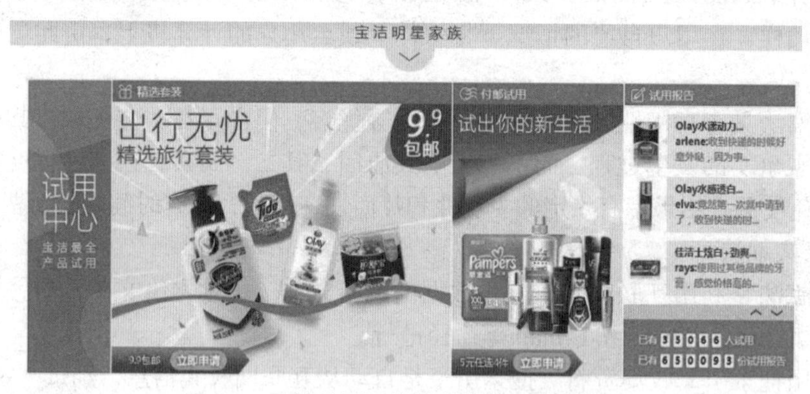

图 2–3　宝洁公司网站推出的试用活动截图

此外，关注访问者在网上的浏览路线，掌握其感兴趣的企业、产品及相关信息，为访问者定制信息并及时发送给对方，可使其充分注意到企业网站，从而吸引其访问企业网站，并完成调查问卷填写和互动板块参与。目前，许多购物网站都会依据访问者的搜索记录或者购物记录，预测其未来可能需要购买的商品，从而有针对性地为其推荐相关产品。此类技术同样可用于开展网络营销调研。

最后，调研者通过访问者的注册信息或其他途径获得其 E-mail 地址，可以通过电子邮件与他们联系并向他们发送有关产品、服务的问卷或其他调研相关信息，并请求他们回复。针对有沟通欲望的受访者，企业也可在网络调查中设置一些开放型问题，让受访者自由发表意见和建议，以了解他们对企业、产品、服务等各方面的感受。调研者可以根据受访者回复的信息，了解其消费心理及消费行为的变化趋势，并据此调整企业的市场营销策略。

2）改善网络问卷调查效果

（1）精心设计在线问卷。网络问卷调查是网络营销调研中最常用的方式，其中在线问卷的质量直接影响调研的结果，因此企业应根据调研目标精心设计问卷。企业在设计在线问卷时应注意以下问题。

一是表述清晰。问卷中的文字表达要准确，语句意思应明确，问题表述不要有歧义。

二是注意问题排序。一般来说，应本着“先易后难，先简后繁”的原则对问题进行排序。因为如果前几个问题就不容易回答，受访者很可能会放弃答题。

三是注意提问的艺术性。在提问题时，尽量选择受访者易接受的语句。不要直接询问敏感性的问题，避免受访者难以回答的问题。例如，问涉及隐私的问题时，受访者往往会产生一种本能的自我防卫心理，因此，直接提问此类问题，受访者往往会拒答。对该类问题最好采用间接询问的方式，语言要委婉。问卷设计者要注意考虑受访者的感受，讲究语言艺术，避免受访者产生厌恶、抵触心理。

四是避免诱导性的提问。如“大多数人认为该产品很好，您是否也喜欢该产品？”就属于明显的诱导性提问。诱导性的问题会对受访者产生影响，使调查结果不能完全反映受访者的真实想法，导致数据可信度降低。因此，企业在设计问题时要采用中立的提问方式，使用中性的语言。

五是尽量避免使用专业术语。专业术语仅是问卷设计者和同一专业领域内的人士所熟知的，因此在问卷设计时要慎用，以免受访者不知所云，无法作答。同时，也要避免使用其他让人难以理解的措辞来提问。

六是避免复合型题目。设计问卷时，最好一个问题包含一个内容，如果一个问题涉及多个内容，则会使受访者难以作答，问卷统计也会很困难。例如“你为何选择在毕业后进行互联网创业？”这个问题包含了“你为何在毕业后创业？”“你为何借助互联网创业？”两个问题，使受访者不便作答。

七是合理设置有奖问卷的奖项。为激励受访者参与调查，调研者一般会采取有奖问答的方式，但奖品设置要合理。奖品价值过低，难以对受访者产生激励作用；奖品价值过高，则可能使调研成本过高。

此外，问卷设计出来后，应多方征求意见，认真进行修改、补充和完善。最好先在小范围内进行试验调查，听取受访者的意见，看问卷是否符合设计的初衷与调查的需要，从而保证问卷调查的实际效果，避免出现大的失误。

（2）充分利用网络的多媒体手段。网络信息的传递是多维的，它能将文字、图像和声音有机组合在一起，传递多感官的信息，让受访者有更好的产品或服务体验。借助多媒体、超文本格式文件，受访者可以深度体验产品、服务与品牌。产品的性能、款式、价格、名称和广告页等市场调研中重点涉及的内容对消费者而言是比较敏感的因素。通过不同方式、不同的组合进行调研，调研人员可以更清楚地分辨哪种因素对产品来说是最重要的，哪些组合对消费者而言是最有吸引力的。

任务实训

1. 实训目的

通过实训掌握网络问卷调查的方法。

2. 实训内容及步骤

（1）以小组为单位，成立任务团队。

（2）各团队自主确定网络问卷调查的主题。

（3）以团队为单位设计调查问卷，进行预调研，并在预调研的基础上优化问卷。

（4）任务团队在问卷星或其他网络问卷调查平台发布问卷。

（5）回收问卷，各团队对有效问卷进行统计分析。

（6）各团队分别撰写调研报告，完成后提交给授课教师评阅。

3. 实训成果

实训作业：××网络问卷调查报告。

任务 2.2 了解网络消费者的购买行为

任务引入

网络消费者是随着电子商务的兴起而诞生的新的消费群体，他们具有与传统消费者不同的用户特征、需求特点和消费行为方式，因此要求开展网络营销的企业必须采取全新的营销手段和方法以满足这类消费者的需求。

网络消费者是网络市场的主体，也是推动电子商务发展的主要力量，研究网络消费者是企业开展网络营销活动的基础。为更好地学习本节内容，请同学们思考：当前我国网络用户的特征有哪些？他们的消费需求有何特点？与传统消费者相比，网络消费者的购买决策和购买行为发生了哪些变化？

相关知识

1. 网络消费的需求特点和趋势

网络消费是一种全新的消费方式，与传统的消费方式相比，网络消费需求呈现出如下的特点和趋势。

1）消费者的个性化需求增强

在网络时代，消费者的需求越来越呈现出个性化的特征。他们希望企业能为自己生产出量身定制的个性化产品，而不是去做被动的选择。网络消费者个性化消费需求得以增强主要有以下几点原因。一是社会生产力的提高和市场经济的发展使得商品越来越丰富，网络消费者能够按照个人意愿选择和购买的商品越来越多。二是市场竞争日趋激烈，为了赢得市场，企业必须要进一步细分市场以更好地满足特定消费者的需求，这进一步强化了网络消费者的个性化需求。三是网络消费者的收入水平不断提高，为个性化消费提供了经济上的保障。四是网络信息技术的发展使得网络消费者亲自参与所需个性化商品的生产设计成为可能。

2）消费需求的差异化明显

消费需求的差异是始终存在的，但当前网络消费者的需求差异比以往任何一个时期都更明显。这是因为网络营销没有地域上的界线，消费者可能来自本国某一地区，也可能来自地球另一端的某一个国家或地区。这种不同地域、种族、民族、宗教信仰、收入水平以及生活习俗造就了网络消费者较大的需求差异。因此，开展网络营销的企业要想取得成功，就必须认真考虑这种差异性，针对不同消费者的需求差异，采取有针对性的方法和措施。

3）消费者获取商品的信息更加充分

消费主动性的增强源于现代社会的不确定性和人类追求心理稳定和平衡的欲望。网络消费者在做出购买决策之前，可以通过 Internet 主动获取想要购买的商品的信息并进行比较，从而做出最佳的购买决策。

4）对购买便利性的需求与购物乐趣的追求并存

购买便利性是影响消费者购买行为的一个重要因素。一般而言，消费者的购买成本除了货币成本外，还有体力成本、精力成本等。无论消费者离购物中心有多近，总不及在网上轻点鼠标更方便。网络为消费者提供了便利的交易平台，也促使消费者对便利性提出了更高的追求。此外，由于现代人生活方式的改变，人与人之间面对面的沟通越来越少，为保持与社会的联系，减少孤独感，人们愿意花费大量的时间进行网络社交。因此，消费者在网上购物除了能够满足购物需求，还能排遣寂寞。

5）价格是影响消费心理的重要因素

互联网经济是直接经济，由于大量中间环节的减少，以及销售终端费用的降低，网上销售的绝大多数商品价格都要低于线下售价，这也是吸引消费者网上购物的重要原因。

6）网络消费需求的超前性和可诱导性

电子商务构建了一个全球性的虚拟大市场，在这个市场中，最先进和最时髦的商品会以最快的速度与消费者见面。具有超前意识的网络消费者必然很快接受这些新商品，从而带动周围消费层新一轮的消费热潮。开展网络营销的企业应当充分发挥自身的优势，采用多种促销方法，启发、刺激网络消费者新需求，唤起他们的购买欲望，诱导网络消费者将潜在的消费需求转变为现实的消费需求。

2. 影响网络消费者购买决策的因素

影响网络消费者购买决策的因素除个人因素，如个人收入、年龄、职业、学历、心理、对网络风险的认知等的影响之外，还会受到网购商品的价格、购物的便利性、商品可选择的范围、商品的时尚与新颖性因素的影响。

1）消费者的个人因素

网上购物有着与传统购物不同的特点。要实现网上购物，需要一定的软硬件基础，同时也需要消费者具备一定的网络知识。一般来说，年轻的、高学历的、高收入的、对网络风险有着正确认知（受消费者网络知识、学历、职业等因素影响）的消费者更倾向于在网上购物。不过随着网络的不断普及，越来越多的消费者选择在网上购物。

2）商品的价格

一般来说，价格是影响消费者心理及行为的主要因素之一，即使在消费者收入水平普遍提高的今天，价格的影响仍然是不可忽视的。只要价格降幅超过消费者的心理预期，消费者就会迅速采取购买行动。而且网络的开放性和共享性，使得消费者可以第一时间获得众多不同商家最新的报价信息，因而在同类商品中价格占优势的商家更能得到网络消费者的青睐。

3）购物的便利性

购物的便利性是影响网络消费者购物的重要因素之一。这里的便利性是指消费者在购物过程中能够节省更多的时间成本、精力成本和体力成本。当前，拥挤的交通、陈列杂乱无序的购物场所，耗费了消费者宝贵的时间和精力；商品的多样化使得消费者眼花缭乱，而层出不穷的假冒伪劣商品又使消费者应接不暇。因此，消费者迫切需要一种全新的、快速而又方便的购物方式，而网上购物恰好满足消费者的这种需求。网络购物模式下，消费者可以坐在家中与卖家达成交易，足不出户即可获得所需的商品或服务。网络购物顺应了现代社会消费者对便利性的追求，因而被越来越多的消费者接受。

4）商品可选择的范围

商品可选择的范围也是影响消费者购物的重要因素。在网络平台中，消费者挑选商品的范围大大拓展，因而广受消费者青睐。网络为消费者提供了多种搜索途径，借助搜索功能，消费者可以方便快速地获得所需商品的信息，通过比较和分析，消费者很容易做出最终的购买决策。

5）商品的时尚与新颖性

追求商品的时尚与新颖性是许多网络消费者的重要购买动机。这类消费者特别重视商品的款式、格调和流行趋势。他们是时髦的服饰、新潮的数码产品的主要追随者。因此，时尚、新颖的商品更能激发网络消费者的购买欲望。

阅读资料 2-2

我国网络消费者购买行为特征

1. 消费者多而分散

消费者的购买行为涉及每一个人和每个家庭，消费者多而分散。消费者市场是一个人数众多、幅员广阔的市场，而消费者所处的地理位置各不相同和消费者的闲暇时间不一致造成了购买地点和购买时间的分散性。

2. 购买量少，多次购买

消费者的购买行为是以个人和家庭为单位的，由于受到消费人数、需求量、购买力、储藏地点、商品保质期等诸多因素的影响，消费者为了满足自身的消费需要，往往购买量小、购买次数多。

3. 购买的差异性大

消费者的购买行为因受年龄、性别、职业、收入、文化程度、民族、宗教等方面的影响，其需求有很大的差异。而且随着社会经济的发展，消费者消费习惯、消费观念、消费心理不断发生变化，从而导致消费者购买差异性大。

4. 绝大多数属于非专家购买

绝大多数消费者在购买商品时，缺乏相应的专业知识、价格知识和市场知识，尤其是在购买某些技术性较强、操作比较复杂的商品时，更显得缺乏相关知识。在多数情况下，消费者的购买行为往往受感情的影响较大。因此，消费者很容易受广告宣传、商品包装、装潢以及其他促销方式的影响，从而产生购买冲动。

5. 购买的流动性大

多数消费者购买时会慎重选择，加之在市场经济比较发达的今天，人口在地区间的流动性较大，因而导致消费购买的流动性很大，消费者的购买行为经常在不同产品、不同企业及不同地区之间流动。

6. 购买的周期性

有些商品需要消费者常年购买、均衡消费，如食品、副食品、牛奶、蔬菜等商品；有些商品需要消费者在特定季节或节日购买，如一些时令服装、节日消费品；有些商品需要消费者等商品的使用价值基本消失才重新购买，如电话与家用电器。这就表现出消费者的购买行为有一定的周期性。

7. 购买的时代特征

消费者的购买行为常常受到时代精神、社会风俗习俗的影响，使人们对消费购买产生一些新的需要。例如，APEC 会议以后，唐装成为时代的风尚，随之流行起来；又如，社会对知识的重视，对人才的需求量增加，从而使人们对书籍、文化用品的需求明显增加。这些都显示出消费购买的时代特征。

8. 购买的发展性

随着社会的发展和人民消费水平、生活质量的提高，消费需求也在不断向前推进。过去人们只要能买到商品就行了，现在追求名牌；过去多数人不敢问津的高档商品，如汽车等，现在有大量的人消费了；过去自己承担的劳务现在由劳务从业人员承担了；等等。这种新的需要不断产生，而且是永无止境的，使消费者的购买行为具有发展性特点。

资料来源：新浪博客。

3. 网络消费者的购买行为过程

微课堂

网络消费者的购买行为过程

与线下购买行为相类似，网络消费者的购买行为在实际购买之前就已经开始，并且延长到购买后的一段时间，有时甚至是一个较长的时期。具体的购买行为过程大致可分为产生需求、收集信息、比较选择、购买决策和购后评价等不同的阶段。

1）产生需求

网络消费者购买行为的起点是产生需求，这种需求是在内外因素的刺激下产生的。传统的营销理论认为，产生需求的原因是多方面的：有来自人体内部所形成的生理刺激，如冷、暖、饥、渴等；也有来自外部环境所形成的心理刺激等。

对于网络营销来说，诱发网络消费者需求的手段主要依赖于对消费者视觉和听觉的刺激。文字的表述，图片的、声音的配置成为诱发网络消费者购买的直接动因。因此，企业在开展网络营销活动时应首先将营销信息传递给目标消费者，以诱发他们的消费需求。

2）收集信息

当需求被唤起之后，每个网络消费者都希望自己的需求能得到满足。所以，收集信息、了解行情，成为消费者购买行为过程的第二个环节。消费者在这个环节的主要工作是收集商品的有关资料，为下一步的比较选择奠定基础。

消费者在网上购买过程中，商品信息的收集主要是通过互联网进行的。与传统购买方式不同，消费者在网上购买时，收集信息具有较大的主动性。一方面，网络消费者可根据已了解的信息，通过互联网进行进一步的跟踪查询；另一方面，网络消费者也可以借助搜索引擎主动获得所需的商品信息。

3）比较选择

比较选择是网络消费者购买行为过程中必不可少的环节。网络消费者对通过各种渠道收集的资料进行比较、分析、研究，从中了解各种商品的特点及性能并选择最为满意的一种。一般来说，网络消费者的综合评价主要考虑商品的功能、质量、可靠性、样式、价格和售后服务等。通常，网络消费者在选择一般消费品和低值易耗品时较容易，而在选择耐用消费品时则比较慎重。

消费者在网上购物无法接触到实物，在做出购买选择时需要参考商家对商品的描述。如果商家对产品的描述缺乏卖点，就很难吸引网络消费者。但过于夸张甚至带有虚假成分的商品描述也不可取，这样做不仅会失去网络消费者的信任，也是一种涉嫌欺诈的违法行为。因此，商家应掌握正确的商品描述技巧，在打消网络消费者顾虑的同时，促使其采取购买行动。

4）购买决策

网络消费者在完成对商品的比较选择后，便进入购买决策阶段。网络购买决策是指网络消费者在购买动机的支配下，从两件或两件以上的商品中选择一件满意商品的过程。

购买决策是网络消费者购买行为过程中最主要的组成部分，与传统的购买方式相比，网络消费者的购买决策有许多独特之处。首先，网络消费者理智动机所占的比重较大，而感情动机的比重较小，这是因为消费者在网上寻找商品的过程本身就是一个思考的过程。网络消费者有足够的时间仔细分析商品的性能、质量、价格和外观，从容地做出自己的选择。其次，网上购买受外界影响较小，网络消费者通常是独自上网浏览、选择，受身边人的影响较小。因此，网上购物的决策行为较传统的购买决策要快得多。

网络消费者在决定购买某种商品时，一般必须具备三个条件：第一，对企业有信任感；第二，对支付有安全感；第三，对产品有好感。所以，树立企业形象、改进货款支付办法、完善商品物流方式，以及全面提高产品质量，是每家开展网络营销的企业必须重点抓好的工作。

5）购后评价

网络消费者购买商品后，往往通过使用对自己的购买行为进行检验和反省，重新考虑这种购买是否正确、效用是否满意、服务是否周到等问题。这种购后评价往往决定了网络消费者今后的购买动向。

任务实训

1. 实训目的

对我国网民的属性结构进行纵向研究，并在研究的基础上撰写研究报告。

2. 实训内容及步骤

（1）登录中国互联网络信息中心网站，下载近5年的中国互联网络发展状况统计报告。

（注：该报告由中国互联网络信息中心独家发布，每隔半年推出一份新的报告，免费供所有网络用户下载及使用。）

（2）对研究报告中有关网民属性结构的内容进行纵向研究，分析近 5 年的变化趋势，在此基础上完成表 2–1 的填写。

表 2–1　近 5 年我国网民属性结构的变化趋势

网民属性结构类别	近 5 年的变化趋势总结
性别结构	
年龄结构	
学历结构	
职业结构	
收入结构	

（3）根据以上研究，以小组为单位撰写一篇不少于 2 000 字的研究报告。要求包含以下核心内容：①我国网民属性结构的变化趋势与变化规律分析。②我国网民属性结构的变化对企业今后开展网络营销活动的启示。

（4）提交最后的研究报告，并做成 PPT 在班级进行展示。

3. 实训成果

实训作业：近 5 年我国网民属性结构的变化及其对企业网络营销活动的启示。

练习题

一、单选题

1. 网络营销调研的首要任务是（　　）。
   A. 制订调研计划　　B. 收集资料　　C. 确定调研目标　　D. 撰写调研报告
2. 以下说法正确的是（　　）。
   A. 网络营销调研要看具体的调查项目和受访者群体的定位，如果网络上受访者的规模不够大，就意味着该项目不适合在网络上进行调查
   B. 为了提高效率，网络问卷中的一个问题可以涉及多个内容
   C. 网络问卷的问题应按先难后易、先繁后简的顺序排列
   D. 网络直接调研法是调查者通过互联网直接收集二手资料的方法
3. 在网络营销调研中应用最为广泛的方法是（　　）。
   A. 网络讨论法　　B. 网络问卷调查法　　C. 网络观察法　　D. 网络文献法
4. 设计在线问卷时，应本着（　　）原则对问题进行排序。
   A. 先难后易，先繁后简　　B. 先易后难，先繁后简
   C. 先易后难，先简后繁　　D. 先难后易，先简后繁

5. 以下不属于网络消费需求特点的是（　　）。

A. 价格是影响消费心理的重要因素

B. 对购买便利性的需求与对购物乐趣的追求并存

C. 消费需求的差异化明显

D. 消费者需求逐渐趋同

二、多选题

1. 根据问题的备选项情况，网络问卷中问题可分为（　　）。

A. 封闭型问题　B. 开放型问题　C. 半封闭型问题

D. 直接型问题　E. 间接型问题

2. 网络营销调研的内容包括（　　）。

A. 消费者对产品的需求信息　B. 现有产品或服务的信息

C. 目标市场信息　D. 竞争对手及其产品信息

E. 市场宏观环境信息

3. 利用网络文献法收集资料，可通过哪些途径进行（　　）。

A. 搜索引擎　B. 网络社区　C. 新闻组

D. E-mail　E. 网络问卷

4. 网络消费者在决策购买某种商品时，一般必须具备哪 3 个条件？（　　）

A. 对物流有信任感　B. 对企业有信任感　C. 对支付有安全感

D. 对自己的判断力有信心　E. 对产品有好感

5. 网络消费者的购买行为过程包括（　　）。

A. 产生需求　B. 收集信息　C. 比较选择

D. 购买决策　E. 购后评价

三、名词解释

1. 网络营销调研　2. 网络问卷调查法　3. 网络讨论法　4. 网络观察法　5. 网络购买决策

四、简答及论述题

1. 网络营销调研的内容有哪些？

2. 网络消费者的需求特点和趋势是什么？

3. 试论述网络营销调研的策略。

4. 试论述影响网络消费者购买决策的因素。

5. 试论述网络消费者的购买行为过程。

案例讨论

童装品牌 NJ 的快速崛起

从法语专业毕业后，张艳加入了外交部援建项目组。当她带着公文包奔波在坦桑尼亚、安哥拉、刚果（布）的烈日下时，于楠刚从清华建筑系毕业，背着画板，在阿根廷、朝鲜、蒙古国等国家边旅行边工作，寻找创作灵感。

两个拥有完全不同人生轨迹的人，最终因创业走在一起。2014 年 10 月，回国后的张艳和于楠在上海酝酿成立了童装品牌 NJ。

NJ 定位在中高端消费人群，夏装单价集中于 80 ～ 200 元。有意思的是，NJ 客单价却高达 500 ～ 700 元。日均客流中，老客户占八九成。

“熊孩子经济”，先搞定妈妈

张艳曾任多家跨国公司的市场部高管，而于楠曾就职于顶级奢侈品企业，她们是典型的一、二线城市中产阶级高知白领。因此，她俩决定做童装品牌时，很自然地圈定了这部分妈妈人群。

这部分妈妈大多是“80 后”“90 后”，有足够的消费能力，且对品牌、品质有较高要求。而国内大多数童装品牌偏于大众化，定位中低端，因此她们常常通过代购国外的高端童装品牌来满足需求。她们普遍面临的痛点是小孩身体长得快，童装穿着时间短，代购的时间成本和价格较高。

从她们的消费习惯出发，张艳认为，消费升级其实就是消费分化，品牌定位和人群更加细分和精准。NJ 要做的就是让妈妈们买到品质稳定、性价比高的独立设计的童装。

从 2017 年开始，NJ 每周按照同一风格、同一品类上新，每次至少 5 款，以便妈妈们做出最理智的选择。为了减少库存风险，张艳紧跟消费者数据对现货进行限量上新，基础款定量 400 ～ 500 件，设计款则约为 200 件，部分款式甚至采用预售模式。

NJ 的第一批粉丝，来自一次失败的产品经历。因为经验不足，NJ 生产的第一批产品存在细节瑕疵，因此两人决定通过微博免费派送。没想到，收到衣服的妈妈们并不觉得有何缺陷，反倒对张艳两人对品质的高要求印象深刻。

从最初的 100 个粉丝开始，NJ 不断向粉丝讲述品牌故事，输送价值观，并通过建群沉淀了一批精准用户。

“‘NJ’不似一般童装品牌从童趣、童真、可爱着手，而是融入了‘留住传统手工艺’‘公平贸易’‘留白教育’‘自然从容’等许多契合当下中产高知妈妈们的价值观和世界观。”张艳说。

良好的粉丝基础，让 NJ 在产品设计上几乎从不追求潮流趋势。NJ 的粉丝们有自主意识和独立人格，清晰地知道自己想要什么。为搞定这些妈妈，NJ 直接从粉丝社群运营中获取灵感，并直接为产品服务。张艳介绍，虽然目前粉丝人数不多，但异常活跃，她可以直接在群里询问其对款式和材质是否满意，并立马得到直接反馈。

设计师品牌也可以有高性价比

虽然定位为设计师品牌，但 NJ 的产品结构及款式颇为平实。从材质上看，NJ 的产品共分为有机棉、丝绵、羊毛、羊绒 4 个品类。从产品结构上看，NJ 坚持基础线和设计线“两条腿走路”，其中普通简洁的夏季 T 恤、短裤等基本款占到七成以上；设计款则更注重仪式感，如每年新年推出的红丝绒系列、庆六一纱裙系列和夏天的纯手工编织衣物等。

虽然对于基础款设计师来说发挥空间有限，产品容易被复制，无法形成清晰的品牌定位和品牌形象，而且毛利通常不高，但有意思的是，这样的产品结构反倒促成了 NJ 的高客单价，而易搭配、替换性强是主要原因。

对此，张艳的解释是：“设计师语言有时候太自我，但这并不是从消费者的真正需求出发。NJ 没有品牌包袱，不会拘泥于国内环境的审美，也不介意挖掘最基础的需求。”

通过内容生产，服装产品正在成为品牌与消费者建立沟通的有效媒介。每年年初，张艳都会进行全年的产品策划，并辅以系列主题。张艳介绍，一般情况下，主题先行，文案其次，最后完成视觉创作和照片拍摄，这些步骤很难标准化，但都始终聚焦于服务内容本身。

NJ 坚持从源头做起，将设计、打版、初样、面料及大货生产全链路牢牢抓在自己手中。相比那些将各个环节都交给工厂的商家，NJ 的整个周期要长 2 ～ 3 个月，而且试错成本高。

但对于初创品牌来说，张艳清楚搭建供应链的重要性。最开始，NJ 的供应链资源来自此前于楠在服装领域的积累。之后，张艳针对性地跑展会，接触大量面料及生产供应商，甚至远赴青海、新疆等地探索新的工艺。而为了追求材质，保持高性价比，NJ 目前的策略是牺牲部分利润空间，先做品牌。

思考讨论题

童装品牌 NJ 为何能快速崛起？对我们有哪些启示？

学生工作页

项目2　网络营销调研与网络消费者购买行为分析					
任务	拼多多用户画像分析				
班级		学号		姓名	

本任务要达到的目标要求：

1. 提升学生的自主学习能力。
2. 提升学生的网络文献调研能力。
3. 了解拼多多用户画像，为入驻商家提供营销建议。

能力训练

拼多多是一家迅速崛起的电商平台，专注于低价团购和社交电商。分析拼多多的用户画像，有助于为入驻商家的产品开发策略和市场营销策略提供重要的参考依据。本任务要求学生在文献研究的基础上回答如下问题。

1. 描述拼多多用户的整体特征，如年龄、性别、职业、地理位置等。

2. 分析拼多多用户的行为模式，如购买频率、购买类别、访问路径等。

3. 识别拼多多用户的痛点和需求，以便为入驻商家的产品开发提供建议。

4. 根据用户画像，提出针对不同用户群体的营销策略建议。

学生评述
完成任务的心得与体会：

教师评价

实务篇

第Ⅱ篇

导语：网络营销的实务篇是本书的核心篇章，主要介绍网络营销的各种应用工具、推广策略与运营方法。本篇共包含网络广告营销、搜索引擎营销、微营销、直播营销、短视频营销、网络事件营销、大数据营销、O2O 营销，以及其他常见的网络营销方式共 9 个学习项目。通过对本篇的学习，可以使我们熟悉网络营销的常见推广策略，了解开展网络营销活动的各种应用工具，培养线上线下相结合的网络营销新思维，掌握开展网络营销活动的主要方法，从而为今后从事网络营销实践奠定坚实的基础。

项目3 网络广告营销

学习目标

【知识目标】

（1）理解网络广告的概念与特点。
（2）熟悉网络广告的发布方式。
（3）了解网络广告的分类及不同类型网络广告的特点。
（4）掌握网络广告的策划流程。
（5）掌握网络广告预算与效果评估的方法。

【技能目标】

（1）能够掌握网络广告的创意策略。
（2）能够根为企业制订网络广告整合传播方案。
（3）能够对某一网络广告的效果进行客观评估。

【素质目标】

（1）培养学习网络广告的兴趣。
（2）树立正确的网络广告策划理念。
（3）遵守社会公德，自觉抵制低俗网络广告。

项目情境导入

或许，对于很多人来说，买菜是生活中的小事，琐碎而繁杂，甚至一地鸡毛。但会生活的人，总能从一餐一粟的烟火气里收获满满的幸福感。

在我国消费升级大背景下，下沉市场用户也不再仅仅追求价格，而是对商品品质、丰富品类和品牌信誉有了更多的关注。而且相对一线城市，下沉市场的人们，生活节奏慢，更关注生活本身的乐趣。

基于上述消费市场洞察，阿里巴巴旗下社区电商平台淘菜菜整合盒马集市和淘宝买菜，开启全新的品牌升级。从与消费者强关联的“生活”出发，打出“会生活，淘菜菜”的广告口号，将买菜和幸福生活的智慧巧妙相连，助力用户消费升级，重塑平台心智。

此次淘菜菜品牌升级，瞄准的是下沉市场用户群体，目的是让他们的买菜场景从传统菜市场转到线上。针对这群特殊的大众家庭买菜决策用户，如何打破他们固有的认知？

淘菜菜通过短片所呈现的四个生活场景，延伸出“好牌靠好运，好菜凭好价”“舞伴不常有，好货常在手”“好女婿难找，好菜任你选”“远亲上门难，鲜货易达”，传达出平台优价好菜、鲜货直达和好货任选的差异化优势。

短片中的四组人物群像，正是淘菜菜精准沟通的目标人群。而短片营造极具烟火气和人情味的生活场景，和他们的生活十分契合，再加上人物用方言沟通，增强了用户的代入感，引发情感共鸣，进而打破他们对传统买菜的固有认知壁垒。

淘菜菜的广告短片通过市井烟火气生活，以及平台买菜的价值点露出，传递人间真实的生活幸福感，无形中增强了用户对“会生活，淘菜菜”的广告口号的价值认同，淘菜菜也由此树立了充满烟火气和温情的品牌形象。

问题：当前网络广告的创意与发布方式发生了哪些变化？你心目中优秀网络广告的标准是什么？淘菜菜的广告短片给我们哪些启示？

项目分析

随着互联网的兴起与迅猛发展，数字媒体已成为继语言、文字之后新的信息传播载体。数字媒体的发展极大地改变了人们的生活，也对传统的广告活动产生了深远的影响。广告领域的变化主要体现在网络广告异军突起并逐渐取代传统广告成为最主流的广告形式。

与传统广告相比，网络广告具有传播迅速、形式多样、费用较低、能够与目标受众实时互动等诸多优势。早在 2016 年，我国网络广告的营业额就已超过传统四大媒体营业额的总和，而且领先优势还在继续扩大。

那么，什么是网络广告？网络广告如何分类？网络广告有何特点？如何开展网络广告策划？如何进行网络广告预算？如何对网络广告效果开展评估？本项目将分别对以上问题进行解答。

任务 3.1　理解网络广告的概念与特点

任务引入

广告专业的大学毕业生小董在天津一家广告公司已经工作 5 年了，这期间他见证了公司发展由盛到衰的过程。小董所在的这家公司业务较为单一，主要是做传统媒体的广告代理，网络广告的异军突起使得传统媒体广告对客户的吸引力变得越来越小，业务很难开展。为此，小董打算向老板赵总建议开拓网络广告业务。

赵总是小董所在公司的创始人，以前在报社工作，算是老一代的媒体人。他对网络广告不是很感兴趣，即使是在当前业务不好的情况下也没想到要转型。小董觉得，要说服赵总不是一件容易的事，但为了公司的发展，小董决定还是要尝试一下。

请问，如果你是小董，你将如何说服赵总？

相关知识

1. 网络广告的概念

网络广告是指以数字化信息为载体，以国际互联网为传播媒介，以文字、图片、音频、视频等形式发布的广告。通俗地讲，网络广告是指广告主为了实现促进商品交换的目的，通过网络媒体发布的广告。

网络广告诞生于美国。1994 年 10 月 14 日，美国著名的 *Wired* 杂志推出了网络版的 Hotwired，其主页上有 AT&T 等 14 个客户的广告横幅。这是广告史上的里程碑。继 *Wired* 之后，许多传媒如美国的有线电视新闻网（cable news network，CNN）、《华尔街日报》等，无论是电视、广播还是报纸、杂志，也都纷纷上网并设立自己的网站，将自己的资料搬上网络。在刊登信息的同时，也在网络媒体上经营广告业务。自此，网络广告作为一种新型的营销手段逐渐成为网络媒体与广告界的热点。

课堂讨论

有人说网络营销就是新媒体营销，你同意这个观点吗？请说明你的理由。

2. 网络广告的特点

1）非强迫性

传统广告一个突出的优点是具有一定的强迫性，无论是广播、电视还是报纸、杂志等，均要千方百计地吸引受众的视觉和听觉，将有关信息强行灌输给受众。而网络广告接受与否的选择权掌握在受众手里，因而具有非强迫性的特点。

2）实时性与交互性

网络广告另一个突出的优点是能及时变更广告内容，包括改错。而在传统媒体上发布的广告一旦播（刊）出，就很难再变更。例如，某促销商品的价格发生了变化，在互联网上更改广告信息瞬间就能完成，并且更改成本可以忽略不计，这是传统广告无法比拟的。网络广告实时性的特点可以帮助企业实现广告变化与经营决策变化同步，从而有助于企业提升经营决策的灵活性。

网络广告是一种交互式的广告，受众查询起来非常方便。网络广告的载体基本上是多媒体、超文本格式文件。受众只要对某种产品感兴趣，仅需轻点鼠标或轻触屏幕就能深入了解更多、更详细、更生动的信息，从而亲身“体验”产品与服务。

3）广泛性

网络广告的广泛性表现在以下几个方面。第一，传播范围广，无时间、地域限制。网络广告通过互联网可以把广告传播到互联网所覆盖的所有区域，受众浏览广告不受时空限制。第二，内容详尽。传统广告由于受媒体的播放时间和版面的限制，其内容必然受限；而网络广告则不存在上述问题，广告主可根据需要将广告做得十分详尽，以便广告受众进一步了解相关信息。第三，形式多样。网络广告的表现形式包括动态影像、文字、声音、图像、表格、动画、虚拟现实等，广告主可以根据广告创意需要任意进行组合创作，从而最大限度地调动各种艺术表现手段，制作出形式多样且能够激发消费者购买欲望的广告。

4）易统计性和可评估性

运用传统媒体发布广告时，评价广告效果比较困难，广告主很难准确地知道有多少人看到了自己所发布的广告信息。而在互联网上发布广告，广告主可通过权威、公正的访客流量统计系统，精确统计每条广告被多少用户看过，以及这些用户浏览这些广告的时间分布、地理分布等，从而有助于广告主和广告公司正确评估广告效果，审定广告投放策略。

5）检索性和重复性

网络广告可以将文字、声音、画面、视频等结合之后供用户主动检索，重复观看。

6）视听效果的综合性

随着多媒体技术和网络技术的发展，网络广告可以集文字、动画、图像、声音、虚拟现实等于一体，营造让人身临其境的感觉，既能满足用户收集信息的需要，又能使其获得视觉、听觉的享受，增加广告的吸引力。

7）经济性

目前，相对于在电台、电视、报刊、户外等媒体上发布广告动辄需要成千上万元的广告费，在互联网上发布广告具有很强的经济性。

8）广告发布方式的多样性

传统广告的发布主要是通过广告公司实现的，即由广告主委托广告公司实施广告计划，广告媒介通过广告公司来承揽广告业务，广告公司同时作为广告主的代理人和广告媒介的代理人提供双向服务。而在网络上发布广告对广告主来说有更大的自主权，广告主既可以自行发布，又可以通过广告公司发布。

任务实训

1. 实训目的

熟悉微信朋友圈网络广告。

2. 实训内容及步骤

（1）每一位同学以家中的一件闲置物品作为广告发布对象。

（2）为该物品设计广告文案，要求有文字和图片（如果是视频广告，要求设计广告脚本）。

（3）在微信朋友圈发布广告，并在发布后截图发至本课程的班级群。

（4）微信朋友圈广告发布一段时间后，总结广告效果。

3. 实训成果

实训作业：微信朋友圈广告设计及发布。

任务 3.2　了解网络广告的类型

任务引入

赵总在小董的建议下决定尝试开展网络广告业务。但他觉得自己作为公司老总，还应该对网络广告有更为深入的认识。他让小董尽快写一份汇报材料，对不同网络广告形式的特点、优势、劣势、适用情况等进行比较分析。要求言简意赅，一目了然，而且要附上实例，以便他今后在做决策时参考。

请同学们帮小董写好这份汇报材料。

相关知识

1997 年我国第一条互联网广告出现，这可视作网络广告的发端。经过 20 多年的发展，网络广告的形式已丰富多样。若是按照演进过程划分，除了最初的按钮广告、旗帜广告、文字链广告、浮动式广告、弹出窗口式广告，以及后来的电子邮件广告、关键词搜索广告、富媒体广告、视频广告、植入广告，还有随着移动应用程序日渐兴起的开屏广告、插屏广告、信息流广告等。如果以触发方式及呈现形式划分，网络广告大致可分为展示类（品牌图形广告、富媒体广告、视频贴片广告）、搜索类（通用搜索广告、垂直搜索广告）、交互类（微信摇一摇或滑动式朋友圈广告、短视频定制创意社交话题广告）和其他类（分类广告、电子邮件广告、植入广告等）。

为帮助读者清晰了解网络广告的分类，本书将网络广告划分为两大类型，一类是传统的网络广告，另一类是创新的网络广告。以上两大类网络广告又可划分为若干具体的类型，下面分别进行介绍。

1. 传统的网络广告类型

1）按钮广告

按钮广告是由旗帜广告演变而来的一种网络广告形式，在制作方法、付费方式等方面与旗帜广告基本一样，但在形状和大小方面有所不同。按钮广告一般尺寸较小，放置位置灵活，表现手法简单，通常由一个标志性的图案构成，如图 3–1 所示。按钮广告的不足之处在于其被动性和有限性，用户需要主动点击才能了解到有关企业或产品更详尽的信息。

图 3–1　当当网主页上的按钮广告

2）旗帜广告

旗帜广告是常见的网络广告形式，又名“横幅广告”，是互联网上最为传统的广告形式。网络媒体通常在自己网站的页面中分割出 2 厘米 ×3 厘米、3 厘米 ×16 厘米或 2

厘米 ×20 厘米的版面（视各媒体的版面规划而定）用于发布广告，因其像一面旗帜，故称为旗帜广告，如图 3–2 所示。旗帜广告允许广告主用简练的语言、独特的图片介绍企业的产品或宣传企业形象。

图 3–2　旗帜广告

旗帜广告分为非链接型和链接型两种。非链接型旗帜广告不与广告主的主页或网站相链接；链接型旗帜广告与广告主的主页或网站相链接，浏览者可以单击，进而看到广告主想要传递的更为详细的信息。为了吸引更多的用户注意并单击，旗帜广告通常利用多种多样的艺术形式进行处理，如做成动画跳动效果，或做成霓虹灯的闪烁效果等。

3）企业网站广告

企业网站广告是指企业在自建的网站上所发布的广告。企业在自建网站上发布广告不受第三方媒体的限制，因此拥有完全的自主权。企业可以根据需要在网站上发布企业形象广告和产品 / 服务广告等，从而让受众全面地了解企业及企业的产品和服务。海信官网主页广告如图 3–3 所示。

图 3–3　海信官网主页广告

4）文字链接广告

文字链接广告（text link Ads）以一个词组或一行文字作为一个广告，用户单击后可以进入相应的广告页面。文字链接广告可以被灵活安排位置，它可以出现在页面的任何位置，可以竖排或横排。这是一种对用户干扰最少的网络广告形式，但吸引力有限。文字链接广告如图 3–4 所示。

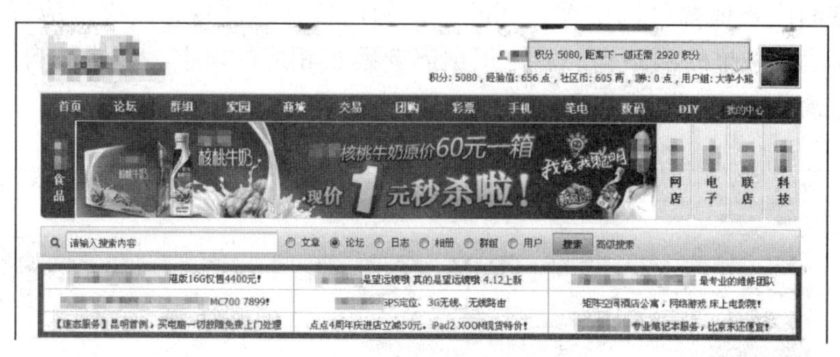

图 3–4　文字链接广告

5）浮动式广告

浮动式广告（floting Ads）可大可小，它会在屏幕上自行移动，甚至会随着鼠标的移动而移动，用户单击即可打开广告链接。图 3–5 是浮动式广告的一种形式。虽然这种广告的吸引力较强，但它会干扰用户正常浏览页面，从而招致用户的不满。很多浏览器或反病毒软件都具有屏蔽此类广告的功能，所以企业在投放这类广告时要充分考虑这一点。

图 3–5　浮动式广告

6）弹出窗口式广告

弹出窗口式广告（pop-up Ads）是指打开网站后自动弹出的广告。该类广告具有一定的强迫性，无论用户单击与否，广告都会出现在用户面前。该类广告被广泛用于品牌宣传、产品促销、招生或咨询等活动。但需要注意的是，由于弹出窗口式广告大多具有强制性，用户对其通常很厌恶，一般都会主动屏蔽该类广告。

7）电子邮件广告

电子邮件（E-mail）广告以订阅的方式将广告信息通过电子邮件发送给所需的用户。这是一种精准投放的广告，目的性很强，但需注意必须得到用户的许可，否则会被用户视为骚扰。

8）关键词搜索广告

关键词（keyword Ads）搜索广告是充分利用搜索引擎资源开展网络营销的一种手段，属于按点击次数收费的网络广告类型。关键词搜索广告有两种基本形式，一是关键词搜索结果页面上方的广告横幅可以由客户买断。这种广告针对性强、品牌效应好、点击率高。二是在关键词搜索结果的网站中，客户根据需要购买相应的排名，以提高自己的网站被访问的概率。关键词搜索广告如图 3–6 所示。

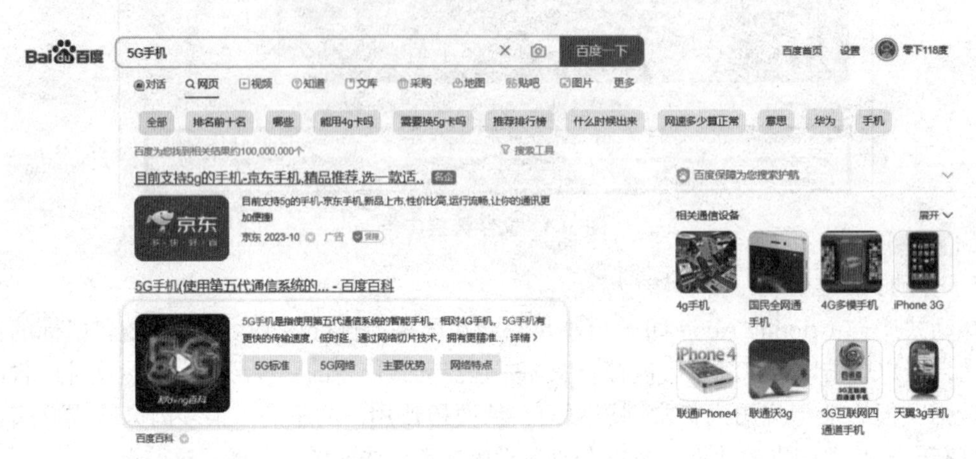

图 3–6　关键词搜索广告

2. 创新的网络广告类型

1）流媒体广告

流媒体广告是指广告主借助流媒体技术（流媒体技术是一种使音频、视频和其他多媒体元素在互联网上以实时的、无须下载等待的方式进行播放的技术）在网络上发布广告的一种网络广告形式。流媒体技术可将一连串的媒体数据压缩，通过分段发送数据，在网上即时传输影音，从而实现媒体数据边传送边播放，因此大大节省了下载等待时间和存储空间。根据广告所传达的内容分类，流媒体广告可以分为静态广告和动态广告。静态广告指的是图文结合或高品质动画形式的广告，比旗帜广告更具观赏性。动态广告又可分为音频流广告和视频流广告，这两种广告可分别认为是传统的广播广告和电视广告在网络媒体上的再现。

2）富媒体广告

富媒体广告是基于富媒体技术的一种用浏览器插件或其他脚本语言编写的具有视频效果和交互功能的网络广告形式。其实富媒体并不是一种真正的媒体，而是指目前在网络上应用的一种高频宽带技术。借助富媒体技术，网络广告能够突破网络带宽的限制，实现流畅播放。同时，富媒体广告自身通过程序设计就可实现调查、竞赛等相对复杂的用户交互功能。此外，相对于传统的网络广告，富媒体广告的表现形式更为丰富，不仅有视频广告、扩展类广告和浮层类广告等，还包含地址栏广告、网页背景广告等。

3）网络游戏广告

网络游戏广告是以网络游戏为载体，将广告植入游戏之中，以网络玩家为目标受众的一种网络广告形式。网络游戏广告将广告变成游戏的一部分，使广告与游戏紧密结合，让玩家在游戏的状态下体验产品的特性，从而大大增强了广告的传播效果。网络游戏中的 OPPO 和 vivo 广告如图 3-7 所示。

图 3-7　网络游戏中的 OPPO 和 vivo 广告

4）网络视频广告

网络视频广告是目前较为流行的一种广告形式，可分为传统的视频广告和用户自发制作的视频广告。传统的视频广告是指直接在线播放广告主提供的网络视频，相当于将电视广告放到网上。而用户自发制作的视频广告是用户自制的原创广告，通过网络平台尤其是移动端网络平台进行展示，以传播广告信息，我们在微信和各类短视频平台上经常可以看到这种类型的广告。抖音 App 上的必胜客广告如图 3-8 所示。

图 3-8　抖音 App 上的必胜客广告

5）OTT 广告

OTT 是 Over the Top 的缩写，是指通过互联网向用户提供各种应用服务，现在泛指互联网电视业务，一般包括智能电视、各类机顶盒终端。OTT 广告则是通过 OTT 终端对用户进行投放的广告，雪佛兰 OTT 广告如图 3-9 所示。OTT 广告实现了“互联网广告 + 电视广告”的叠加溢出效果，OTT 给电视大屏带来诸多互联网元素，使之媒体属性更加丰富。

图 3–9　雪佛兰 OTT 广告

OTT 具备可寻址、可用户画像等特点，平台覆盖海量人群标签，为其开展精准营销奠定基础。目前各平台根据品牌需求，支持人群圈选和定向投放。具体来看，可以实现精准人群 / 城市 / 社区定向，将创新的广告内容分时段进行定向投放，精准触达目标消费人群。

6）社交媒体广告

社交媒体（social media），也称社会化媒体，指的是互联网上基于用户关系的内容生产与交换平台，是人们用来创作，分享，交流意见、观点及经验的虚拟社区和网络平台。社交媒体广告是基于社交平台展现的一种广告形式，其中，交换平台包括微信、微博、社交网站、知识变现平台、论坛等。与传统媒体相比，社交媒体既是人际沟通的桥梁，也是大众传播的工具。人们在社交媒体上用视频或文字交流，实现了面对面、一对一的实时交流。同时，社交媒体可以实现一对一、一对多、多对一的交流形态，形成巨大的传播网络。社交媒体传播的是微内容，适合碎片化阅读，具有移动化、便捷化和智能化特征。

课堂讨论

如今，一些自媒体平台上泛滥的社交媒体广告让人厌烦，你觉得该如何解决这个问题？

社交媒体广告具有两方面优势，一方面是精准性，用户的大数据可以帮助广告主在投放广告的时候实现精准定向，同时，广告主也可以根据社交平台上用户的观看、评论以及转发等情况进行广告投入的调整，有效提升广告效益；另一方面是互动性，广告主和用户可以在社交平台上即时交流、留言互动、发表建议、反馈问题等，同时具有可分享性，用户看到感兴趣的广告内容可以即时分享给自己的好友，强化了广告内容的传播性。

不同的社交媒体所展示的网络广告类型有所差异，有些是某一社交媒体所特有的，如随着微信的出现而诞生的朋友圈广告、公众号底部广告、文中广告、视频贴片式广告、互选广告与小程序广告等。微信小程序广告如图 3–10 所示。

图 3–10　微信小程序广告

7）移动广告

移动广告是以智能移动终端（智能手机、平板计算机等）为载体发布的广告，具有针对性和交互性强、送达率高等特点。近年来，随着移动网络用户的不断增加，移动广告开始受到广告主的青睐。移动广告的表现形式丰富，不仅包括传统的图片广告、文字广告、插播广告、链接广告、视频广告等，还有各种 App 和小程序上出现的创新广告形式，如开屏广告、插屏广告等。喜马拉雅 App 上的开屏广告如图 3–11 所示。

图 3–11　喜马拉雅 App 上的开屏广告

如今，诸如流媒体、虚拟现实建模语言（virtual reality modeling language，VRML）等网络视频技术的发展，为网络广告的发展提供了技术上的保障。随着互联网技术的发展及宽带技术水平的提高，网络广告的表现形式也越来越丰富。

任务实训

1. 实训目的

了解社交媒体广告的发展现状。

2. 实训内容及步骤

（1）以小组为单位，组成任务团队。

（2）登录艾瑞咨询、艾媒网、网经社、中国互联网络信息中心等网站，以及各类社交媒体平台，收集社交媒体广告发展的资料。

（3）各任务团队撰写研究报告。

（4）提交最后的研究报告，并做成 PPT 在课堂上进行展示。

3. 实训成果

实训作业：社交媒体广告发展现状。

任务 3.3　网络广告策划

任务引入

小董的公司实施网络广告业务后，谈成的第一个客户是一家在当地颇有名气的农家院。该农家院位于风景优美的盘山脚下，地理位置得天独厚。农家院干净整洁，设施一流，提供的美食也很有特色。以前由于竞争对手少，该农家院的生意非常火爆，经常是一房难求。但随着竞争对手越来越多，生意已大不如前。该农家院发现竞争对手通过网络广告把客户都吸引过去了，因此决定找小董的公司尝试一下利用网络广告进行宣传。

因为是第一个网络广告客户，公司上下都非常重视。赵总为此还召集各部门经理和小董一块儿开了一个会。在会上，赵总决定由小董制订网络广告策划方案并负责实施，其他部门必须全力配合。

小董接到任务后深感责任重大，虽然业务不大，但毕竟是公司开展网络广告业务后的第一笔业务，他下定决心一定要设计出一套完美的网络广告策划方案，争取实现开门红。

请问，如果你是小董，你该如何制订并实施这套策划方案？

相关知识

微课堂

网络广告的策划流程

网络广告策划是根据互联网的特征及目标受众的特征对广告活动进行的运筹和规划，它的内容在本质上与传统的广告策划的内容相似，包括确定网络广告目标、确定网络广告的目标受众、选择网络广告的发布渠道、进行网络广告创作等一系列活动。

1. 确定网络广告目标

网络广告目标是一定时期内广告主期望的通过在网上发布广告而实现的广告活动效果，

如促进商品销售，提高商品知名度、美誉度，改变消费者认知，加强与目标消费者的互动，增强市场竞争力等。因此，网络广告目标不是单一的，而是多元的。

企业确定网络广告目标的目的是通过信息沟通，使消费者产生对品牌的认识、情感、态度和行为等方面的变化，从而实现企业的营销目标。在确定网络广告目标时应遵循如下原则：第一，广告目标要符合企业的营销目标；第二，广告目标要切实可行；第三，广告目标要明确具体；第四，单个广告目标应单一；第五，广告目标要有一定弹性；第六，广告目标要有协调性；第七，广告目标要考虑公益性。

2. 确定网络广告的目标受众

广告的目标受众（target audience）即广告传播的诉求对象。目标受众决定了广告媒体的选择和传播策略，同时也决定了广告文案的内容。因此，企业发布网络广告前必须根据广告的营销目标确定目标受众，这样做出的广告才具有针对性。

通常，网民在广告接受态度较理性的情况下，希望能够看到与自身需求相关的广告。以受众为核心的网络广告能够精准定位用户需求，改善用户体验和广告效果。随着精准投放和受众营销等概念的市场接受程度不断提升，实时竞价（real-time bidding，RTB）和受众购买（audience buy）的需求方平台（demand-side platform，DSP）企业逐渐被市场认可，基于受众购买的网络广告将日益受到广告主的重视。

3. 选择网络广告的发布渠道

选择网络广告发布渠道时应注意以下几个问题，如该平台用户是否与广告目标受众一致，是否有足够多的活跃用户，是否具备流量和数据优势，平台的管理水平如何，广告计价是否合理，平台能够支持哪些广告形式，在审核方面是否有特殊要求等。

因此，企业应结合自身情况，选择最适合的网络广告发布平台。

1）企业网站

企业网站是企业在 Internet 上建立的站点，目的是为企业形象、发布产品信息、商业服务提供更多的途径和可能。网站是企业从事电子商务活动的基本平台，是企业进行广告宣传的绝佳窗口。在互联网上发布的网络广告，无论是按钮广告还是链接型旗帜广告都提供了快速链接至企业主页的功能。所以，企业建立自己的主页是非常有必要的。企业的主页地址像企业的地址、名称、标志、电话、传真一样成为企业独有的标识，并被转化为企业的无形资产。

2）博客、微博、微信等自媒体平台

随着微博、微信等自媒体平台的兴起，网络广告拥有了新的发布渠道。企业通过自建的博客、微博和微信来推送广告，目标定位准确，针对性很强，受关注程度较高。

3）搜索引擎网站或门户网站

在我国，搜索引擎是仅次于即时通信、网络视频、网络支付和网络购物的第五大网络应用。根据中国互联网络信息中心发布的第 52 次《中国互联网络发展状况统计报告》，截至 2023 年 6 月，我国搜索引擎用户规模达 8.41 亿人，较 2022 年 12 月增长 3 963 万人，占网民整体的 78.0%。百度、搜狗、360、神马等搜索引擎是网民检索信息的主要工具，每天网络用户访问量巨大。在搜索引擎网站上投放广告，覆盖面广、针对性强、目标精准，而且按效果收费，性价比高。百度搜索引擎网站上的激光打标机广告如图 3–12 所示。

图 3–12　百度搜索引擎网站上的激光打标机广告

企业也可以选择与门户网站合作，如搜狐、网易、新浪、凤凰网等，它们提供了大量的互联网用户感兴趣且需要的免费信息服务，包括新闻、评论、生活、财经等内容。因此，这些网站的访问量非常大，是十分引人注目的站点。目前，这类网站是网络广告发布的主要渠道，并且发布广告的形式多种多样。

4）专类销售网

专类销售网是指汇聚某一类直接在互联网上进行销售的产品的网站。以汽车之家网站主页（见图 3–13）为例，只要消费者在网站页面上填写自己所需汽车的类型、价位、制造者、型号等信息，然后单击搜索按钮，屏幕上马上就会出现匹配的汽车，当然还包括何处可以购买此种汽车等信息。消费者在考虑购买汽车时，很可能会先通过此类网站进行查询。所以，对汽车代理商和经销商来说，汽车专类网是一个不错的网络广告发布平台。

图 3–13　汽车之家网站主页

5）友情链接

利用友情链接，企业间可以相互呈现对方的广告。建立友情链接要本着平等的原则。这里所谓的平等有着广泛的含义，网站的访问量、在搜索引擎中的排名、相互之间信息的补充程度、链接的位置、链接的具体形式（图像还是文本，是否在专门的 Resource 网页，或单独介绍对方的网站）等都是必须考虑的因素。

6）虚拟社区和公告栏

虚拟社区和公告栏是网上比较流行的交流、沟通渠道，任何用户只要注册，就可以在虚拟社区或公告栏上浏览、发布信息。企业在上面发表与产品相关的评论和建议可以起到非常好的口碑宣传作用。

7）网上报纸或杂志

在互联网日益发展的今天，新闻界也不甘落于人后，一些世界著名的报纸和杂志也纷纷触网，在互联网上建立自己的主页。更有一些新兴的报纸与杂志，干脆脱离了传统的“纸”媒体，完完全全地成为一种“网上报纸或杂志”。

8）新闻组

新闻组也是一种常见的网络服务，它与公告栏相似，人人都可以订阅它，并可成为新闻组的一员。成员可以在新闻组上阅读大量的公告，也可以发表自己的公告或者回复他人的公告。新闻组是一种很好的讨论与分享信息的渠道。对于一个公司来说，在与本公司产品相关的新闻组上发表自己的公告将是一种非常有效的传播自己的广告信息的方式。

9）网络黄页

网络黄页是指互联网上专门用于查询检索服务的网站，代表性的网络黄页如中国黄页，如图 3–14 所示。这类网站就如同电话黄页一样，按类别划分信息，便于用户进行站点的查询。企业采用这种渠道的好处，一是针对性强，查询过程都以关键字区分；二是醒目，信息处于页面的明显处，易于被查询者注意。

图 3–14　中国黄页主页

10）短视频平台

短视频相对于文字和图片来说，表现方式更为直观，对受众的刺激更为强烈，而且在内容上也更为有趣。随着移动互联网技术的发展，网速越来越快，视频播放也越来越流畅。同时，手机流量资费的大幅下降，使得资费因素对用户的限制越来越小，这为短视频的爆发奠定了坚实的基础。如今，短视频 App 已成为时下互联网最热门的应用之一，抖音、快手等短视频平台拥有数以亿计的用户，因此成为企业投放网络广告的重要平台。

4. 进行网络广告创作

网络广告策划中极具魅力、最能体现水平的部分就是创意。它包括两个方面：一是内容、形式、视觉表现、广告诉求的创意；二是技术上的创意。网络广告的创意主要来自互联网本身，互联网是一个超媒介，它融合了其他媒介的特点。因为有不同的传播目的、传播对象，互联网可以承载不同的广告创意。同时，互联网是计算机科技和网络科技的结合，注定具有高科技特性，这也带来了更加多变的表现方法，为网络广告创意提供了更多的方向。

案例分析

网易严选“双 11”广告短片不走寻常路

网易严选于 2021 年推出了广告短片《离了吧，11 · 11》(见图 3–15)，从消费者视角对“双 11”复杂的套路来了一次“吐槽”，玩的虽然还是“反套路”风格，但剧情依旧让人直呼“想不到”。

广告中，女主角的名字是“买家美少女壮士 1991”，代表广大买家；而男主角的名字则是“11·11”，代表那个曾经“单纯”但现在“套路”满满的“双 11”，在他们的“婚姻生活”中，妻子想要轻松愉快地买东西，丈夫想的却是自己的业务增长逻辑……

资料来源：鸟哥笔记 App。

图 3–15 网易严选广告短片《离了吧，11 · 11》截图

案例分析：网易的这则广告短片表面上是控诉“感情危机”，实际上剑指“双 11”“套路营销”的行业陋习，网易作为“双 11”的一股清流，既输出了网易严选“回归真实生活，

拒绝套路”的消费观念，也为品牌从消费者好感度到产品销量的转化埋下了伏笔。

网络广告要吸引用户，就应是生动、能够抓住人的视线、邀请人们参与、有趣味的，并且是让人无法拒绝的。网络广告要形成突破，必须要依靠卓越的创意。在打造网络广告创意的过程中，要注意以下关键点。

1）营造强有力的视觉冲击效果

网络信息浩如烟海，如果广告不具有强大的视觉冲击力，必然不能被目标受众关注。因此，广告创作者一定要创作能瞬间吸引受众注意的广告作品，以引起受众的兴趣。

2）传递简单易懂而又有趣的信息

当今社会生活节奏加快，人们的时间越来越碎片化，如果广告内容冗长或是晦涩难懂，又或是平淡无奇，都将难以吸引网络用户。事实上，简单易懂而又有趣的广告更容易被受众关注。为什么抖音上的很多广告都不让我们反感？因为这些广告很短而又非常有趣，很难让我们感到厌烦。当然，这也与抖音强大的后台算法有关，它可以根据用户的喜好进行精准的广告推荐。

3）适度的曝光率

网络用户的一个基本特点是“喜新厌旧”，即用户的关注度会随着广告投放时间的增加而降低。因此，当某一则广告的曝光率达到某种程度后出现下降倾向时，企业就必须考虑更换该广告。

4）发展互动性

随着网络技术的发展，未来的网络广告必定朝着互动性方向发展。广告创作者如能在网络广告中增加游戏活动功能，点击率则会大大提高。索尼在线的娱乐站发布的凯洛格仪器公司的网络游戏广告以一组面向儿童的游戏为特色，玩家参加其中一个游戏后有机会赢得一盒爆米花。发布这则广告后，凯洛格主页的访问量增加了 3 倍，访问时间增加了 2 倍，该广告的浏览率高达 14.5%。

阅读资料

快手的广告形式

短视频平台快手目前有两种广告形式，一种是快手粉丝头条，主要针对“快手视频”进行推广，用户拍摄了快手视频并且有推广的需求，即可通过快手粉丝头条自行充值开通推广。该项服务按每千人印象成本计费。快手粉丝头条能满足增加视频曝光量、增加快手粉丝等推广需求。快手粉丝头条推广的素材来自“快手视频”，并且面临严格的审核，对于不适合使用快手粉丝头条进行推广的视频，平台将会拒绝用户使用其进行推广。

另一种是快手开辟的专门的视频信息流广告，在快手“发现”“同城”频道页的第 5 个位置。该位置是一个广告位，广告主可以通过官方的广告后台投放符合要求的广告。广告形式可以为视频、图片以及超链接等，相比快手粉丝头条，该广告可以更大限度地满足广告主的宣传需求。

任务实训

1. 实训目的

了解“网红”品牌的网络广告策略。

2. 实训内容及步骤

（1）以小组为单位组建任务实训团队。

（2）各任务实训团队在广泛收集资料的基础上，从广告受众、广告创意特点和网络广告效果评价 3 个方面对江小白、卫龙辣条和喜茶的网络广告进行对比分析。

（3）撰写分析报告，并做成 PPT 进行展示。

（4）由教师给出实训成绩，作为本课程的平时成绩之一。

3. 实训成果

实训作业：网红品牌的网络广告分析。

任务 3.4　掌握网络广告预算与效果评估方法

任务引入

小董所在公司的网络广告业务开展了一段时间之后，市场部的王经理向赵总反映，由于销售人员不太了解网络广告的预算与网络广告效果方面的知识，当客户问及这些问题时他们难以回答，因此失去了不少业务。王经理请求赵总能安排一次公司内部培训，以帮助销售人员更好地开展业务。赵总同意了王经理的建议，委托小董来负责此次培训。

假如你是小董，你该如何设计本次培训的方案？具体的培训内容包括哪些？

相关知识

1. 网络广告预算

发布广告是一项商业活动。对广告活动费用开支计划的设计、安排及分配就是广告预算，它规定了计划期内广告活动所需的金额以及在各项工作上的分配。对广告主来说，广告预算的目标就是力求以最低的成本获得最佳的广告效果。

1）网络广告预算编制的方法

目前常用的网络广告预算编制的方法主要有以下几种。

（1）期望行动制。这种原则或预算方法以购买者的实际购买行动为参照来确定广告费用。一般的做法是，先预估一个可能的购买量的范围，再乘以每一单位购买行动的广告费，取其平均值就得到广告预算结果。预期的购买量一般参照同类商品以往年份的统计数字，每一单位的广告费用可根据商品及企业的目标来定。这种预算方法尤其适合农产品、大众消费品、家用电器等有较稳定购买量的商品，它的预期购买量较容易接近实际的数字。

（2）产品跟踪制。这种预算方法通常只确定每一单位商品所需的广告费，再根据实际成交量来确定预算费用，常常使用的是以往的数据，具有时滞性。但它的好处是便于操作，具有一定的客观性。

（3）阶段费用制。这是广告预算中最常用的方法之一，根据企业营销计划要实现的阶段性目标来制定广告预算。这种方法能够根据市场环境的变化和产品生命周期的广告要求，及时调整广告费用投入，因而被企业普遍采用。

（4）参照对手制。这种预算方法主要是参照竞争对手的广告投入情况来制定广告预算，具有较强的针对性，而且也较为灵活。

（5）市场风向制。这种广告预算方法依据商业环境的变化来制订预算计划。具体做法是：当商业环境恶化时，企业加大广告力度，增加广告预算以求扭转市场不利局面；而当市场繁荣、商品销售情况好转时，企业减少广告预算投入，以求获得更高的利润。

（6）比例提成制。这种预算方法是根据销售比例或盈利比例来制定广告预算。按销售比例计算的方法是指将一定时期的销售额乘以某一广告投入比率来计算出广告预算。具体又可细分为计划销售额百分比法、上年销售额百分比法和两者的综合折中——平均折中销售额百分比法，以及计划销售增加额百分比法 4 种。销售比例法的优点是计算简单方便，缺点是不够灵活，不能根据市场变化来调整广告预算额度。按盈利比例计算的方法是指根据上一年的盈利情况，按比例将其中的一部分作为广告的预算。这种方法使企业的广告投入与利润直接挂钩，能够给高盈利产品更多的广告费用支持，使广告预算更加合理。但这种广告预算方法不适用于新产品，因为新产品上市之初往往无法盈利而又需要较大的广告投入。

2）网络广告的付费模式

（1）每千次印象成本（cost per mille，CPM）。传统媒体广告业通常以每千次印象成本作为确定媒体广告价格的基础。互联网网站可以精确地统计其页面的访问次数，因此网络广告也可以按访问人次付费。所以，网络广告沿用了传统媒体广告的做法，一般以广告网页被浏览 1 000 次为基准计价单位。

（2）每千次点击成本（cost per thousand clickd-throughs，CPC）。该付费模式以网页上的广告被单击并链接到相关网站或详细内容页面 1 000 次为基准。例如，广告主购买了 10 个 CPC，意味着其投放的广告可被单击 10 000 次。虽然 CPC 的费用比 CPM 的费用高得多，但广告主往往更倾向于选择 CPC 这种付费模式。因为 CPC 真实地反映了受众确实看到了广告，并且进入了广告主的网站或页面。CPC 也是目前国际上流行的广告付费模式。

（3）每行动成本（cost per action，CPA）。该付费模式按广告投放实际效果，即按回应的有效问卷或订单来计费，而不限广告投放量。CPA 付费模式对于网站而言有一定的风险，但若广告投放成功，其收益也比 CPM 付费模式要高得多。

（4）每购买成本（cost per purchase，CPP）。这是广告主为避免广告费用风险采用的一种付费模式，也称销售提成付费模式，即广告主在广告带来销售收益后，按销售数量付给广告网站较一般广告价格更高的费用。

（5）按业绩付费（pay-for-performance，PFP）。接业绩付费是从 CPM 转变而来的一种付费模式，其基于业绩的定价计费标准有点击次数、销售业绩和导航情况等。

2. 网络广告效果评估

网络媒体具有较强的机动性和可调整性，一旦网络广告效果不佳，广告主就应该对其进行调整，如调整曝光次数、修正广告内容等，一般检测期为一周或 10 万次曝光后。

对网络广告效果的评估较准确的评价指标是曝光次数（impression）及广告点击率（click through rate，CTR）。曝光次数是指有广告的页面被访问的次数，即广告管理软件的计数器上所统计的数字。点击率是指访问者单击广告的次数占广告曝光次数的比率。

评估广告效果还要考虑事先设定的广告目标，不同的目标将导致不同的结果。例如，当广告的目标是建立品牌形象时，点击率并不是主要的评价指标，优质的、有效的曝光次数才是评估的重点。

任务实训

1. 实训目的

熟悉网络广告的付费模式，并分析不同付费模式的优缺点。

2. 实训内容及步骤

（1）以小组为单位组建任务实训团队。

（2）收集相关资料，分析不同网络广告付费模式的优缺点。

（3）撰写分析报告，并做成 PPT 进行展示。

（4）由教师给出实训成绩，作为本课程的平时成绩之一。

3. 实训成果

实训作业：不同网络广告付费模式的比较分析。

练习题

一、单选题

1. 网络广告于 1994 年诞生于（　　）。

A. 中国　　B. 日本　　C. 英国　　D. 美国

2.（　　）是常见的网络广告形式，又名“横幅广告”，是互联网上最为传统的广告形式。

A. 按钮广告　　B. 分类广告　　C. 旗帜广告　　D. 视频广告

3.（　　）可以将文字、声音、画面、视频等结合之后供用户主动检索，重复观看。

A. 杂志广告　　B. 网络广告　　C. 电视广告　　D. 报纸广告

4. 网络广告策划首要关注的是（　　）。

A. 确定网络广告目标　　B. 进行市场调研

C. 确定网络广告的目标受众　　D. 选择网络广告的发布渠道

5. 在（　　）上投放广告，覆盖面广、针对性强、目标精准，而且按效果收费，性价比高。

A. 网络黄页　　B. 企业主页　　C. 门户网站　　D. 搜索引擎网站

二、多选题

1. 网络广告的主要特点有（ ）。

A. 非强迫性 B. 实时性与交互性 C. 广泛性

D. 易统计性和可评估性 E. 视听效果的综合性

2. 网络广告的广泛性表现在（ ）。

A. 内容详尽 B. 形式多样

C. 传播范围广，无时间地域限制 D. 传播速度快

E. 经济性

3. 网络广告的发布渠道包括（ ）。

A. 企业主页 B. 博客、微博、微信等自媒体平台

C. 搜索引擎网站或门户网站 D. 专类销售网

E. 友情链接

4. 下列属于网络广告的付费模式的有（ ）。

A. 每千次印象成本 B. 每千次点击成本

C. 每行动成本 D. 每购买成本

E. 按成本付费

5. 目前常用的网络广告预算的编制方法包括（ ）。

A. 期望行动制 B. 产品跟踪制 C. 阶段费用制

D. 参照对手制 E. 市场风向制

三、名词解释

1. 网络广告 2. 网络视频广告 3. 网络广告目标 4. 网络广告策划 5. 网络广告预算

四、简答及论述题

1. 与传统媒体相比，网络广告的特点主要有哪些？
2. 关键字广告有哪两种基本的模式？
3. 在确定网络广告目标时应遵循哪些原则？
4. 试论述网络广告发布渠道的选择方法。
5. 试论述进行网络广告创作的几个关键点。

案例讨论

《京东图书 问你买书》短视频广告

最美人间四月天，花开满园春满园。2022年4月24日零时，京东图书围绕世界读书日发起的读书月活动圆满收官。在18天的时间里，京东图书集结数百万种好书、新书，携手数千家合作伙伴及第三方图书商家，为广大读者带来一场盛大的阅读嘉年华。特别是4月21—23日的巅峰72小时盛典实现了总体33%的同比增幅，有力展现了京东图书以供应链为基础、以阅读为核心的全景生态的勃勃生机，在建设书香社会、推进全民阅读方面履行了企业社会责任。

“去年世界读书日买的那本书，拆封了吗？”2022年4月23日，人民网微信公众号的文章中如此发问。

这是京东图书发起“问你买书”活动的契机。京东图书认识到，书的价值需要通过阅读来实现，为免于陷入“买了书却不看书”的怪圈，京东携手作家余华、诗人余秀华发起了“京东图书　问你买书”活动，通过向读者回购图书的公益方式，传递“让好书不再尘封，读者有其书，书者有人读”的价值观。《京东图书　问你买书》短视频宣传海报见图 3–16。

图 3–16 《京东图书　问你买书》短视频宣传海报

不同于“说教式”的品牌观点输出，京东图书打造了一支别具一格的短视频广告，由作家余华和诗人余秀华出演，向大众传达买书要读的朴素理念。

短视频广告中男主人面对余华的突然到访，显得有些措手不及，即使那本《活着》在书架上已经落了厚厚的一层灰，却硬着头皮说读了读了，还偷偷地擦去积灰，这样尴尬的场面让人忍俊不禁。这一小小的细节也点醒了很多人，也许男主人就是现实中很多买书人的真实写照。

在短视频广告的第二部分，诗人余秀华以“我不是余华，我是余秀华”诙谐承接，两个场景相互呼应，一个抛梗，另一个接梗，让观众产生浓厚的兴趣，急于了解后面的剧情走向。

而短视频广告中的小女孩念词时表情严肃认真，偶然出现的几处错误读法也成为了点睛之笔，观众都沉浸在这极富感染力的情境中，观点的输出真实而有力量。

如今，“热爱”已经是被品牌们频频主张的万能词语。可如何浇灌热爱、把热爱付诸行动，始终是未诉说的空白。因此，让热爱不被辜负，成为这一次“京东图书　问你买书”活动想要表达的内核。在此次短视频广告创意中，京东图书不再是与消费者对立的卖书商的角色，而是借作家之口，以朋友的身份，用行动建立与消费者之间的信赖关系，展现出品牌的诚意与实力。

与此同时，京东图书还将世界读书日高潮期活动的触角延伸到线上线下各种渠道，在北京、广州、成都、重庆等地的地标性区域都能看到京东读书月的大屏广告；在微博、抖音、微信等流量聚集地，以及大量导购媒体、社交媒体、团购群、内容分发渠道等，读者都能够最便利地得到京东图书的高潮期信息。

思考讨论题

1. 京东世界读书日期间的活动为何能激起广大读者的共鸣？

2. 结合本案例，请谈谈短视频广告的网络发布策略。

学生工作页

项目3　网络广告营销					
任务	帮助企业在抖音平台发布广告				
班级		学号		姓名	

本任务要达到的目标要求：

1. 提升学生与企业的沟通能力。
2. 提升学生的网络广告实操能力。
3. 掌握在抖音平台发布广告的程序与方法。

能力训练

抖音拥有庞大的用户基础和精准的算法，企业可以借助抖音针对消费者的个性化信息发布有针对性的广告。本任务要求同学们选择一家尚未在抖音上发布过广告的小企业并与之合作，帮助其完成在抖音上的广告发布。需要完成的具体工作如下：

1. 注册账号。在手机应用商店中搜索“抖音”，下载并安装 App，然后按照提示注册账号。

2. 进行账号认证。在抖音 App 中，依次点击“我”“设置”“账号与安全”“实名认证”，然后按照提示填写真实姓名和身份证号码，上传身份证正反面照片进行认证。

3. 创建企业账号。在抖音 App 中，依次点击“我”“加号”“创建企业号”，然后填写企业相关信息，包括企业名称、简介、营业执照等，完成创建。

4. 选择广告形式。在抖音 App 中，依次点击“广告”“创建广告”“选择广告形式”，然后根据需求选择适合的广告形式，包括品牌广告、直播广告、商品橱窗等。

5. 设置广告参数。在抖音广告平台中，根据选择的广告形式和目标受众，设置广告参数，包括投放位置、投放时间、投放预算、竞价等。

同学们在完成上述工作之后，撰写完成任务的心得和体会。

学生评述
完成任务的心得与体会：

教师评价

项目4 搜索引擎营销

学习目标

【知识目标】

（1）掌握搜索引擎营销的含义与分类。

（2）了解搜索引擎营销的作用与工作流程。

（3）理解搜索引擎营销的含义。

（4）掌握搜索引擎营销的特点。

（5）熟悉搜索引擎营销的模式。

【技能目标】

（1）能够掌握百度搜索引擎的使用技巧。

（2）能够根据企业实际情况为其制订搜索引擎营销策划方案。

（3）能够对搜索引擎营销的效果进行客观评估。

【素质目标】

（1）培养学习搜索引擎营销的兴趣。

（2）建立敏锐的搜索引擎营销意识。

（3）树立正确的搜索引擎营销理念。

项目情境导入

2023年上半年，搜索引擎引入生成式人工智能技术，将推动用户使用体验和搜索营销方式产生重大改变。

1. 搜索引擎企业相继推出生成式人工智能搜索服务

微软将ChatGPT与搜索引擎整合推出“新必应”，首次展示了生成式人工智能在搜索领域的应用实践和发展前景；百度推出“文心一言”并整合到搜索服务中；360搜索发布“360智脑”并向公众开放产品测试。除传统搜索引擎企业外，电子商务等领域的互联网企业也积极开发相关产品，如京东将生成式人工智能技术融入“言犀”平台，提供的智能知识库等服务可以满足企业员工业务检索、信息获取等场景的需求。

2. 生成式人工智能的发展将对搜索引擎行业产生深远影响

在用户体验方面，基于生成式人工智能的搜索引擎通过交互问答，可以展示经过推理整合的结果，为用户提供了更人性化的互动、更多样化的内容、更高效的信息收集方式。随着模型可靠性逐步改善，未来将大幅提升用户搜索服务的使用体验。在企业营销方面，生成式人工智能将带来搜索引擎推荐算法的创新，可以辅助企业策划营销活动和创作文案，帮助搜索营销市场实现新发展。数据显示，发布生成式人工智能产品后，2023 年微软第一、第二季度含搜索在内的广告营收同比分别增长 10% 和 8%，百度在线营销和云服务等市场的潜在客户数量 3 月同比增长超过 400%。

资料来源：中国互联网络信息中心《第 52 次中国互联网络发展状况统计报告》。

问题：近年来搜索引擎营销的方式发生了哪些变化？技术进步对搜索引擎营销有何重大影响？

项目分析

搜索引擎是一种重要的网络营销工具，近年来电商巨头们不断加大投入布局搜索引擎行业。2019 年，百度依托搜索引擎入口，不断优化算法，提供文字、短视频等富媒体内容，持续改进信息流产品。字节跳动发展移动端搜索产品，涵盖旗下信息流、短视频、问答等产品的内容，同时抓取全网资源，为用户提供综合搜索服务。同时，人工智能技术也在不断推动搜索引擎产品创新和服务质量的提升，使得搜索引擎营销插上了腾飞的翅膀。

那么什么是搜索引擎？它有何特点？它的工作流程是什么？什么又是搜索引擎营销？搜索引擎营销的任务是什么？搜索引擎营销的模式有哪些？本项目即将对以上问题进行解答。

任务 4.1　认识搜索引擎

任务引入

搜索引擎作为互联网的基础应用，是网民获取信息的重要工具。中国互联网络信息中心发布的《第 52 次中国互联网络发展状况统计报告》显示，截至 2023 年 6 月，我国搜索引擎用户规模达 8.41 亿人，较 2022 年 12 月增长 3 963 万人，占网民整体的 78.0%。在各类互联网应用用户中，搜索引擎排名第 5。

问题：搜索引擎都有哪些功能？它为何会有如此广泛的应用？

相关知识

1. 搜索引擎的含义与分类

1）搜索引擎的含义

搜索引擎是指根据一定的策略，运用特定的计算机程序，从互联网上收集信息并对信息进行筛选、组织，然后按照用户搜索信息的关键词将相关信息展示给用户的系统。搜索引擎的概念主要涵盖两个方面的内容：一方面，搜索引擎是由一系列技术支持构建的网络信息在线查询系统，它具有相对稳定的检索功能，如关键词检索、分类浏览式检索等；另一方面，这种查询系统借助不同网站的服务器，协助网络用户查询信息，并且该服务是搜索引擎的核心服务项目。

课堂讨论

你所熟悉的搜索引擎都有哪些？搜索引擎对企业营销有何价值？

2）搜索引擎的分类

目前，在网络上运行的搜索引擎为数众多，按照不同的分类标准，它们可分为不同的类型。例如，按照搜索内容的不同，搜索引擎可以分为大型综合类搜索引擎、专用搜索引擎、购物搜索引擎等；按照使用端的不同，其可以分为PC端搜索引擎和移动端搜索引擎等；按照工作原理的不同，其又可分为分类目录式搜索引擎、全文检索式搜索引擎、元搜索引擎和集成搜索引擎等。

2. 搜索引擎的作用

互联网上的信息繁多且毫无秩序，而搜索引擎能够提取各个网站的信息，建立起数据库，并检索与用户查询条件相匹配的记录，按一定的排列顺序返回结果。因此，搜索引擎是人们在互联网中“探宝”的必备工具，它能帮助人们在浩瀚的信息海洋里方便快捷地找到需要的信息。由于搜索引擎的商业价值极高，越来越多的企业将搜索引擎作为主要的网络营销手段，并取得了较好的宣传效果。

对企业而言，搜索引擎主要有如下作用。

一是作为发现市场信息的工具。搜索引擎是一种重要的发现市场信息的工具，企业对搜索引擎的利用能力决定了企业发现信息和市场运作的能力。通过搜索引擎，企业可以搜索的信息主要包括供货商和原材料资源信息，市场供求、会展及其他商务信息，设备、技术及知识信息，组织、人才及咨询信息，等等。

二是作为传播信息的工具。随着网民人数的增加，更多人将在网络上进行搜索作为获取信息的首选方式，而任意一个搜索请求，都可能查到数以万计的内容。由于搜索引擎所采用的搜索技术、信息分类方式等有所不同，信息查询的效率也不同。搜索能力通常会受到3个方面的影响：①所选搜索引擎链接的信息资源数量和信息资源范围；②所设想的关键词与系统预设的信息资源分类方式的一致性；③系统自身的技术水平和信息搜索能力。高效的站内搜索可以让用户快速、准确地找到目标信息，从而有效地促进产品或服务的销售。对网站访问者的搜索行为开展深度分析，则可帮助企业进一步制定更为有效的网络营销策略。

3. 搜索引擎的工作流程

了解搜索引擎的工作流程对企业的日常搜索应用和网站营销推广都会有很大的帮助。搜索引擎的工作流程可分为以下几个步骤。

1）抓取网页

每个独立的搜索引擎都有自己的网页抓取程序，该程序被称为蜘蛛（spider）。蜘蛛访问网页时，类似于普通用户使用的浏览器。蜘蛛会跟踪网页中的链接，连续地抓取网页，即爬行。蜘蛛发出页面访问请求后，服务器返回超文本标记语言（hypertext markup language，HTML）代码，蜘蛛把收到的代码存入原始页面数据库。搜索引擎为了提高爬行和抓取的速度，都会使用多个蜘蛛并分布爬行。

蜘蛛访问任何一个网站时，都会先访问网站根目录下的robots.txt文件，如果文件禁止搜索引擎抓取某些文件或目录，蜘蛛将遵守协议，不抓取被禁止的网站。和浏览器一样，蜘蛛也有表明自己身份的代理名称，站长可以在日志文件中看到蜘蛛的特定代理名称，从而辨识蜘蛛。

2）索引

搜索引擎抓取到网页后，还要做大量的预处理工作才能为用户提供检索服务。其中，最重要的就是提取关键词，建立索引数据库。索引（index）是将蜘蛛抓取的页面文件分解、分析，并以巨大表格的形式存入数据库的过程。在索引数据库中，网页文字内容及关键词的位置、字体、颜色等相关信息都有相应的记录。

3）搜索词处理

用户在搜索引擎界面输入关键词，单击“搜索”按钮后，搜索引擎即对搜索词进行处理，包括中文分词处理、去除停止词、指令处理、拼写错误纠正、整合搜索触发等。搜索词的处理必须十分快速。

4）排序

对搜索词进行处理后，搜索引擎便开始工作，从索引数据库中找出所有包含搜索词的网页，并且根据排名算法计算出哪些网页应该排在前面，然后按照一定格式返回搜索页面。

任务实训

1. 实训目的

熟悉百度搜索引擎的各项服务功能。

2. 实训内容及步骤

（1）以小组为单位，成立任务团队。

（2）通过文献研究了解百度搜索引擎的各项功能。

（3）使用百度搜索引擎，体验各项服务内容。

（4）完成百度搜索引擎的服务内容及使用体验表（见表4–1）的填写。

表4–1 百度搜索引擎的服务内容及使用体验

百度搜索引擎服务项目	服务描述	使用体验

续表

百度搜索引擎服务项目	服务描述	使用体验

注：如因需要付费等原因无法使用某项服务，请注明原因。另外，根据服务项目的多少确定表格大小，表格内容不受本表格的限制。

（5）实训之后撰写使用报告，并在课堂上以小组为单位进行汇报。

3. 实训成果

实训作业：百度搜索引擎的服务内容及使用体验报告。

任务 4.2 熟悉搜索引擎营销的任务与特点

任务引入

某名校应届大学毕业生小魏通过网络投递简历，获得了一家电商企业市场推广策划岗位的面试机会。面试官之前查看过小魏的简历，觉得他的专业不太符合要求，因为小魏学的是信息管理专业而非电子商务或市场营销专业。但小魏的名校毕业生身份以及简历上写到的相关岗位的实习经历打动了面试官，于是面试官打电话通知小魏前来面试。面试时，小魏的临场应变能力、语言表达能力和逻辑思维能力均得到了面试官的认可，但在回答专业知识问题时，小魏的一个回答令面试官很不满意。面试官说："市场推广策划工作需要用到搜索引擎营销方面的知识，需要策划人员对此有较为深入的了解，下面请你谈谈搜索引擎营销的任务主要有哪些？"小魏答道："搜索引擎营销的任务很简单，就是要将企业的营销信息通过搜索引擎平台发布出去供用户主动搜索。"小魏的回答令面试官皱起了眉头，小魏见状心里明白此次面试结果恐怕是凶多吉少了。

请问同学们，小魏的回答错在哪里？应该如何回答这个问题？

相关知识

1. 搜索引擎营销的含义

搜索引擎营销（search engine marketing，SEM）是随着搜索引擎的发展而诞生的一种新的网络营销方式，它通常在用户使用搜索引擎检索信息时，尽可能将营销信息传递给目标用户。具体来说，搜索引擎营销是基于搜索引擎平台而开展的网络营销，利用人们对搜索引擎的依赖和使用习惯，在人们检索信息的时候将营销信息传递给目标用户的一种营销方式。搜索引擎营销要求以最少的投入获得来自搜索引擎最多的访问量，并获取相应的商业价值。用户利用搜索引擎搜索信息是一种主动表达自己真实需要的方式，因此，搜索与某类产品或某个品牌相关的关键词的用户，就是该产品或品牌所寻找的目标受众或潜在目标受众，这也是搜索引擎应用于网络营销的基本原理。

搜索引擎营销得以实现的基本过程是企业将信息发布在网站上使其成为以网页形式存在的信息源，企业营销人员通过免费注册搜索引擎、交换链接或付费的竞价排名、关键字广告等手段，使企业网站被各大搜索引擎收录到各自的索引数据库中。这样，当用户利用关键词进行检索（对于分类目录则是逐级目录查询）时，检索结果中就会罗列相关的索引信息及其链接，用户则会根据对检索结果的判断，选择有兴趣的信息并点击打开信息源所在网页，从而完成企业从发布信息到用户获取信息的整个过程，如图 4–1 所示。

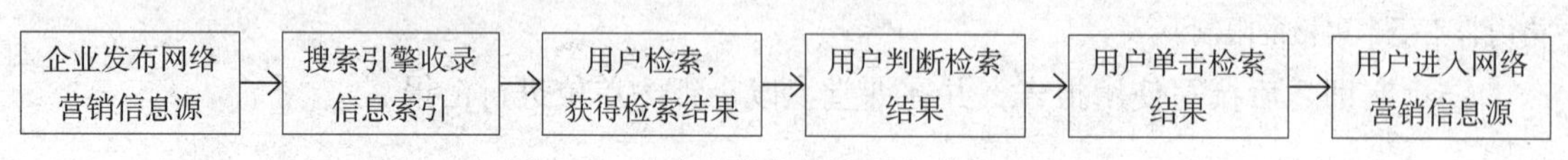

图 4–1　搜索引擎营销信息传递的过程

2. 搜索引擎营销的任务

企业实施搜索引擎营销，主要是为了完成以下几项重要任务。

一是构造适合于搜索引擎检索的信息源。即合理规划企业信息网站的结构和内容，以符合搜索引擎的检索规则。

二是创造网站 / 网页被搜索引擎收录的机会。即通过一些技巧手段，提高网站的曝光率，以增大被搜索引擎收录的概率。

三是让网站信息出现在搜索结果中靠前位置。即通过合理规划网站的结构和内容，以及搜索引擎的优化，使网站信息出现在搜索结果中靠前的位置。

四是以搜索结果中有限的信息获得用户关注。即通过合理规划网站的结构和内容，以及搜索引擎的优化，使网站信息出现在搜索结果中靠前的位置，吸引用户的关注。

五是为用户获取信息提供方便。即在用户通过搜索引擎检索到相关信息后，能够快速获取到所需的信息。

3. 搜索引擎营销的特点

搜索引擎营销的实质就是通过搜索引擎工具，向用户传递他们所关注对象的营销信息。与其他网络营销方法相比，搜索引擎营销有以下特点。

1）用户主动创造“被营销”的机会

搜索引擎营销和其他网络营销方法最主要的不同点在于，用户主动创造了“被营销”的机会。以关键词广告为例，它平时在搜索引擎工具上并不存在，只有当用户输入了关键词时，它才在关键词搜索结果中出现，这就使用户主动创造了“被营销”的机会。

2）以用户为主导

搜索引擎检索出来的是网页信息的索引而不是网页的全部内容，所以这些搜索结果只能发挥引导的作用。在搜索引擎营销中，使用什么搜索引擎、通过搜索引擎检索什么信息完全是由用户自己决定的，在搜索结果中点击哪些网页也取决于用户的判断。搜索引擎营销这种以用户为主导的特性极大地减少了营销活动对用户的干扰，完美地贴合了网络营销的基本思想。同时，比起随便点击广告的人，搜索者的访问更有针对性，从而使搜索引擎营销可以产生更好的营销效果。

3）按效果付费

搜索引擎营销是按照点击次数来收费的，而展示则是不收费的。这意味着企业的广告只有被网络用户检索到并点击后才产生费用，而用户的点击则代表着其对该广告展示的产品或服务具有一定的需求。因此，这种按效果付费的方式更为合理、科学，避免了企业广告费的无效投入。

4）分析统计简单

企业在和搜索引擎建立业务联系后，可以很方便地从后台看到每天的点击量、点击率，这有利于企业分析营销效果，进而优化营销方式。

5）用户定位精准

搜索引擎营销在用户定位方面表现突出，尤其是搜索结果页面的关键词广告，完全可以与用户检索所使用的关键词高度相关，从而提高营销信息被关注的概率，最终达到增强网络营销效果的目的。

除此之外，门槛低、投资回报率高、动态更新随时调整、使用广泛等都是搜索引擎营销的显著特点。

但需注意的是，搜索引擎营销的效果表现为网站访问量的增加而不是销量的提高，其使命是使企业网站获得访问量，至于访问量是否可以最终转化为收益，不是搜索引擎营销可以决定的。要想真正提高销量，企业还要做好各个方面的工作。

任务实训

1. 实训目的

通过实际操作，掌握百度搜索引擎的使用技巧。

2. 实训内容及步骤

（1）通过文献学习，初步了解百度搜索引擎的使用方法。

（2）确定要搜索的关键词，完成常规搜索。

（3）分别再尝试使用双引号搜索、括号搜索、加号搜索、减号搜索、限定字符搜索、限定域名搜索、限定url搜索、限定文档类型搜索、百度的高级语法“intitle、site、inurl”等搜索技巧再进行关键词搜索。

（4）对比使用以上搜索引擎技巧后带来的变化，撰写实训总结。

（5）在班级微信群分享实训总结，课代表组织同学们进行讨论。

3. 实训成果

实训作业：百度搜索引擎的使用技巧总结。

任务 4.3 了解搜索引擎营销的模式

任务引入

营销专业大四学生小梁同学的家里有一家劳保用品企业，主要生产防尘口罩和工作手套。该企业坐落在天津郊区，规模中等，以前凭借小梁爸爸与某大型矿山企业老板的良好关系直接为其供货，一直不愁销路问题。但最近该矿山企业开始实施供应链改革，所有采购的劳保用品一律要通过公开招标的方式。小梁家的产品因报价稍高而遗憾落标，企业的销售一下陷入了困境。小梁了解情况后，建议爸爸通过开展搜索引擎营销打开销路。小梁的爸爸觉得儿子的建议有一定道理，加之目前也没有更好的解决办法，于是接受了该建议并授权小梁负责实施。

假如你是小梁，你该如何做好这次搜索引擎营销活动？

相关知识

搜索引擎营销追求高性价比，力求以最少的投入获得最多的来自搜索引擎的访问量，并产生商业价值。搜索引擎营销的模式主要有以下几种。

1. 登录分类目录

网站登录搜索引擎的方法比较简单，只需要按照搜索引擎的提示逐步填写即可。比较常用的搜索引擎登录方式有百度网站登录等，如图 4–2 所示。

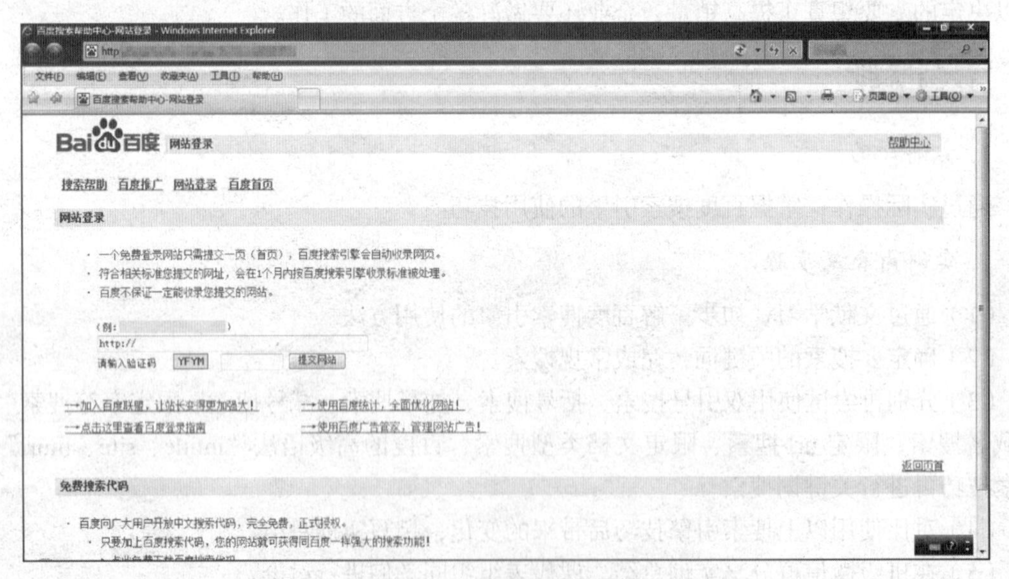

图 4–2　百度网站登录界面

通常搜索引擎登录审核需要提供网站名称、网站地址、关键词、网站的描述和站长联系方式等信息。大部分的搜索引擎需要对所收到的信息进行人工审核。管理员在收到用户提交的信息后会访问网站，判断用户所提交的信息是否属实、所选择的类别是否合理，并决定是否收录该网站。登录审核通过后，搜索引擎数据库更新时会显示收录信息。

搜索引擎登录有免费登录和付费登录之分。

1）免费登录分类目录

免费登录分类目录是最传统的网站推广手段。目前多数重要的搜索引擎都已开始收费，只有少数搜索引擎可以免费登录。搜索引擎的发展趋势表明，免费登录搜索引擎的方式将逐步退出网络营销舞台。

2）付费登录分类目录

付费登录分类目录与免费登录分类目录相似，只是用户在缴纳相关费用后才可以获得登录的资格。一些搜索引擎提供的固定排名服务通常也是在收费登录的基础上展开的。此类搜索引擎营销的效果与网站本身没有太大关系，主要取决于费用。因此，一般情况下，用户只要缴费，其信息都可以被登录。但与免费登录分类目录一样，这种付费登录搜索引擎的营销效果也正日益变差。

2. 搜索引擎优化

所谓搜索引擎优化，是指通过对网站栏目结构和网站内容等基本要素的优化设计，提升网站对搜索引擎的友好性，使得网站中尽可能多的网页被搜索引擎收录，并且在搜索中获得好的排名效果，从搜索引擎的自然检索中获得尽可能多的潜在用户。具体来说，企业可以采取以下优化措施。

1）关键词优化

用户在搜索引擎中检索信息都是通过输入关键词来实现的，选择关键词是整个网站登录过程中最基本也是最重要的一步，是企业进行网页优化的基础。然而，选择关键词并非一件容易的事，要考虑诸多因素，如关键词与网站内容的关联性、词语间组合排列的合理性、与搜索工具要求的符合度、与热门关键词的区分度等。企业在选择关键词时应该注意：仔细揣摩潜在客户的心理，设想其查询有关信息时最可能使用的关键词；挑选的关键词必须与企业自身的产品或服务有关；根据企业的业务或产品的种类，尽可能选取具体的词作为关键词，而避免以含义宽泛的一般性词语作为主要关键词；选用较长的关键词，分析错拼词。

阅读资料 4-1

关键词的常见类型

企业设置的关键词应是用户容易想到的、大概率使用的搜索文字内容，也就是关键词主要用于定位有意向的潜在用户。那么，怎样的关键词最有效呢？这些关键词应该是“相关的”和“经常使用的”。在选择关键词时，企业可以采用以下5种类型的关键词。

（1）产品词。根据企业提供的产品或服务的种类、细分类型来确定关键词，可以具体到产品类目、型号和品牌等，如英语培训、皇家猫粮等。一般来说，在不同的行业中，产品种类和细分类目的关键词有所不同，这就需要企业了解用户的搜索习惯。产品类型关键词具有明显的定位意向，因此需要在创意中着重突出产品特色，明确传达出价格、功能等卖点信息，抓住潜在用户的需求点。

（2）通俗词。很多网络用户在使用搜索引擎搜索信息时，会使用比较口语化的表达方式，如“怎样学好英语”。这类网络用户一般以获取信息为目的，对商业推广的关注度不高，因此在吸引这类用户时，企业应该主要为其提供有价值的信息。在解决了用户的问题后，再引导其关注网站信息。

（3）地域词。企业可以将产品词、通俗词与地域词相结合，针对某个地域的用户进行推广，如“上海英语培训班”“上海哪个英语培训班好”。搜索这类关键词的用户通常有较强的目的性，希望在搜索的地域内获得服务。企业在营销时需要突出产品或服务在地域上的便利。

（4）品牌词。企业拥有一定的品牌知名度之后，可以使用品牌词，如“海尔”等。此外，企业拥有专业技术或专利名称后，也可以使用一些专有品牌名称，以吸引了解过该品牌信息的潜在用户。

（5）人群相关词。很多用户在使用搜索引擎时，可能不会直接表达对产品或服务的需求，但是其搜索行为会传达特定的信息。这些信息可能会与企业的推广信息产生重合，将用户变成企业的潜在用户，如搜索“绘画技巧”“绘画基础”的用户可能对绘画培训有需求。

2）网站结构优化

网页级别（page rank，PR）是 Google 搜索排名算法中的一个组成部分。PR 值越高，说明该网页在搜索排名中越重要。不完善的网站内容管理系统会导致网站结构散乱，非常不利于网站 PR 值的提升，并会影响搜索引擎收录，因此要做好网站结构优化的工作。

3）网页优化

静态网页是指网页文件中没有程序，只有 HTML 代码，一般以 .html 或 .htm 为后缀名的网页。静态网页内容在制作完成后不会发生变化，任何人访问该网页都显示一样的内容，如果需要使内容发生变化就必须修改源代码，然后再上传到服务器上。静态网页上都有一个固定的统一资源定位器（uniform resource locator，URL），且网页统一资源定位器以 .htm、.html、.shtml 等常见形式为后缀，不含有动态网页的“？”。而搜索引擎一般不会从一个网站的数据库中访问全部网页，搜索蜘蛛也不去抓取网址中“？”后面的内容，所以采用动态网页的网站在进行搜索引擎营销时，需要进行一定的技术处理才能适应搜索引擎的要求。

4）内部链接优化

网站的内部链接简称网站内链，是指在一个网站域名下的不同内容页面之间的互相链接，内链可以分为通用链接和推荐链接。合理的内链布局有利于改善用户的体验感和提高搜索引擎蜘蛛对网站的爬行索引效率，利于网站权重的有效传递，从而增加搜索引擎的收录与提升网站权重。内部链接的优化，包括相关性链接、锚文本链接、导航链接等的优化。如果网站有两个以上的域名，要避免两个或更多域名同时指向一个空间，因为搜索引擎可能会认为这是网页复制，从而把其中一个统一资源定位器收录，把另一个统一资源定位器列为复制站点。当网站存在复制站点时，搜索引擎会认为网站有作弊的嫌疑，对网站的排名极为不利。

阅读资料 4-2

网站内链优化的作用

1. 提升网站权重

当内链有很好的效果时，企业通过数据可以看出网站用户体验的提升，网页内容被浏览的次数将大大提高；加之内容的可传递性，用户访问量会迅速提升。传递的人越来越多，网站的营销效果就会在无形中得到提升。另外，内链的合理架构会引导蜘蛛爬行，内链网络数量的增加会极大地提升网站整体的权重值。只有不断地做好内链优化，企业才能真正把网站权重提高到一个新的层次。

2. 提高网站收录率

网站收录情况可以说明网站所做工作成效的高低，也能说明这个网站的内部链接做得如何。内链的优化可以让蜘蛛爬行得更加深入，不然蜘蛛只会爬行网站首页，很少会进入相关的频道。这是因为如果内链质量太差，没有跳转，死链接就会处处存在，蜘蛛一旦进入就很难爬出来。相反，网站内链优化到位，会不断提高收录率，增加更多的点击率，也会大幅增加网站被用户搜索到的概率。

3. 增强用户体验

网站内部的整体筹划，包括清晰的网站建设思路、频道筹划、内容的有机跳转等，都可以极大地方便用户进行查找与阅读，增加用户的访问时间，提高访问效率，从而增加销售的机会。对于网站，这意味着已经成功了一半。因此企业必须重视内链建设，且建设时万不可马虎了事。

4. 提升关键词排名

网站内链的形式可以有多种变化，除内容的上下页跳转之外，还可以通过文章中的锚文本链接来进行跳转。例如，我们在百度百科上看到的许多锚文本链接能使其长尾关键词排名得到提升。

5. 利于网站健康发展

网站的优化包含很多方面，其中内链优化占据着相当重要的位置，因为它能提高网站的排名乃至网站权重，使网站的生命得到延续。因此，企业千万不能忽视内链的重要性，只要把网站内部的综合质量提高了，使链接细节化，一切就都能水到渠成。

5）外部链接优化

企业进行外部链接优化可以从以下几个方面着手：首先，尽量保持外部链接的多样性，外部链接的类别有博客、论坛、新闻、分类信息、贴吧、知道、百科、相关信息等；其次，每天增加一定数量的外部链接，可以使关键词排名获得提升；最后，与一些相关性比较高、整体质量比较好的网站交换友情链接，巩固关键词排名。

6）网站内容优化

很多人认为只要进行了搜索引擎优化就可以提升营销效果，实际上对于网络营销而言，基于网站内容的推广才是搜索引擎营销的核心。网站内容推广策略是搜索引擎营销策略的具体应用，高质量的网站内容是网站推广的基础。从直接浏览者的角度来看，网上的信息通常并不能完全满足所有用户的需要，每增加一个网页的内容，就意味着为满足用户的信息多需求付出了一点努力。因此，网站内容推广策略的基本出发点是可以为用户提供有效的信息和服务，这样，无论用户通过哪种渠道来浏览网站，都可以获得尽可能详尽的信息。

3. 关键词广告

微课堂

关键词广告

关键词是指用户在利用搜索引擎搜索信息时能够最大限度地概括要查找的信息内容的字、词和句子。关键词形式多样，可以是中文、英文或中英文混合体，可以是一个字、两个字甚至是一句话。按照搜索目的不同，关键词大致可以分为导航类关键词、交易类关键词和信息类关键词。

关键词广告是当用户利用某一关键词进行检索时，在检索结果页面会出现与该关键词相关的广告内容，如图 4-3 所示。由于关键词广告是在发生特定关键词检索时才出现在搜索结果页面的显著位置，所以其针对性比较高，被认为是性价比较高的网络营销模式，近年来已成为搜索引擎营销中发展最快的一种营销模式。

图 4-3　百度关键词广告示例截图

案例分析

一个村庄与世界的互联

江西婺源县篁岭村是一个山清水秀的江南小乡村，这里远离城市的污染和喧嚣，空气纯净，地肥水美，风景如画。土生土长的篁岭人的祖辈以务农为生，靠天吃饭，老百姓的生产生活条件也很艰苦。与外界相比，这里显得落后、闭塞，人们虽然拥有宝贵的旅游资源，却依然守着金饭碗过着苦日子。

2009 年，婺源县乡村文化发展有限公司正式成立，怀揣光大篁岭之梦的曹锦钟成为公司的副总裁。景区成立之初，通过传统的宣传推广方式，篁岭吸引了一些游客，企业也逐渐走向正轨。不过在曹锦钟看来，游客的数量远没有达到预期，而且大部分游客都来自江西本地及附近的几个省市，与公司把篁岭推向全国、推向世界的设想存在巨大差距。拥有切实有效的宣传推广手段成为公司最急迫的需求。

要让更多的人知道篁岭，就要让更多的人搜索到篁岭，而提到搜索，曹锦钟和公司首先想到的是B搜索引擎。于是公司尝试与B搜索引擎进行合作，而这次合作让公司业绩得到了迅速提升。曹锦钟介绍，在与B搜索引擎合作之后，公司网站流量由每天的300人增加到900人，咨询电话由50个增加到200个，两年间就使篁岭景区的游客量和经营业绩翻了三番。

业绩的突飞猛进，让每一个篁岭人都感到无比兴奋。然而走在景区中，曹锦钟又发现了一个有趣的现象，以前游客来景区带的多是相机，现在却是人手一个手机或者平板计算机，拍好照片后直接上传。这让他有了新的思考，即利用移动互联网的变化来提升篁岭景区的品牌知名度。

在移动互联时代，更好地抓住手机移动端的客户，将成为篁岭景区未来品牌营销的优势和成功的保障。因此，婺源县乡村文化发展有限公司跟B搜索引擎进一步合作，开发手机移动客户端。游客可以通过手机搜索，快速找到景区的详细旅行攻略，并进行网络订票。自驾游的客人还可以通过地图软件直接导航到景区。

对于B搜索引擎推广和移动推广带来的两次提升，曹锦钟很感慨：“对于我们来说，B搜索引擎就是一个万能的工具，它不仅让有需求的客户找到我们，而且我们也可以通过它去掌握更多的信息资源。”

篁岭从一个普通村庄到现在和全世界互联，实现了质的飞跃，给游客带来了科技化、人性化、智能化的国际化景区游览体验。更重要的是，篁岭老百姓的生活得到了巨大的改善。

案例分析：篁岭景区通过与B搜索引擎的合作，大大提高了网站的搜索排名和流量。SEO是一种提高网站在搜索引擎结果中排名的策略，对于吸引潜在游客和提高景区知名度非常有效。通过关键词优化和内容质量的提升，使得篁岭景区的搜索排名提高，从而吸引了更多的游客。篁岭景区与B搜索引擎的成功合作，不仅提升了景区知名度，也使得B搜索引擎的用户体验得到了提升。这种合作是一种双赢的策略，双方都可以从对方的优势中获益。

用户通过关键词在搜索引擎中查找相关信息，这些相关信息能否被找到和关键词的选择、使用分不开。搜索引擎通过分析用户关键字、词、句的内容、种类、频率，可以直接分析用户的搜索行为，揭示用户对网上信息的兴趣所在。

关键词广告的形式比较简单，不需要复杂的广告设计过程，因此极大地提高了广告投放的效率。同时，较低的广告成本和门槛使得个人店铺、小企业也可以利用关键词广告进行推广。关键词广告通常采用点击付费计价模式，企业只为被点击的广告付费。

关键词广告还有一种竞价排名的方式，是将出价高的关键词排在前面，这为经济实力比较强而且希望排名靠前的网站提供了方便。对于关键词广告，企业可以方便地进行管理，并随时查看流量统计。传统的搜索引擎优化中缺乏关键词流量分析手段，并不能准确统计所有访问者来自哪个搜索引擎，以及使用的关键词是什么。而付费的关键词广告可以提供详尽的流量统计资料和便捷的关键词管理功能，企业可以根据自身的营销策略更换关键词广告。

此外，基于网页内容定位的网络广告是关键词广告的进一步延伸，其广告载体不仅是搜索引擎搜索结果的网页，也可以延伸到合作伙伴的网页。

4. 搜索引擎营销产品深度开发

随着互联网技术带来的信息爆炸，用户对于信息的需求更加个性化。传统的搜索引擎大而全的信息内容与用户更加准确、深度的内容需求形成矛盾。因此，内容与用户精准连接并提升用户的搜索体验，成为现有搜索引擎产品功能突破的关键。

百度进一步加强搜索引擎的信息分发能力，与百度内容产生循环互补效应，以搜索引擎技术和手机百度 App 信息流为基础，通过“搜索 + 推荐”的方式分发百家号等自有内容和联盟内容，提升内容与用户的适配度和广告的转化能力。搜索引擎信息分发能力升级的背后是实时的匹配计算与动态建模，而这些功能依赖的是搜索引擎丰富的用户标签积累、自然语言处理以及深度学习等技术的应用。搜索引擎技术基因成为信息分发能力升级的关键因素。

谷歌正加强移动搜索引擎对于信息、用户、服务之间的连接作用。例如，根据用户搜索食品的请求来前置食谱等相关信息，并且与周边餐厅的线下服务相结合提供 O2O 服务。在移动互联网时代，用户获取信息更加碎片化与场景化，搜索引擎将通过用户的搜索行为，将用户的需求与实体服务相结合，激活搜索引擎。

搜狐旗下的搜狗科技有限公司推出的搜狗知音引擎，是搜狗在“自然交互 + 知识计算”的人工智能战略下，自主研发的新一代智能语音交互系统。知音引擎集成了搜狗领先的语音识别、对话问答、机器翻译、语音合成等多项核心技术，向用户提供人机交互的完整解决方案。

搜狗知音引擎是一款主打语音交互技术的手机搜索引擎，可以做到识别速度更快、纠错能力更强、支持更加复杂多轮的交互以及更加完善的服务能力。该技术致力于让人机交互更加自然，不仅“能听会说”，还具有“能理解会思考”的能力。

除了自有产品，如搜狗输入法、搜狗 AI 硬件、搜狗搜索、搜狗地图、搜狗百科等之外，搜狗知音引擎还在车载、智能家居、可穿戴设备等多样化应用场景上落地，与小米、海尔、创维、魅族、蔚来等多家企业合作，为行业和个人用户提供优质可靠的语音交互服务。未来，搜狗知音引擎将在物联网（Internet of Things，IOT）场景中得到更为广泛的应用，帮助用户实现万物语音互联的智慧生活。

阅读资料 4-3

如何进行搜索引擎营销

第一步，了解产品或服务针对哪些用户群体（例如，25 ～ 35 岁的男性群体；规模为 50 ～ 100 人的贸易行业的企业）。

第二步，了解目标群体的搜索习惯（目标群体习惯使用什么关键词来搜索目标产品）。

第三步，目标群体经常会访问哪些类型的网站？如图 4–4 所示。

图 4–4　不同类型的网站

第四步，分析目标用户最关注产品的哪些特性（影响用户购买的主要特性，如品牌、价格、性能、可扩展性、服务优势等）。

第五步，竞价广告账户及广告组规划（创建 Google 及百度的广告系列及广告组，需要考虑管理的便捷性以及广告文案与广告组下关键词的相关性），如图 4–5 所示。

第六步，相关关键词的选择。企业可以使用谷歌关键词分析工具以及百度竞价后台的关键词分析工具，这些工具都是以用户搜索数据为基础的，具有很高的参考价值，如图 4–6 所示。

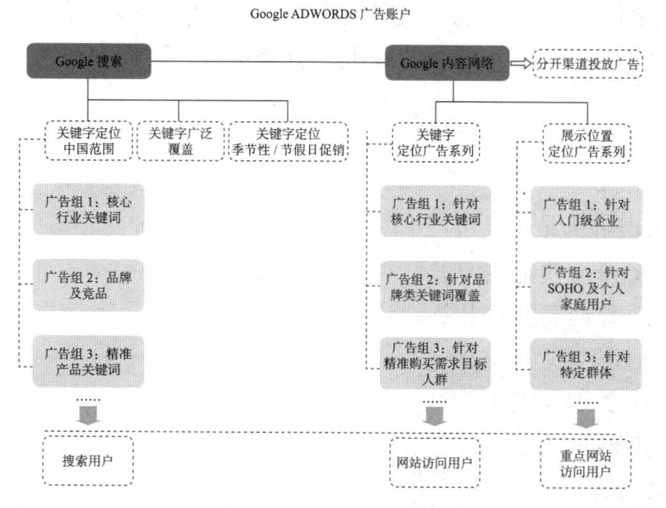

图 4–5　Google 广告规划

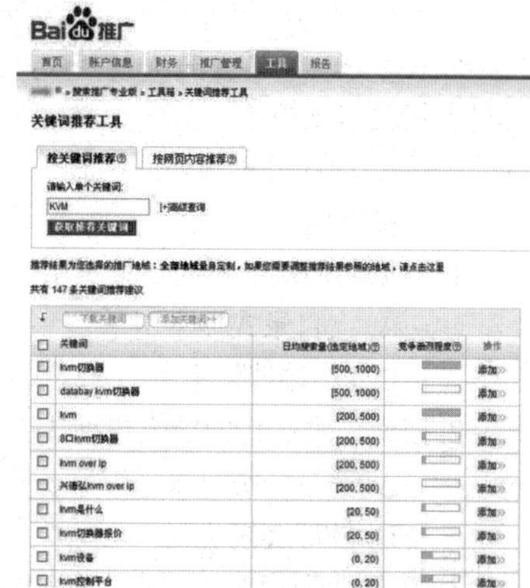

图 4–6　百度竞价后台的关键词分析工具

任务实训

1. 实训目的

掌握如何使用百度搜索引擎进行付费推广。

2. 实训内容及步骤

（1）以小组为单位，成立任务团队。

（2）确定要推广的产品，分析当前竞争对手使用百度付费推广的情况。

（3）学习百度付费推广的流程并讨论付费推广方案的设计。

（4）完成付费推广方案的设计并在课堂上汇报。

3. 实训成果

实训作业：某产品百度付费推广方案。

练习题

一、单选题

1. 根据（　　）的不同，搜索引擎可以分为大型综合类搜索引擎、专用搜索引擎、购物搜索引擎等。

A. 使用端　　B. 工作原理　　C. 搜索内容　　D. 使用原理

2. 搜索引擎工作流程的第一个步骤是（　　）。

A. 排序　　B. 抓取网页　　C. 索引　　D. 搜索词处理

3. 在搜索引擎中检索信息都是通过输入（　　）来实现的，它是整个网站登录过程中最基本也是最重要的一步，是企业进行网页优化的基础。

A. 产品词　　B. 关键词　　C. 地域词　　D. 品牌词

4. 以下有关搜索引擎营销特点的描述错误的是（　　）。

A. 以用户为主导　　B. 按效果付费　　C. 分析统计复杂　　D. 用户定位精准

5.（　　）要尽量保持多样性，其类别有博客、论坛、新闻、分类信息、贴吧、知道、百科、相关信息等。

A. 内部链接　　B. 外部链接　　C. 全方位链接　　D. 以上均不正确

二、多选题

1. 根据使用端的不同，搜索引擎可以分为（　　）。

A. 大目录式搜索引擎　　B. 全文检索式搜索引擎　　C. 集成搜索引擎

D. PC 端搜索引擎　　E. 移动端搜索引擎

2. 搜索引擎优化的措施包括（　　）等。

A. 登录分类目录　　B. 关键词优化　　C. 内部链接优化

D. 外部链接优化　　E. 网页优化

3. 关于搜索引擎的作用，说法正确的有（　　）。

A. 发现市场信息的工具

B. 传播市场信息的工具

C. 企业对搜索引擎的利用能力，决定了企业发现信息和市场运用的能力

D. 由于搜索引擎所采用的搜索技术、信息分类方式等会有所不同，这将影响信息查询的效率

E. 搜索能力通常不会受到所选搜索引擎链接的信息资源数量和信息源范围的影响

4. 通常搜索引擎登录审核需要提供（　　）等。

A. 网站名称　　B. 网站地址　　C. 关键词

D. 网站的描述　　　　　　　E. 站长联系方式

5. 企业设置的关键词应是用户容易想到的、大概率使用的搜索文字内容，可采用的关键词类型包括（　　）。

A. 产品词　　　　　　　　B. 通俗词　　　　　　　　C. 生僻词

D. 地域词　　　　　　　　E. 人群相关词

三、名词解释

1. 搜索引擎　2. 搜索引擎营销　3. 关键词广告　4. 网站内链

四、简答及论述题

1. 搜索引擎营销的模式主要有哪几种？

2. 搜索引擎营销的特点主要有哪些？

3. 试论述搜索引擎优化的具体措施。

4. 试论述在目前的竞争态势下，国内主要搜索引擎产品如何进行深度开发。

案例讨论

百度搜索引擎营销推广实例

某口腔医院规模大，技术力量先进，通过创建多个账户，在百度上进行搜索引擎营销推广，获得了一批精准客户。品牌关键词点击率由推广之前的不到 20%，上升到推广之后的 47%，知名度有了明显提升。

该医院的搜索引擎营销竞价推广选择百度搜索引擎是各方面因素综合考虑的结果。百度平台大，对用户有较强的汇聚力和吸引力，曝光率高，可有效引导潜在用户。

经过 3 个月的投放，该口腔医院的推广数据整体质量有了很大提升，展现量从之前的 924 次 / 周下降到 397 次 / 周，但点击率由之前的不到 20% 增加到 58%。再结合来医院预约客户的成本对比，虽然搜索引擎营销投放比单纯的搜索引擎推广在成本上增加了 25%，但医院整体形象有了较大提升，且客户预约数量有了明显增长。

通过百度搜索引擎营销竞价推广，该口腔医院实现了客户的大幅增长。

此外，某综合类大型招聘网站也通过百度搜索引擎营销竞价推广优化关键词排名，实现了预算的合理化安排。

该网站的注册用户量大，覆盖范围达全国重点一、二、三线城市。同时，该招聘网站就业类型多种多样，覆盖各行各业，几乎包含所有的劳动力就业范围。

用户和就业范围广虽然意味着流量入口的多样化，但管理也成了难题。全国各城市的人才需求量各有不同，因此网站需要针对性地调整投放预算。

例如，北上广深等一线城市，行业选择性多，同时也有其他的招聘网站与该网站竞争。所以，为了获得更好的排名，该网站在这些城市的投放预算需要明显高于二、三线城市。

针对这一特点，该网站开设多个百度账户，并根据城市建立推广计划，优化关键词排名。

之后，营销者先根据地域列出关键词图表，并将其复制到其他城市。这样整体的城市推广计划基本制订完成。在推广单元上，营销者依据关键词词性和词义分组。比如，“品牌

词 + 上海”“招聘网站名称 + 上海 + 职业”“上海 + 品牌疑问词”等。一般而言，地域词、品牌词、疑问词、通用词是重点词，可以将词性类似的关键词放入一个推广单元。

该大型招聘网站的搜索引擎营销推广策略只是一个案例，营销者要擅长运用多种策略从而实现客户的目标。虽然与口腔医院的细节有所不同，但总体的搜索引擎营销投放策略以及数据分析思路本质上是类似的。

思考讨论题

结合案例，请谈谈搜索引擎营销推广的策略。

学生工作页

项目4　搜索引擎营销					
任务	熟悉百度搜索引擎的服务项目				
班级		学号		姓名	

本任务要达到的目标要求：

1. 提升学生信息收集与处理的能力。
2. 加深学生对搜索引擎功能的了解。
3. 熟悉百度搜索引擎的服务项目，为今后开展百度搜索引擎营销奠定基础。

能力训练

百度搜索引擎是全球最大的中文搜索引擎，于1999年由李彦宏和徐勇创建。百度致力于向人们提供“简单、可依赖”的信息获取方式。“百度”二字源于中国宋朝词人辛弃疾的《青玉案·元夕》词句“众里寻他千百度”，象征着百度对中文信息检索技术的执著追求。请同学们收集百度搜索引擎服务项目的信息，在归纳、分析的基础上回答如下问题。

1. 百度搜索引擎的搜索服务主要有哪些？

2. 百度搜索引擎的社区服务项目主要有哪些？

3. 百度搜索引擎的移动服务项目主要有哪些？

4. 百度搜索引擎提供的站长及开发者工具主要有哪些？

5. 近年来百度搜索引擎新推出了哪些重要的服务项目？

学生评述
完成任务的心得与体会：

教师评价

项目5 微营销

学习目标

【知识目标】

（1）掌握微博营销的含义与特点。
（2）了解微博营销的主要任务。
（3）掌握微信营销的含义与特点。
（4）熟悉微信营销的模式与技巧。
（5）了解微信营销应注意的问题。

【技能目标】

（1）能够完成微博营销活动的策划方案。
（2）能够帮助企业实施微博营销活动。
（3）能够为企业实施微信营销提供建议。
（4）能够掌握微信营销的方法。

【素质目标】

（1）培养学习微博营销与微信营销的兴趣。
（2）提升学生对新生事物的敏感度和洞察力。
（3）建立微营销的网络营销新思维。

项目情境导入

情境一：2018年被称为互联网中的拜锦鲤元年。转发锦鲤已经成为社交场景中的一种流行趋势。而将这种趋势推向顶点的便是支付宝于国庆期间在微博发起的“祝你成为中国锦鲤”活动。

这次活动也成为微博有史以来势头最大、反响最激烈的营销活动之一。据微博实时数据统计，支付宝锦鲤活动上线6小时，该微博转发量便破百万，成为微博史上转发量最快破百万的企业微博，最终这条微博共收获了400多万次转评赞，2亿曝光量。

微博作为开放的社交平台，是天然的流量池，也是互联网热搜内容的风向标。2023年6月微博的月活跃用户数为5.99亿，同比净增长约1 700万。其中，移动端月活跃用户数占比高达95%；2023年6月微博的日均活跃用户数为2.58亿，同比净增长约500万。这一庞大的用户群体是帮助品牌引爆用户社交互动行为、实现社会化传播的有效保障。

情境二：2023 年 8 月，腾讯发布了《2023 年第二季度及半年度业绩报告》，报告显示，截至 2023 年 6 月 30 日，微信及 WeChat 的合并月活跃账户数 13.27 亿，同比增长 2%。以 12 亿社交用户为基础，以微信小程序为载体，加之支付、广告营销、视频等各类内容流量互动，直播乃至搜索入口等服务功能完善，微信商业化步伐明显提速。随着微信商业化生态的发展，广告、支付等业务受到了直接的拉动作用。

微信不仅支持文字、图片、表情符号的发送，还支持语音、视频等的传播，并且可以一键群发消息，向目标客户一键推送专题信息。微信还可以利用 LBS 实施精准定位，通过搜索周围的人，找到身边的朋友。通过微信开放平台，应用开发者可以接入第三方应用，还可以将应用的 LOGO 放入微信附件栏，使用户可以方便地在会话中调用第三方应用进行内容选择与分享。利用二维码功能，用户可以通过扫描识别二维码来添加朋友、关注企业账号；企业则可以设定自己品牌的二维码，用折扣和优惠来吸引用户关注，充分利用移动互联网开拓 O2O 的营销模式。

电影《疯狂动物城》的微信营销就是一个非常典型的案例。《疯狂动物城》没有前期营销，也没有当红明星配音，似乎少有人关注它。从首映日 UBER 公众号推送了一篇“别逗了！长颈鹿也能开 UBER？还送电影票？！”的文章开始发力。在微信公众号等的推荐下，原本对该电影并无关注的人在朋友圈里发起了约看邀请。第二日，迪士尼顺势推出《疯狂动物城》的 H5 小游戏“性格大测试”，测试结果在朋友圈刷屏。而树懒式说话和动图也在微博走红。借助这一波新媒体营销，影片的排片量、票房迅速上升，以近 3 亿元票房打破了由《冰雪奇缘》保持的迪士尼首周票房纪录，话题热度居高不下，成为微信朋友圈赞声一片的佳片。

问题：在步入新媒体时代后，微博和微信作为移动端的基本应用在网络营销活动中发挥着越来越重要的作用。微博和微信凭借着庞大的用户群和广泛的传播力，不仅成为人们日常生活中重要的社交工具，也成为企业在移动端开展网络营销的重要利器。请问，微博营销和微信营销兴起的原因是什么？

项目分析

微营销是以移动互联网为主要沟通平台，配合传统网络媒体和大众媒体，通过有策略、可管理、持续性的线上线下沟通，建立和转化、强化顾客关系，实现客户价值的一系列过程。通俗来讲，微营销就是通过微信、微博等移动平台与批量粉丝进行互动，最大限度地增加粉丝数量，同时将粉丝发展为客户的一种营销模式。

实施微营销的关键环节是互动，企业通过与用户之间有效的交流沟通，比如有奖问答、0 元抽奖等吸引客户参与其中，从而将潜在客户成功变为现实客户。

微营销是一种低成本、高性价比的网络营销手段。在当前的社会化网络背景下，微营销这种新型的网络营销模式日益成为企业开展网络营销的重要利器。

微博营销和微信营销构成了微营销的主体，那么什么是微博营销？微博营销有何特点？如何开展微博营销？什么是微信营销？微信营销与微博营销有何不同？微信营销的方法与技巧有哪些？本项目将分别对以上问题进行解答。

任务 5.1 认识微博及微博营销

任务引入

小陈与小王是一对情侣，两人都毕业于某所省属二本大学。小陈学的是公共事业管理专业，小王学的是劳动与社会保障专业。毕业时，两人求职都非常不顺，于是选择了自主创业。

小陈的老家在江西婺源，这里生态环境优美，文化底蕴深厚，被誉为“中国最美的乡村”。当地的乡村旅游业十分发达，小陈和小王决定回乡先从乡村民宿做起，开启他们的创业征程。

小陈和小王上大学时虽然学的都不是营销专业，但都选修过网络营销与策划的课程，他们对微营销非常感兴趣，并认为要想使自己的民宿能够被更多的游客熟知，开展微营销非常必要。

假如同学们就是小陈和小王，请问你将如何做好微营销的准备？

相关知识

1. 微博的含义与特点

1）微博的含义

微博是微型博客（Micro Blog）的简称，即一句话博客，是一种通过关注机制分享简短、实时信息的广播式的社交网络平台。微博是一个基于用户关系进行信息分享、传播以及获取的平台。用户可以通过终端接入，以文字、图片、视频等多媒体形式实现信息的即时分享、传播互动。微博的关注机制可分为单向和双向两种。

最早的微博是在 2006 年推出的。它允许用户将自己的最新动态、所见所闻和想法、看法以短信息的形式发送给手机和个性化网站群。这意味着即使用户只有少数关注者，但通过关注者的重复转发，用户的信息会被交叉传播。

2007 年，微博在中国出现，饭否、叽歪、嘀咕、做啥、腾讯滔滔等微博产品陆续上线。2009 年，微博在中国进入快速发展时期，微博市场明显升温。2009 年 8 月，中国最大的门户网站新浪网推出“新浪微博”内测版，成为门户网站中第一家提供微博服务的网站，其用户数以每周 50% 的速度增长，迅速成长为中国最具影响力的微博。随后，综合门户网站微博、垂直门户网站微博、新闻网站微博、电子商务微博、SNS 微博、独立微博客网站纷纷成立，中国真正进入微博时代。有人称 2010 年是中国微博元年。这一年，国内微博迎来春天，从用户范围到影响力，都达到前所未有的高度。但后来网易微博、搜狐微博、腾讯微博逐渐淡出人们的视野。2014 年 3 月 27 日晚间，在微博领域一枝独秀的新浪微博宣布改名为“微博”，并推出了新的 Logo 标识，新浪色彩逐步淡化。微博 PC 端和手机端页面见图 5-1 和图 5-2。

图 5-1　微博 PC 端页面

图 5-2　微博手机端页面

2）微博的特点

（1）快捷性。微博为用户提供了一个交互式的平台，在这个平台上，用户可以作为发布者发布微博供他人阅读，也可以作为观众，在微博上浏览自己感兴趣的内容。除文字之外，微博也可以发布图片、分享视频等。用户可以在最短的时间内编辑信息并发布，使信息得以快速传播。此外，随着移动互联网的发展，微博用户可以通过手机等方式即时更新自己的个人信息。对一些突发事件，微博发布的及时性、现场感几乎超越了所有其他媒体。

（2）创新交互方式。在博客中，用户需要加好友才能互相传递信息，这相当于一种面对面的交流。而在微博中，用户则不一定要相互加好友，只需要关注对方，成为对方的粉丝，就可以随时随地地接收被关注者发布的信息，这一特性被称为“背对脸”。例如，有很多公众人物广受大众的关注，用户通过微博关注这些公众人物成为其粉丝，随时查看对方发布的微博，这拉近了公众人物和广大微博用户之间的距离，让亲切感油然而生。此外，微博用户之间互相关注，也可以更快速地进行联系。创建了微博账号相当于建立了个人的广播台，可以随时随地地发布信息并向自己微博的粉丝展示，将相关信息很精准地传递给其他人。例如，化妆品的销售者通过微博发布产品信息，由于粉丝事先了解微博发布者的身份，对其发布的信息自然关注，销售者也就达到了营销的目的。

（3）原创性。微博对用户写作能力的要求相对较低，大量的原创微博内容很轻松就能被生产出来。因此，微博的出现真正标志着个人互联网时代的到来。

（4）草根性。微博独特的传播模式使每一位用户都能轻松上阵，成为见证甚至创造新闻的“草根记者”。微博用户既可以是信息传播者，也可以是信息接收者，信息的传播者和信息的接收者地位平等。同时，微博信息发布门槛低、方便快捷，可以有效弥补电视、报纸、广播等其他传统媒体的不足。

（5）宣传影响力弹性大。不同微博的宣传影响力有很大的差别。微博宣传的影响力与其内容质量高度相关，同时，被关注数量也是影响微博影响力的关键因素。一条微博的吸引力、新闻性越强，对该微博展示的信息感兴趣、关注微博的用户越多，微博宣传的影响力就越大。

2. 微博营销的含义与特点

1）微博营销的含义

微博营销是随着微博的广泛使用而产生的利用微博平台实现企业信息交互的一种新型营销方式，是企业借助微博这一平台开展的包括企业宣传、品牌推广、活动策划及产品介绍等一系列的市场营销活动。

阅读资料 5-1

微博营销与博客营销的区别

微博营销与博客营销还存在许多不同之处，主要体现在以下几个方面。

（1）信息传播模式。微博具有较强的时效性，两天前发布的信息就很少有人再去看。此外，微博除粉丝可以直接浏览内容之外，还可以通过粉丝的转发传播给更多的人群，传播速度十分惊人。

博客的时效性则相对较弱。用户除了直接进入网站或者通过简易信息聚合（really simple syndication，RSS）订阅浏览博客，还可以通过搜索引擎搜索博客。它可以被多个用户长期关注，因此建立多渠道的传播方式对博客营销是很有价值的。

（2）信息的表现形式。微博内容短小精悍，重点在于表达现在发生了什么事，很难适用于系统、严谨的企业新闻报道或产品介绍。

博客营销以博客文章为基础，文章可长可短，通常以表述个人观点为主，可以发布软文、企业新闻报道及产品介绍等信息。

（3）营销传播核心。微博营销以信息的发布者即博主为核心，体现了人的核心地位。博主在互联网中的地位则往往取决于其影响力。例如，鹿晗的一条有关曼联的微博，转发量高达 24 万次，评论数量更超过 96 万条，如此庞大的数字实在让人瞠目结舌。作为名人，他的一举一动成为网友们热议的话题，甚至连诸如“鹿晗你该穿衣服”之类的微博都能登上话题榜，可见其人气之高，微博影响力之大。

博客营销则以信息的价值为核心，主要体现的是信息本身的价值，对博主本身影响力的要求较低。

2）微博营销的特点

（1）营销成本低。目前，在国内很多大型的微博平台上，如新浪微博等，用户均可享受免费微博服务。同时这些微博平台还拥有庞大的用户群体，为企业开展微博营销提供了坚实的基础。微博发布的信息一般短小精悍，因此用户能轻松灵活、随时随地地发布信息，与传统的大众媒体如报纸、电视等相比，不仅前期成本投入较少，后期维护成本也更加低廉。

（2）针对性强且传播速度快。关注企业微博的用户大多是对企业及其产品或服务感兴趣的人，企业在发布关于其产品或服务的微博时，这些信息会立刻被关注者接收。信息传递及时且有非常强的针对性，往往能实现较好的营销传播效果。

（3）灵活性强。企业可以利用文字、图片、视频等灵活多变的表现形式，使微博营销更富有表现力。同时，微博的话题选择也具有很强的灵活性，企业可以自由选择用户感兴趣的话题，吸引其阅读和参与。微博最大限度地开放给用户，可以有效地提高用户的参与度，增强营销沟通效果。

（4）互动性强。微博营销具有很强的互动性，企业或个人通过微博能与关注者实现实时沟通，能及时有效地获得信息反馈。

任务实训

1. 实训目的

分析新浪微博一家独大的原因。

2. 实训内容及步骤

（1）以小组为单位，成立任务团队。

（2）对比新浪微博和曾经的竞争对手腾讯微博、网易微博和搜狐微博的产品特点和运营策略。

（3）分析当前新浪微博一枝独秀而竞品纷纷关闭的原因。

（4）撰写分析报告，提交给授课教师批阅。

3. 实训成果

实训作业：新浪微博一家独大的原因分析。

任务 5.2　掌握微博营销的主要任务与实施

任务引入

小陈和小王的微营销活动正式启动了，他们选择了微博营销和微信营销同时开展的策略。这对情侣根据各自的优势进行了分工。小陈人脉广泛，朋友众多，由他负责微信营销。小王心思细腻，文字功底深厚，她的博文构思精巧，因此由她负责微博营销。

小王之前在新浪微博上注册过账号，也发表过一些比较受欢迎的博文，但这些均与现在要做的民宿营销无关。当前，小王需要做的是制订微博营销方案，明确微博定位，准备微博营销内容，同时还要考虑做好微博的推广工作。

请同学们从专业的角度，为小王的微博营销提供积极的建议。

相关知识

1. 微博营销的主要任务

1）传递产品及活动信息

很多企业和带货主播都会通过微博发布产品信息，吸引消费者购买。例如，淘宝某头部主播常用微博推广产品，并通过微博传递产品的活动信息。需注意的是，利用微博开展营销活动时，在内容上需要遵循的原则是少做产品硬广告，增加信息的可读性，为精准受众开辟专门的信息发布通道。

2）开展互动营销活动

微博营销的本质是微博发布者与其他用户之间的互动。互动营销意味着企业与客户之间有更近的距离、更多的交流。企业通过与客户的互动可以传递相关信息，了解客户的想法，解决客户的难题，从而获得客户的信任。微博具有快速传播的特点，企业利用微博与客户互动会更方便、更精准。企业可以在微博上发布有奖活动、促销信息、新产品通知、公司活动、特色服务、企业文化、知识问答、话题讨论、媒体报道等内容。在微博上，人情味、趣味性、利益性、个性化是引发微博用户互动的关键点。在微博上，企业要尽可能地以个人的身份与客户进行“朋友式的交流”。

3）开展客户服务与管理

微博为企业打开了一个全新的窗口，通过微博开展在线客户服务的优点主要包括成本低、服务方式灵活、传播效应强等，非常符合现代客户尤其是年轻客户群体的需求。苏宁易购就利用微博这一新型在线客户服务平台开展在线客户服务，通过微博私信让客户轻松、便捷地享受企业提供的在线客户服务。在微博上，苏宁易购启用“苏宁客服中心”这个已取得官方认证的微博账号为消费者提供在线客户服务，消费者可 24 小时通过微博评论、发私信等多种方式获取苏宁易购官方专业的服务。

此外，微博比 SNS、BBS 和博客的传播速度快，且覆盖范围和影响力都要更大。通过微博，企业可以收集客户信息，加强与客户之间的沟通，持续发展良好的客户关系。企业利用微博开展客户关系管理，将客户资源、销售、市场、客服和决策等集于一体，既能规范营销行为，了解新老客户需求，提升客户资源整体价值，又能跟踪订单，有序控制订单的执行过程，还有助于避免销售隔阂，调整营销策略。

4）舆论反应监测

社会化媒体时代的到来，使信息传播模式发生了根本性变化，微博成为公众关注公共事件、表达利益观点的主要渠道，因此微博也成了舆情汇集和分析的重要阵地。舆情管理对企业来说至关重要，它不仅可以为企业经营过程中产品和服务内容的定位提供基础，更可以帮助企业趋利避害，减轻负面舆论压力，强化正向品牌力量。越来越多的企业开始在微博上追踪客户对其品牌的评价，监测舆论反应情况，从而迅速了解客户对产品的感受以及最新的需求。

5）危机公关

企业在危机发生后及时通过微博公布信息，可以减少公众的无关猜测，有效地提高危机公关的效率。在面对危机时，企业可通过微博第一时间发布危机处理的计划，体现企业急切处理问题的决心和积极性，稳定公众情绪。同时，迅速落实初步处理举措，能体现企业在处理危机上的雷厉风行。将初步举措的实施细节及结果公布于微博之上不但能够表明企业已经开始行动，而且还能强化企业“积极应对”“积极解决”的正面形象。

2. 微博营销的实施

1）微博营销实施的程序

（1）明确企业开展微博营销的目标。微博营销通常是企业整体营销计划的一个组成部分，因此企业在开展微博营销之前，首先要在企业整体营销目标的基础上制定明确的微博营销目标。在一定时期内，企业的微博营销目标可以是激发客户的需求，提高企业的市场份额；也可以是加深客户对企业的印象，树立企业的形象，为其产品今后占领市场、提高市场竞争力奠定基础。微博营销的目标不同，微博营销策略的实施，包括微博内容和形式的选择等都应该有所差异。

（2）制订企业微博营销活动计划。微博营销活动计划是在企业微博营销目标的指导下，微博营销活动的具体实施计划。微博营销活动计划包括微博平台的选择与安排、微博写作计划、微博营销内容发布周期、微博互动计划等相关内容。微博营销活动计划是企业长期开展微博营销活动的蓝图。

（3）发布微博营销内容。企业撰写并发布微博营销的内容要注意选择能引起客户及潜在客户兴趣的话题，要注意微博内容的丰富多彩及形式的多样化。发布的每篇微博除文字外最好能带有图片、视频等多媒体信息，这样可以给浏览者带来更好的浏览体验。企业发布微博内容应选择有价值的信息，如提供特价或打折信息、限时商品打折活动等都可以带来不错的传播效果。

（4）评估微博营销效果。企业应对微博营销的效果进行跟踪评估，可以从量和质两个方面进行。在量的评估方面可以选择的指标主要包括微博发布数量、粉丝数量、微博被转发次数、微博评论数量、品牌关键词提及次数等。在质的评估方面可以选择的指标主要包括微博粉丝的质量、微博粉丝与企业的相关性、被活跃用户关注的数量及比例等。

2）微博营销的实施技巧

（1）打造个性化微博。企业要将微博打造成有感情、有思考、有回应、有特点的个性化微博，切忌将企业微博打造成一个冷冰冰的官方发布消息的窗口。打造个性化的企业微博是为了将企业的微博与其他微博区分开，如果企业的微博没有特点和个性，就很难引起微博用户的关注。因此，企业需要从各个层面塑造微博的差异化，打造个性，这样的微博才能具有较强的吸引力，才能持续积累粉丝，从而实现更好的营销传播效果。

（2）坚持微博更新。要想吸引用户关注微博，养成其浏览企业微博的习惯，企业就必须定时更新微博，同时要保证微博内容的质量，大量低质的微博内容会让浏览者失望。缺乏有价值的信息的企业微博，不仅达不到传播的目的，还可能会适得其反。

（3）快速增加目标对象。微博粉丝的快速增加是目标对象快速增加的基础。企业要达到微博粉丝快速增加的目标，应注意以下几点：第一，微博的个人资料一定要完整；第二，微博发布的内容要能吸引人阅读，前期尽可能少发宣传语，多发布一些热点新闻评论或者小笑话来吸引更多人的关注；第三，博主应主动和目标对象沟通；第四，多参与一些热门话题的讨论来增加曝光度。仅增加粉丝数量还不够，企业还要想办法从众多的粉丝里准确找到目标对象，并不断促使目标对象数量的增加。只有这样，企业才能通过微博有效地开展营销活动。

（4）强化微博互动。互动性是企业微博可持续发展的关键。要想提高微博互动性，企业就要提高微博发布的内容中粉丝感兴趣的内容所占的比例，也就是企业宣传信息所占比例不能过高。“活动 + 奖品 + 关注 + 评论 + 转发”是目前微博互动的主要方式，但实质上，绝大多数人关注的是奖品，对企业的宣传内容并不关心。另外，与赠送奖品相比，博主积极与留言者互动，认真回复留言，更能增强粉丝的情感认同。

任务实训

1. 实训目的

通过实训，掌握微博营销实施的流程与技巧。

2. 实训内容及步骤

（1）以小组为单位，组成任务团队。

（2）注册微博账号，制订微博营销方案，制订微博营销进度计划书。

（3）编辑、发布微博营销内容，采取措施促进微博与粉丝的互动。

（4）实训结束后撰写微博营销实训心得。

3. 实训成果

实训作业：微博营销实训心得总结。

任务 5.3　认识微信营销

任务引入

在小王开展微博营销的同时，小陈也在着手开展微信营销的实施。小陈性格开朗，喜欢交友，朋友众多。加之他在读大学期间一直任班长和学院学生会主席，沟通能力很强且具有广泛的人脉关系。小陈的微信好友已经有2 000多人，其中大学阶段添加的微信好友有500多人，中小学阶段的同学和校友有600多人。小陈认为，这些同学和校友大都已经毕业工作，不少人都有一定的经济基础，是乡村民宿的重要目标客户。

但小陈明白，开展微信营销并不容易。一旦做得不好，很容易招致微信好友的反感。请同学们从专业的角度，为小陈的微信营销出谋划策。

相关知识

1. 微信营销的含义

微信是腾讯公司2011年推出的一个为智能终端提供即时通信服务的免费应用程序，它已从最初的社交通信工具发展为连接人与人、人与商业的平台。微信营销是一种创新的网络营销模式，主要利用手机、平板计算机中的微信进行区域定位营销，并借助微官网、微信公众平台、微会员、微推送、微活动、微支付等来开展营销活动。

课堂讨论

有人认为有了微信营销就不需要微博营销了，你同意这个观点吗？请说明你的理由。

2. 微信营销的特点

微信不同于微博，作为纯粹的沟通工具，对于商家、媒体和用户之间的对话不需要公之于众，所以亲密度更高，完全可以做一些真正满足用户需求的个性化内容推送。微信营销具有以下特点。

（1）点对点精准营销。微信点对点的交流方式具有良好的互动性，企业在精准推送信息的同时更能与用户形成一种朋友关系。微信拥有庞大的用户群，借助移动端，能够让每个用户都有机会接收企业推送的消息，继而实现企业对用户的点对点精准营销。

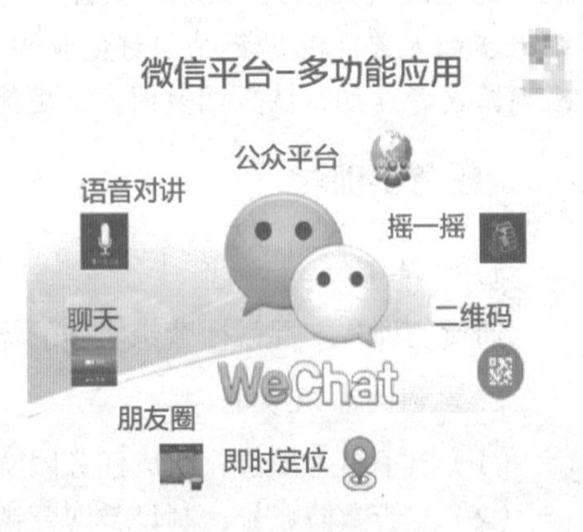

图 5–3　微信平台的功能

（2）形式多样性。微信平台除基本的聊天功能外，还有朋友圈、语音对讲、公众平台、二维码、摇一摇等功能，如图5–3所示。用户可以通过扫描二维码来识别或添加好友，或关注公众号，企业可以通过扫码优惠的方式来吸引用户，开展O2O营销。企业也可以通过公众平台与用户进行互动，其中美妆类网站的应用性最强，如YOKA时尚网与美丽说的用户，可以将自己的美妆产品使用心得或者美丽说中的商品购买体验分享到微信中。

（3）曝光率高。微信营销不同于微博营销，它不会让推广信息淹没在海量的信息中。微信在某种程度上可以说是强制曝光信息，要求用户在接收企业信息前必须关注企业公众号。因此，微信公众平台信息的到达率是100%，而且还可以实现包括用户分组、地域控制在内的精准消息推送。因此，开展微信营销的企业不需要将时间花在大量的广告投放上，只需要制作好精美的内容，定时定量控制好用户接收信息的频率与质量，就能保证用户的忠诚度。

3. 微信营销平台结构

微信营销平台主要包括微信个人账号、微信公众平台两大部分。其中，微信个人账号包含朋友圈，微信公众平台又包含服务号、订阅号、企业号以及小程序。同时微信还支持接入第三方接入平台，其结构如图 5-4 所示。

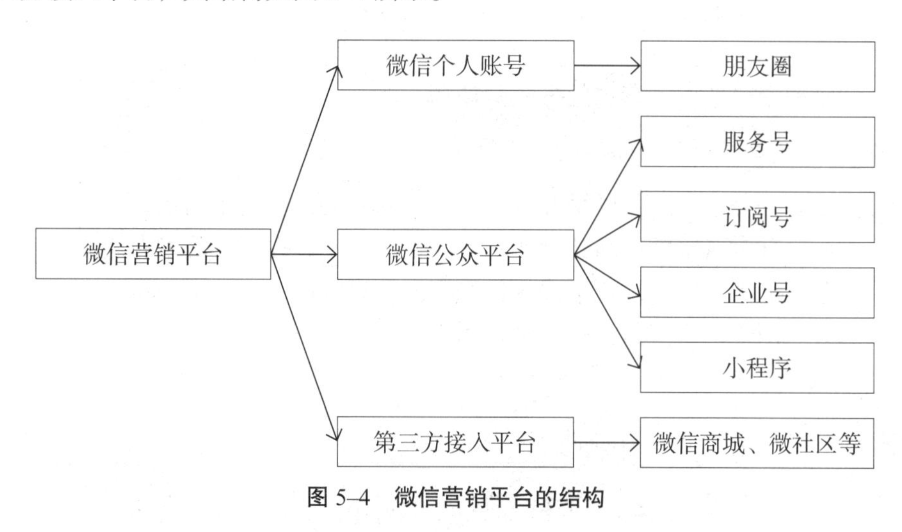

图 5–4 微信营销平台的结构

4. 微信营销与微博营销的区别

在微信横空出世之前，微博是企业营销使用最多的社交媒体，短信也是企业营销常常考虑的媒介。然而，微信自出现后便后来居上，迅速成为营销界的宠儿。微信营销与微博营销的区别如表 5-1 所示。

表 5–1 微信营销与微博营销的区别

<table>
<tr><td rowspan="3">微信营销与微博营销比较</td><td>媒体平台与社交平台</td><td>微博是一个媒体平台，是用于发布信息的平台；
微信是一个社交平台，是基于用户关系建立起来的社交网络</td></tr>
<tr><td>营销的侧重点不同</td><td>微博侧重于广告，主要用于信息传播和宣传，很多功能都是为了便于广告的传播；
微信侧重于人的沟通，是“许可式营销”，具有专一化、私密性以及个性化服务的特点</td></tr>
<tr><td>曝光率不同</td><td>微博信息传播是通过广泛的点击和转发实现，营销更多是借助转发、评论等进行，曝光率低；
微信最强大的功能是在指定并被许可的情况下推送信息，信息的到达率高，相应的曝光率也高</td></tr>
</table>

当然，微信营销也有自身的限制，如与微博相比，微信是一个封闭的社区，所有的信

息传播基本局限于朋友圈；而微博是一个公共空间，信息的扩散速度比微信快很多。各种营销方式都具有不同的特性，企业需要了解各种方式的优缺点，根据媒介的不同特性实施不同的营销策略，将优势最大化，从而达到最佳的营销效果。营销活动媒介不仅只有微信、微博等，现在是一个多元化的营销时代，企业要采取一系列的营销策略，有针对性地开展营销活动。

任务实训

1. 实训目的

通过实训掌握微信朋友圈营销的方法与技巧。

2. 实训内容及步骤

（1）分配实训任务：每一位同学在自己的朋友圈开展一次营销活动。

（2）要求同学确定营销的产品、制作营销海报和文案，在朋友圈发布。

（3）收集各自的点赞数和评论情况，提交截图到班级群。

（4）一周后，同学们撰写微信朋友圈营销实训总结。

3. 实训成果

实训作业：微信朋友圈营销实训总结。

任务 5.4　掌握微信营销的方法与技巧

任务引入

小陈首先采用的是微信个人账号营销，取得了一定的营销成效。但小陈明白，要想进一步增强营销效果，还必须要开展微信公众平台营销。微信公众平台营销包括服务号营销、订阅号营销、企业号营销和小程序营销 4 种方式，小陈对上述营销方式的方法与技巧了解得还不够多，他打算请一位专家对自己进行专业的指导。

假定同学们就是小陈邀请的专家，请对微信公众平台营销的 4 种营销方式的方法与技巧进行全面的阐述。

相关知识

1. 微信营销的方法

1）微信个人账号营销

开展微信个人账号营销需按如下步骤进行，即注册微信个人账户、装饰微信个人账户、增加微信好友数量、朋友圈广告宣传、与客户沟通达成交易，如图 5–5 所示。

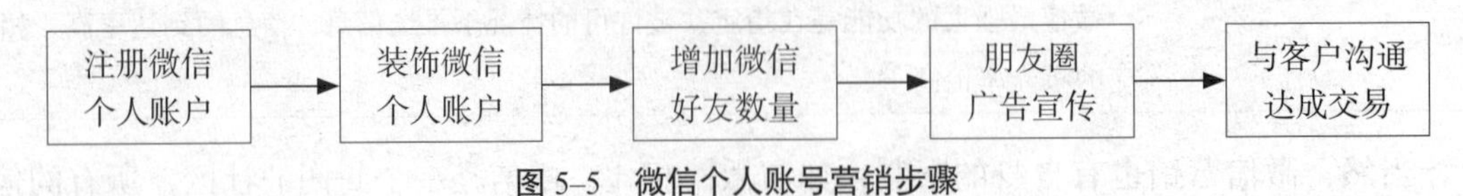

图 5–5　微信个人账号营销步骤

企业开展微信个人账号营销首先要注册微信账号，只要有手机号，就可以免费注册。注册之后要注意对个人账号进行“装饰”，以取得客户的信任与好感。开展微信个人账号营销的关键是拥有一定数量的微信好友。企业可以通过通讯录导入、扫描二维码、按微信号或手机号搜索添加好友、微信摇一摇等多种方式添加好友；也可以通过微博、知乎、社群等媒介宣传自己的微信账号，吸引目标客户主动添加你为好友；还可以建立专门的微信群，在群内进行商品信息推送，通过群内好友相互介绍，找到目标客户。开展微信个人账号营销要充分发挥微信朋友圈的作用，可以将其作为推送商品信息的一个重要窗口，同时，要注意多与微信好友沟通，建立与他们的友好关系，以便达成交易。企业在客户购买商品之后一定要加强售后服务，使客户满意，从而促使其重复购买。

案例分析

一则微信朋友圈信息引发的爱心助农接力

2022年12月1日下午1时8分许，网名为“难得糊涂”的鹿邑县菜农胡先生通过抖音账号向郑州一餐饮公司负责人樊先生发了一条私信：“樊总你好，我是你的粉丝，也是菜农，现有一批西芹到郑州卖不出去，看看你们店里有没有需要？帮助我们消化一下，不至于让老百姓的菜烂到地里，我的电话是138××××，需要你们的帮助。”樊先生立即回复：“我安排人和你联系。”当天下午5时许，该公司采供部就购买了5 000斤芹菜。

同时，樊先生在朋友圈转发爱心助农信息，发动身边有需要的餐饮企业购买芹菜，共同助力菜农，尽自己所能帮助菜农解决蔬菜滞销问题。不少餐饮企业得知这一信息后，纷纷报名购买蔬菜，一场帮助菜农销售滞销菜的爱心接力在这个寒冷的冬季悄然展开……很快，一车蔬菜就被抢购一空。

“力所能及帮助他人，自己内心无比快乐。”2022年12月2日，得知菜农的问题已经解决，樊先生由衷地高兴，便发了一条朋友圈信息，还配了一张在某社交平台的私信截图。很快，这则信息便在朋友圈刷了屏，好友们纷纷点赞回复。

案例分析：本案例充分展示了微信营销在解决农产品销售方面的巨大潜力。通过简单的私信和朋友圈分享，樊先生和他的朋友们能够在短时间内集结起力量，帮助胡先生解决了西芹滞销困境。樊先生在解决菜农问题后，通过朋友圈分享了这一消息，引发了广泛的传播和点赞回复，进一步扩大了爱心接力的效果。

2）微信公众平台营销

微信公众平台相当于一个自媒体平台，个人和企业均可申请公众平台账号，如图5-6所示。在微信公众平台上个人或企业可以发送文字、图片、语音、视频等信息来和特定用户进行沟通、互动，从而进行营销和宣传。

企业可以利用微信公众平台进行营销活动，通过后台的用户分组和地域控制，实现精准的商品信息推送。利用二次开发展示商家微官网、微会员、微推送、微支付、微活动、微报名、微分享、微名片等，微信公众平台营销已经成为一种主流的线上线下微信互动营销方式。目前，微信公众平台主要包括服务号、订阅号、企业号和小程序4种类型的账号。由于微信小程序是在服务号、订阅号以及企业号之后推出的，在使用方式上与其他公众账

图 5–6　微信公众平台界面

号有所不同，加之微信小程序营销对企业而言意义重大，因此我们将在本书最后一个项目中将其作为一个单独的任务重点阐述。微信公众平台中服务号、订阅号以及企业号的具体差异如表 5–2 所示。

表 5–2　微信公众平台不同类型账号的差异

账号类型	功能类型	具体功能
服务号	旨在为客户提供服务	为用户提供更专业的服务，提高企业管理能力，帮助企业构建全新的公众号服务平台，其具体功能如下： （1）一个月（自然月）内仅可以发送 4 条群发消息； （2）发给订阅客户（粉丝）的消息会显示在对方的聊天列表中； （3）服务号会出现在订阅客户（粉丝）的通讯录中，通讯录中有一个公众号的文件夹，点开可以查看所有服务号； （4）服务号可申请自定义菜单
订阅号	旨在为客户提供信息	企业可以通过订阅号向订阅客户（粉丝）传达资讯，以便于企业与订阅客户（粉丝）构建更好的沟通模式，其具体功能如下： （1）每天（24 小时内）可以发送一条群发消息； （2）发给订阅客户（粉丝）的消息，将会显示在对方的订阅号文件夹中，点击两次才可以打开； （3）在订阅客户（粉丝）的通讯录中，订阅号将被放入订阅号文件夹中； （4）个人只能申请订阅号
企业号	主要用于企业内部通信	旨在帮助企业、政府机构、学校、医院等事业单位和非政府组织建立与员工、上下游合作伙伴及内部 IT 系统间的联系，并能有效地简化管理流程，提高信息的沟通和协同效率，提高企业对一线员工的服务及管理能力

阅读资料 5-2

企业如何做好微信公众号的内容营销

借助于腾讯的互联网资源平台，微信自推出至今已经被众多企业与个人广泛关注与应用。那么，企业应如何做好微信公众号的内容营销呢?

企业要做好微信公众号的内容营销，需要从以下几个方面着手。

1. 全面收集所需的内容素材

微信营销的内容需紧紧围绕时事热点，同时流行的、有趣的话题，关于工作的探讨，如何看待一些知名人士，各种成功学与人际关系学的应用，产品的新功能与公司的推广活动，等等，都可以作为创作的素材。搜集这些素材的前提是企业知道如何在合适的时间点选择合适的话题，并围绕该话题进行创作，以吸引读者关注，并获得良好的曝光率。

2. 创建详细充分的素材库

良好的准备是成功的一半。许多公众号推送的素材众多，如果平时没有半点积累，那么很有可能就是“书到用时方恨少”。为此，相关人员平时应注重积累，通过多个平台收集所需的素材，并可为这些素材创建素材库。这样一来，在需要时去素材库查找，自然能够节省不少时间和成本。

3. 确定一个合适而有吸引力的标题

好的话题还需要匹配一个比较有吸引力的标题，这样能够给读者迅速留下一个整体的印象。为此，企业需精练标题，务必做到简洁、清晰、有吸引力，能够让人一目了然。

4. 撰写一段有吸引力的开头

开头能否吸引人直接决定了该篇内容被浏览的概率。为此，企业需围绕标题来撰写开头，做到原创并能够引人注意，同时直接引出后面的内容，起到良好的引入作用。

5. 巧用段落小标题阐述内容

一篇公众号推文的内容如果过于冗长可能会引起读者的阅读疲劳，为此，企业需巧用文章段落和小标题对每个部分的内容进行总结。这样，读者通过小标题即可快速了解该篇推文的内容，并可根据自己的需要选择合适的内容进行阅读。

6. 根据内容意图搭配图片

文字往往无法快速、准确地向用户传达信息，此时，如果配上一张图片加以说明，那么效果将会更好。因此，企业需要对全部内容加以理解、诠释，然后插入一些图片，以让推文更具有吸引力。

7. 结尾需进行总结，并与开头呼应

好的文章还需要好的结尾。结尾一般多是对正文内容的总结，且多要与开头呼应，还可以表达一下对未来美好的期许。此外，还可以呼吁大家关注企业的公众号，并将此篇文章转发给其他人。

总的来讲，要做好微信公众号内容营销需要注重平日积累，企业要保持对于时事热点的关注，并学习其他高质量的微信公众号的优点，在未来不断地尝试改进，这样才能够达到良好的效果。

3）微信第三方接入应用营销

微信开放平台是微信 4.0 版本推出的新功能，应用开发者可通过微信开放接口接入第三方应用，并且可以将应用的 LOGO 放入微信附件栏中，让微信用户方便地在会话中调用第三方应用。常用的第三方接口有微信商城、微社区等，下面对其功能进行简单的介绍。

（1）微信商城。微信本来是手机端的社交平台，自微信公众平台于 2012 年 8 月 23 日正式上线后，两年内就拥有了超过 6 亿用户，这样惊人的数据吸引了无数企业的眼球，庞大的用户人群后面隐含着巨大的商机。微信第三方平台顺势而发，推出微信电商服务产品“微信商城”，助力企业开启微营销，成为许多企业的一种营销方式。微信商城（又名微商城）是第三方平台基于微信公众平台推出的一款基于移动互联网的商城应用服务产品，同时又是一款集传统互联网、移动互联网、微信商城、易信商城、App 商城五网一体化的企业购物系统，具有会员系统、购物车 / 订单 / 结算、支付系统、自定义菜单、产品管理系统、促销功能、抽奖 / 投票、分佣系统等功能。微信商城可以通过微信公众号的粉丝来获取用户，例如通过不断推送公众号文章或者开展相关活动将粉丝转为用户，之后运营者还可以通过推送一些促销活动与用户建立二次联系。常见的微信商城有微店（见图 5–7）、有赞、微盟等。用户打开微信，点击通讯录，点击公众号并选择要进入的微商城，即可进入该微信商城进行购物。图 5–8 所示为利用有赞建立的好利来天津微商城。

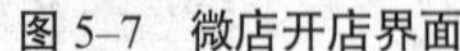

图 5–7　微店开店界面

图 5–8　好利来天津微商城界面

（2）微社区。微社区是基于微信公众号的互动社区，可以应用于微信服务号和订阅号，解决了同一微信公众号下用户无法直接交流、互动的难题，将信息推送方式变为用户与用户、用户与平台之间的“多对多”的沟通模式，给用户带来更好的互动体验。如今，已经有数十万移动创业者、传统社区站长、微信公众号开通微社区，且已经有百万用户加入微社区。

2. 微信营销的技巧

1）吸引粉丝，拉动宣传

微信营销的核心就是用户价值。高质量的粉丝不仅可以转化为企业的利润，还有可能成为企业品牌的“代言人”，帮助企业进行宣传。企业可以充分利用老顾客、二维码关注有礼物、微信会员卡、漂流瓶活动、点赞、查找附近人等尽可能多地吸引潜在客户。

2）社交分享，激励转发

企业要充分利用消费者分享的力量，学会激励客户在朋友圈分享、转发。同时，企业应该注意提高产品和服务的质量，只有好的产品和服务才会不断地被微信用户分享及评论，使产品被更多的消费者关注。

3）个性推荐，俘获客户

俗话说“攻心为上，攻城为下”。如何俘获客户的“心”，对企业来说至关重要。企业可以通过微信分组功能和地域控制，对客户进行精准的消息推送。例如，当客户去陌生城市旅游或者出差，可以根据客户签到的地理位置，提供就近的商家信息。商家还可以根据海量的客户信息，利用大数据分析工具，分析客户购物习惯，进行更加精准的营销。

4）互动营销，如火如荼

微信平台具有基本活动会话功能，通过一对一的推送，企业可以与粉丝开展个性化的互动活动，提供更加直接的互动体验，根据用户的需求发送品牌信息，使品牌在短时间内即可获得一定的知名度。

5）促销活动，优惠不断

企业可以通过微信平台定期开展发放优惠券、转发有奖、抽奖活动、拉粉奖励等活动来促进销售。

6）内容为王，妙趣横生

如果微信营销的内容有趣、实用、贴近用户生活，并满足用户分享的赞同感，微信营销就成功了一半。因此，企业在开展微信营销时，写好微信营销的内容十分关键。

3. 微信营销应注意的问题

微课堂

微信营销应注意的问题

微信营销已成为一种重要的营销方式，但不同于传统营销，它不能过于注重企业品牌的推广。企业在开展微信营销时，内容要有趣实用、贴近生活，切不可盲目纯粹地推销产品，否则容易引起用户的反感，从而失去用户的信任。

微信营销过程中，应注意以下问题。①“装饰”好自己的微信，使之完整、有趣。②注重粉丝质量。只有高质量的粉丝才有价值，才能转化为企业利润。③推送长度适中且实用、有趣的内容。④适度营销。一味地群发消息会令人反感，群发过多的无聊内容就是骚扰用户。因此，企业不可滥用群发功能，只需在适当的时候利用群发功能提醒用户即可。⑤拒绝道德绑架或奖励用户把信息分享到朋友圈。⑥不可将微信好友当成营销工具。朋友圈是基于熟人的关系，如果在朋友圈中发的内容带有广告的性质，或者将微信好友当成了营销工具，往往会引起微信好友的反感甚至厌恶，不但起不到营销的目的，反而会失去一位微信好友。⑦不可乱发广告。用户添加微信号或关注公众号是因为对该号所发布的产品本身感兴趣，而不是为了看广告。因此，不可乱发广告，更不可发与微信号无关的垃圾广告。⑧及时回复用户信息。及时互动是微信营销的一大优点，企业可以与用户通过微信进行有效的沟通。⑨不可只专注于微信营销。与传统营销相比，微信营销具有互动、快捷、成本低等诸多优势，但并不意味着微信营销是万能的。对于企业来讲，营销是多元的，只有打组合拳，才能招招见长。企业还可以开展线上线下营销、微博与微信互动、微电影与微信互动等。

任务实训

1. 实训目的

通过实训掌握微信群营销的方法与技巧。

2. 实训内容及步骤

（1）以小组为单位组建任务实训团队。

（2）每个小组各自创建一个微信群，要求有群名、群 LOGO、群成员分工等。

（3）确定微信群运营规则，如信息发布规则、微信群管理规则等。

（4）确定微信群营销的产品和营销策略。

（5）确定“吸粉”方案，邀请目标用户人群，同时在群里开展营销活动。

（6）总结微信群营销活动，提交实训总结。

3. 实训成果

实训作业：微信群营销实训总结。

练习题

一、单选题

1. 下面选项中不属于微博的特点的是（　　）

A. 快捷性　　B. 创新交互方式　　C. 非原创性　　D. 草根性

2. 下列选项中不属于微博营销的特点的是（　　）。

A. 营销成本低　　B. 针对性强　　C. 灵活性强　　D. 互动性不好

3. 微信是（　　）公司 2011 年推出的一个为智能终端提供即时通信服务的免费应用程序。

A. 阿里巴巴　　B. 百度　　C. 腾讯　　D. 搜狐

4. 微信中的朋友圈属于（　　）。

A. 微信公众平台　　B. 第三方接入平台　　C. 微信个人账号　　D. 以上都不是

5. 开展微信个人账号营销首先要（　　）。

A. 确定营销目标　　B. 分析微信营销环境

C. 注册微信账号　　D. 与客户事先沟通

二、多选题

1. 微博营销的实施程序包括（　　）。

A. 明确企业开展微博营销的目标　　B. 制订企业微博营销活动计划

C. 发布微博营销内容　　D. 强化与微博粉丝互动

E. 评估微博营销效果

2. 微博营销的主要任务包括（　　）。

A. 传递产品及活动信息　　B. 开展互动营销活动

C. 舆论反应监测　　D. 危机公关

E. 开展客户服务与管理

3. 微信营销是一种创新的网络营销模式，主要利用手机、平板计算机中的微信进行区域定位营销，并借助（　　）等来开展营销活动。

A. 微官网　　B. 微信公众平台　　C. 微会员

D. QQ 空间　　E. 微支付

4. 下列有关微信营销与微博营销的比较，描述正确的有（　　）。

A. 微博侧重于沟通，微信侧重于广告

B. 微信侧重于沟通，微博侧重于广告

C. 微博和微信都侧重于沟通

D. 微信最强大的功能是在指定并被许可的情况下推送信息，信息的到达率高，相应的曝光率也高

E. 微博信息传播是通过广泛的点击和转发实现，营销更多是借助转发、评论等进行，曝光率低

5. 下列属于微信公众平台的有（　　）。

A. 微信个人账号　　B. 企业号　　C. 服务号

D. 订阅号　　E. 第三方接入应用

三、名词解释

1. 微博　2. 微博营销　3. 微信　4. 微信营销　5. 微信公众平台

四、简答及论述题

1. 微博营销的特点有哪些？

2. 微信营销与微博营销的区别是什么？

3. 微信营销应注意哪些问题？

4. 试论述微博营销的实施技巧。

5. 试论述微信营销的技巧。

案例讨论

“凯叔讲故事”的微信营销

王凯，凯叔讲故事创始人，1979 年出生于北京，毕业于中国传媒大学播音系，曾担任中央电视台经济频道《财富故事会》主持人。

王凯经常给自己的小孩讲故事，为此他阅读了很多故事绘本，并了解了小孩喜欢的故事题材。由于王凯出差时不能及时为孩子讲故事，他便录制了一些故事，由妻子放给孩子听。后来，王凯把音频发在了孩子幼儿园的家长群里，深受广大家长的喜爱。同时，他还将音频发到微博上，每个音频的转发率都很高。由此，王凯意识到很多小孩和家长都有听故事的需求。于是，从中央电视台辞职后，王凯凭借着多年配音、主持经验和给自己的小孩讲故事的心得体会，于2014年4月创办微信公众号“凯叔讲故事”。开始时并没想过要把自媒体品牌“凯叔讲故事”做到一个什么样的程度。可是做着做着，他发现，做这件事情具有极强的幸福感。因为他一直把用户放在第一位，所以几乎每次都是用户推着他在往前走；从这时起他开始考虑，有没有机会在我国的亲子教育市场占有一席之地。

在“凯叔讲故事”微信公众号的粉丝达到一定规模后，王凯对音频产品做了调整，从讲故事延展到讲古诗词和四大名著，并开启付费模式，同时还推出了漫画绘本和动画片等周边产品。

“凯叔讲故事”微信公众号，专注于育儿内容的原创和分享，与千百万家长共享儿童心理、带娃妙招、亲子关系等内容，经过多年经营，已成为母婴类、生活类知名公众账号。

在内容生产方面，前期以凯叔自己独创的音视频知识内容为主，后期将凯叔原创内容打造为特色板块后，为了丰富平台内容，购买了其他少儿皆宜的音视频知识版权，同时也会与儿童领域的教育专家或机构进行合作，一起创作知识，因此能够为用户提供多种音视频内容选择。

凯叔讲故事一切以用户需求为中心，在确定故事内容时充分咨询和参考用户建议，这样自然而然就会受到更多用户欢迎，并形成牢固的黏性。

思考讨论题

1. 为什么“凯叔讲故事”微信营销能够获得成功？

2. 结合本案例，请谈谈企业如何开展新微信营销。

学生工作页

项目5　微营销					
任务	分析微信营销的失败案例				
班级		学号		姓名	

本任务要达到的目标要求：

1. 提升学生分析问题与解决问题的能力。
2. 帮助学生加深微信营销功能的认识。
3. 帮助学生掌握正确的微信营销策略与方法。

能力训练

2020年4月23日，一条“汉堡王苏州路家乐福店4月25日盛大开业！皇堡免费吃半年！”的微信消息刷爆了乌鲁木齐人的朋友圈，传播量超70万次，然而该店在开业短短半小时内完成了由开店到闭店的“壮举”。扫描二维码阅读案例全文，然后回答如下问题。

案例

汉堡王开业促销——
“皇煲免费吃半年”

1. 汉堡王微信促销活动被广泛传播的原因是什么？

2. 汉堡王本次开业促销活动存在哪些问题？

3. 结合本案例分析开展微信营销活动应该注意的事项。

学生评述
完成任务的心得与体会：

教师评价

项目6 直播营销

学习目标

【知识目标】

(1)理解直播与直播营销的含义。

(2)熟悉直播营销的方式。

(3)了解直播营销的产业链与收益分配模式。

(4)熟悉直播营销活动的规划与设计。

(5)掌握直播间互动营销的要点。

【技能目标】

(1)能够根据企业实际情况为其设计直播营销方案。

(2)能够作为主播完成一次直播营销活动。

(3)能够掌握直播间互动营销的基本技巧。

【素质目标】

(1)树立正确的直播营销理念。

(2)培养对直播营销的学习兴趣。

(3)提升综合素质,打造良好的主播人设。

项目情境导入

中秋假期期间,陕西省汉中市勉县助农带货直播间,来自中国铁路的支教老师和驻村第一书记组成的“带货团队”直播带货吸引了众多网友围观下单。据了解,7月中旬以来,每天16时,“勉县助农带货直播间”都会如约开播。2024年1月,直播间累计销售农产品3.7万斤,实现增收29.5万余元。

进入新时代,直播带货农副产品已经不是新鲜事了,各地政府工作人员、网红、村民纷纷加入直播大军,他们走进田间地头,以创新的直播方式、丰富多彩的载体、特色多样的形式帮助村民解决农副产品销售问题,实现村民增收致富,带动当地经济发展。

受益于互联网和物流产业的发展,越来越多的人利用自媒体、电商等平台帮助村民直播带货,整合了农业资源,形成紧密衔接的产业链。通过网络直播,地里水里鲜活的农产品按照订单打包装车,消费者只需要通过直播链接下单,就能快速收到带着田园气息的新鲜农货。

助农直播也在一定程度上解决了消费者对货源不信任的问题。直播者通过网络直播宣传了家乡特产、地质风貌，甚至在粮田、林场、牧场、集市等场所，只需一部手机，农民就可以进行直播，让消费者直接面对货源。

助农直播、乡村驻点，因地制宜采取有力的举措助推沿途产业加快发展，同时，网络直播新业态也有效吸引了年轻人回流农村，反哺家乡，给年轻人提供了就业创业的平台与机会。

充满活力的直播形式，为乡村振兴注入了新的动能，助力农业增效、农民富裕，为美丽乡村的画卷增添了绚烂色彩！

问题：为什么近年来网络直播营销能够异军突起？直播营销在助力乡村振兴方面有何重要意义？

项目分析

在当前视频移动化、资讯视频化、视频社交化和营销社交化、场景化的趋势下，直播营销日益成为网络营销的新风口，并被越来越多的企业关注和重视。

那么什么是直播营销？直播营销有哪些优势？主要的直播营销平台有哪些？主流的直播营销平台各有何特点？直播营销活动该如何实施？以上问题是本项目学习的关键，本项目即将对以上问题进行解答。

任务 6.1　理解直播营销的内涵

任务引入

亮亮同学的老家在江苏阜宁县，这里盛产水果，尤其是水蜜桃最为著名。亮亮的哥哥明明退伍返乡后承包了 160 亩果园专门种植水蜜桃。由于水蜜桃季节性较强，且不易长期保存，虽然果园获得了大丰收，但销售遇到了困难。明明为此一筹莫展。

亮亮得知哥哥的困境后，劝哥哥尝试通过直播营销的方式销售水蜜桃。可明明对直播营销一无所知，根本不知道该如何做起。

请问，如果你是亮亮，该如何向明明介绍直播营销这种新兴的网络营销方式？

相关知识

1. 网络直播的概念

网络直播是最近几年兴起的一种新的高互动性视频娱乐方式和社交方式，具体形式有游戏直播、才艺直播、电视剧直播、电影直播和体育直播等。借助网络直播平台，网络主播可以将现场的画面实时展现给目标受众，并与目标受众进行双向的互动交流。网络直播具有直观形象、互动性强等优点，已成为大众娱乐消遣、获取信息的重要途径之一。

我国网络直播的发展经历了起步期（2005—2013 年）和发展期（2014—2015 年）之后，在 2016 年迎来了爆发期，各种网络直播平台如雨后春笋般涌现。在这一时期，网络直播向泛娱乐、“直播 +”演进，其巨大的营销价值开始显现。

2. 直播营销的概念

直播营销是指开展网络直播的主体（企业或个人）借助网络直播平台，对产品进行多方位展示，并与用户进行双向互动交流，通过刺激消费者的购买欲望来引导消费者产生购买行为，从而实现营销目标的一种新型网络营销方式。一般来说，直播营销包括场景、人物、产品和创意 4 个要素。其中场景是指直播营销的环境和氛围；人物是指直播者，即所谓的主播，可以是一个人，也可以是多个人；产品即直播营销中所要展示和推介的对象，可以是家电、食品、服饰等实体产品，也可以是游戏、服务、教育等无形产品；创意是指企业在开展直播营销时要有创造性的想法和新颖的构思，并以此来吸引目标用户。

随着网络平台的发展、直播用户的增加以及一大批主播带来的示范效应，直播营销已经成为备受企业重视的网络营销方式。甚至一些著名的企业家和地方官员也纷纷走进了直播间，企业家通过直播为本企业产品宣传造势以促进产品销售，地方官员则通过直播推荐地方特色产品以促进当地经济的发展。例如，2020 年 2 月 22 日，在石狮“品牌直播节”上，石狮市委副书记、市长走进位于石狮青创直播基地的直播间，与主播一道不遗余力地为石狮服装“直播带货”。1 个月时间，石狮全市服装企业通过直播带货或引流，销售的经营额突破 10.8 亿元。

3. 直播营销的优势

作为一种新型的网络营销方式，直播营销具有门槛低、投入少、覆盖面广、直达目标用户、营销反馈直接、能够营造场景式营销和沉浸体验式营销效果等诸多优势，下面就简要地进行介绍。

直播营销的门槛低、投入少，借助智能手机或其他能够上网的终端设备，任何人都可以通过直播平台开展适合自己的营销活动。借助网络的传播，直播营销可以覆盖任何网络所及的地域，大大拓展了营销的范围。在直播营销过程中，主播可以充分展示企业的实力，全面介绍产品的性能与优点，传递企业所能给予的优惠信息以及现场演示产品的使用方法等，从而有效打消用户的疑虑，增强其购买的决心。直播营销能够为用户打造一种身临其境的场景化体验，如用户在观看旅行直播时，只需跟随主播，就能直观地感受到旅游地的自然风光、人文景观、景区设施、酒店服务等。另外，直播营销是一种双向互动式的营销模式，主播可以和用户在线实时交流，既能及时解答用户的疑问，拉进与用户之间的距离，又能倾听用户的意见和建议，从而为今后更好地开展直播营销奠定良好的基础。

案例分析

逆境崛起——“东方甄选”的华丽转身

2022 年 6 月，新东方旗下的“东方甄选”突然火爆出圈，主播董宇辉的名字红遍全网。一周之内，“东方甄选”直播间的粉丝从 100 万人冲破 1 000 万人。在直播电商内卷的时代，为何“东方甄选”能跃然前进成为顶级清流？

2021年年底时，新东方创始人俞敏洪亲自启动“东方甄选”，尝试利用直播带货实现转型。但是与其他名人效应加持的直播相比，在“俞敏洪”光环的加持下，首播并不算出彩，当天销售额仅为480万元。后续推出其他素人直播，在线人数一度下滑到个位数。但他们没有退却，咬着牙坚持了下来，在严把产品质量关的同时，伺机寻求突破。从2022年3月、4月开始，“东方甄选”的业绩开始逐渐好转。之后号称“中关村周杰伦”的董宇辉开启了双语带货模式，“东方甄选”终于一炮而红。

这个直播间打破了以往同质化的直播带货模式，不同于众多的其他的直播间各种声嘶力竭地叫喊卖货，没有321上链接，有的是带你回到童年场景的玉米和诗与远方；没有花式催单，有的是文艺浪漫清新的产品介绍。它像是一个安静、平和的聊天室，传递着令人耳目一新的优质内容。以董宇辉为代表的主播们，一边介绍产品，一边进行英语教学，时不时还穿插着讲点历史、哲学、文艺、爱情。在“带货为王”的行业氛围中，这些主播是如此与众不同。他们不仅有货，还有文化、有情怀，侃侃而谈，幽默风趣。就这样，在倾听、共情、感动当中，网友们不知不觉地下单成交。有人调侃地说：选择“东方甄选”其实是在“为知识付费”。

案例分析：“东方甄选”的成功出圈，深究其背后的原因有很多。“知识的力量”是原因之一，正是文化与知识的加持，让新东方主播们脱颖而出，他们凭着浓郁的文化氛围，走心的情感共鸣，收获了千万粉丝的心，在时代的巨变中实现了华丽转身。虽然一个优秀的主播固然重要，但是更离不开其团队的合作。所以“东方甄选”能够突围还有一个重要的关键因素，就是背后有一个实力强悍的团队，从直播团队到运营团队，从产品质量的把控，到产商的直接合作，不收坑位费，再到营销的方案整体策划，再到优质内容的呈现，每一个环节都离不开团队成员的凝心聚力，发挥了团队的整合力量，最终实现了“东方甄选”“链接式”的孵化与运营，也使“东方甄选”成功突出重围，挤进了头部直播间。

4. 直播营销的不足

虽然直播营销具有诸多优势，但也存在以下几点不足。一是商品质量难以保证。主播在直播间展示的商品很多都是经过美化处理（如借助灯光、特殊背景、拍摄角度、画面滤镜等）的，使得用户看到的与真实商品有较大的差异。用户购买之后常会有上当受骗的感觉，从而对直播营销产生不信任感。二是直播营销成本较高。直播营销对主播有很强的依赖性，一般来说主播的自带流量（粉丝数）越多，直播营销的效果就会越好。但与高流量的主播合作，企业需要付出较高的成本，请知名主播带货企业光坑位费就要付出几十万元甚至几百万元，而且有些主播还要求进行销售分成。不少企业反映一场直播下来除去给主播的费用几乎没有收益，甚至还要亏本。当然，企业也可以用自己的员工做主播，这样直播营销的费用会大为降低，但由于自家的主播知名度不高，流量有限，营销效果往往不佳。三是直播营销过程不可控，容易出现翻车现象。直播具有实时传递、不可剪辑、不可重录的特征，一旦在直播营销过程中出现了问题，根本就无法弥补。例如，某顶流主播在推荐一款不粘锅时，将鸡蛋打入锅中以证明的确不沾，结果却是鸡蛋牢牢粘在了锅上，引发直播间用户的群嘲。

课堂讨论

你认为当前直播营销存在的最大问题是什么？该如何解决这一问题？

任务实训

1. 实训目的

了解网络直播和直播营销的概念，认识直播营销在攻坚扶贫及振兴乡村战略中的积极作用。

2. 实训内容及步骤

（1）以小组为单位，收集农副产品直播营销的典型案例。

（2）对收集到的典型案例进行分析，以小组为单位撰写案例分析报告。

（3）提交最后的分析报告，并做成PPT在班级进行展示。

3. 实训成果

实训作业：直播营销推动乡村振兴案例精选。

任务6.2 了解主要的直播营销平台

任务引入

明明听从了亮亮的建议，决定通过开展直播营销来销售水蜜桃。可面对众多的直播平台，明明不清楚到底该如何选择。

请同学们结合明明的实际情况，并根据各直播平台的特点，为明明提供相关建议。

相关知识

直播平台主要包括专业垂直直播平台、短视频直播平台、电商直播平台和综合视频直播平台等。根据月活跃用户人数和影响力来分类，排名前20的直播平台可以分为3个梯队。其中，第一梯队为淘宝、抖音和快手；第二梯队为微博、拼多多、西瓜视频、京东、小红书和哔哩哔哩等，平台类型以社交媒体、综合电商和视频平台为主；第三梯队为虎牙直播、花椒直播、斗鱼直播、YY、苏宁易购和蘑菇街等，平台类型以专业垂直直播平台为主。限于篇幅，本书仅介绍第一梯队的3个直播平台。

1. 淘宝

第一梯队中排名第一的是淘宝。淘宝本身就是电商平台，具有丰富的商品品类，可以依托自身流量和外部平台引流，具有较高的流量。淘宝通过建立直播入口可以将商品和用户聚集在同一个场景中，实现商家边直播边销售、用户边观看便购买的营销效果，因而是一个非常理想的直播营销平台。根据阿里巴巴公布的财报，早在2020财年第二季度就已有超过50%的天猫商家正在通过淘宝直播卖货。

淘宝直播最大的带货品类是服装，其次是美妆，接下来是母婴用品、美食和珠宝等。因为具有先天的电商优势，不需要主播挖掘货源，对于没有背景和经济基础的小主播来说，淘宝直播是一个不错的带货入口。不过淘宝的流量主要聚集于头部的商家和“网红”主播，在淘宝上做直播营销，“大品牌 + 网红主播”的模式具有更大的优势。例如，曾经的淘宝头部主播 W 在直播间带货荣威 RX5 Plus，上线 10 分钟成交 2 323 辆，平均每秒抢订 4 辆。而在该车还未正式上市的前几天，W 便在自己的淘宝直播间展开预售，创造了 30 秒卖出 4 180 辆的好成绩。此消息一出，令不少汽车行业人员汗颜。一般 4S 店月销量平均仅为 150 辆左右，淘宝头部主播的直播带货能力实在是太强大了。

2. 抖音

第一梯队中排名第二和第三的分别是抖音和快手，这两个平台均是主打娱乐和社交，平台具备高流量和高活跃度的优势。抖音致力于打造年轻人的音乐短视频社区，用户以一、二线城市青年为主，原本直播带货能力相对弱一些。2018 年年底，抖音全面开放购物车功能。2019 年，抖音逐步放开直播权限。2020 年以来，抖音逐渐发力直播。2020 年，抖音以 6 000 万元成功与罗永浩签约。2020 年 4 月 1 日，罗永浩的首播计划中有 25 个厂商，每个厂商坑位费 60 万元。抖音和罗永浩还没有直播就已经有了 1 500 万元的进账。罗永浩从 3 月 26 日开始不断发布相关消息，抖音也给足了曝光量，让他的粉丝数量在 8 天内增长 758.9 万，足以证明抖音 4 亿日活跃用户的威力之强大。罗永浩抖音第一场直播视频截图见图 6–1。

图 6–1　罗永浩抖音第一场直播视频截图

随着罗永浩等大牌“网红”的签约入驻，抖音直播的知名度和影响力大大提升，今后势必会吸引更多企业的关注。另外，抖音依靠强大的算法机制，能够根据用户的偏好和浏览内容对用户进行精准推荐，这便于开展直播营销的企业更精准地找到目标客户。

3. 快手

快手的定位是“社会平均人”，主要用户集中在三线及以下城市。快手以下沉市场为主，直播带货的产品价格较低，但下沉市场用户的黏性极强，有助于提高转化率。而且对于下沉市场的高度渗透，快手恰恰避开了一、二线城市的流量竞争，使得快手在三线及以下城市的带货能力被发挥到最大。

快手直播间中有大量工厂、原产地、产业链上的主播，他们的直播内容也紧紧围绕自身属性。例如，很多主播会直播自家的果园、店面，强调产品源自“自家工厂”。这种直接展现产品源头、产品产地的卖货方式，可以让消费者对产品有更直观的了解，从而提升他们对产品的好感度和忠诚度。

淘宝、抖音、快手 3 个直播营销平台的比较如表 6–1 所示。

表 6–1　淘宝、抖音、快手直播营销平台的比较

直播平台	淘宝	抖音	快手
平台属性	电商	内容	社交 + 内容
流量来源	自身平台 + 外部内容平台	自身平台	自身平台
带货商品属性	全品类	美妆、服装等为主	百元以内低价商品为主
主要供应链	淘宝、天猫	淘宝	淘宝、天猫、京东、有赞、魔筷星选、快手小店
分成方式	在总佣金（20% ～ 35%）中，阿里妈妈、淘宝直播、直播方分成比例为 1:2:7 或 1:3:6	—	在实际推广佣金中，快手抽取 50%，但会作为“商户奖励金”返还给优质商户
估算平台抽成比例	6% ～ 14%	—	—

任务实训

1. 实训目的

通过直播营销实践，了解在抖音和快手这两个直播平台开展直播营销的不同。

2. 实训内容及步骤

（1）以小组为单位组建直播营销团队。

（2）确定直播营销的产品和直播营销方案。

（3）分别在抖音和快手这两个直播平台开展一次直播营销。

（4）提交直播营销方案、直播营销的视频记录。

（5）撰写抖音直播营销与快手直播营销的对比分析报告。作业提交之后，同学间相互评价、打分，最后挑选出最佳者在班级做分享。

3. 实训成果

实训作业：抖音直播营销与快手直播营销的对比分析。

任务 6.3　熟悉直播营销的方式与活动实施

任务引入

明明在亮亮的帮助下终于开始开展直播营销了。在综合分析了各直播平台的特点之后，明明最终决定将抖音作为直播营销的平台。可作为直播新人，他该选择哪种直播方式销售自家的水蜜桃呢？后续的直播营销又该如何实施呢？

请同学们结合明明的实际情况，给予切实可行的建议方案。

相关知识

1. 直播营销的方式

微课堂

直播营销的方式与活动实施

根据直播吸引点划分，直播营销的常见方式包括颜值营销、名人或“网红”营销、利他营销、才艺营销、对比营销和采访营销等。上述营销方式特点各异，适用于不同的产品、营销场景和目标用户。企业在选择直播营销方式时，需要站在用户的角度，挑选或组合出最佳的直播营销方式。下面就对上述几种直播营销方式进行简要介绍。

1）颜值营销

直播经济中一直就有所谓的“颜值就是生产力”的说法。颜值营销的主播都是俊男靓女，男主播高大帅气，女主播肤白貌美，高颜值能吸引大量“粉丝”前往直播间围观和打赏，巨大的流量和高涨的人气是直播营销效果的保障。

2）名人或“网红”营销

名人和“网红”是粉丝们追随、模仿的对象，他们的一举一动都会受到粉丝的关注。因此，当名人或“网红”出现在直播间中与粉丝互动时，经常会出现人气高涨的盛况。例如，知名影视演员 L 在 2020 年 5 月 14 日走进淘宝直播间首次带货直播，如图 6–2 所示。在短短 3 小时的直播里，累计观看人数超过 2 100 万人，最高单品浏览人次达 393 万次，商品售罄率达 90%，交易总额超过 1.48 亿元。

图 6–2　演员 L 带货直播现场截图

一般来说，这种直播营销方式投入高、出货量大，需要企业有充足的经费预算并有很强的备货能力。但是，有时高投入也未必能带来高产出。例如，某企业花费60万元请某名人直播代言，结果仅仅卖出去5万元商品，而且还有一部分卖出去的产品被退货，企业损失惨重。因此，企业应在预算范围内，尽可能选择那些最贴合产品及消费者属性的名人进行合作。

阅读资料

健全“网红”产品监管体系 “网红”带货亟待规范

在新经济快速发展的背景下，如何保障产品质量？如何让消费者拥有放心的购物体验？“数据和流量造假”该如何监管？这些问题都需要多方共同努力。

根据《中华人民共和国广告法》相关规定,“网红带货”仍然属于一种广告行为，受《中华人民共和国广告法》的规范与约束。对平台而言，若开放商家入驻功能，允许经营者开展经营活动，便兼具了电商平台属性，要受《中华人民共和国电子商务法》约束。

中国人民大学教授刘俊海说:“‘网红’带货同样受到广告法的约束，虽然不同于传统广告，但这种行为如果完全符合替商家宣传商品并因此获利等要件，就要受到《中华人民共和国广告法》的规制。”一旦“带货”的产品出现质量问题，除对厂商要责罚外，这些“网红”和网络平台同样要承担相应责任。对于那些知假卖假，甚至直接参与制假的网红，更会触及刑法等法律红线。

哈尔滨师范大学副教授崔修建建议，对于误导消费者的“网红带货”，相关部门应该合力进行杜绝。对于“网红带货”可以遵照《中华人民共和国广告法》，加强对“网红带货”的监管和制约，不仅监管产品质量，还要监管“网红”的代言行为，“网红”不能只是追求经济效益而忽视产品质量。同时，带货“网红”要加强自律性，不能违规夸大宣传，甚至推销一些不合规、不合法的产品。如果对商品的描述存在夸大性，对消费者造成一定损失的“网红”，应该承担相应的法律责任。《中华人民共和国电子商务法》让电商行业正式有法可依，也标志着电商被国家和法律认可。希望将来也有一部能够真正约束“网红带货”的法律性文件，让好的商品真正走进千家万户。

作为消费者的我们，不要盲目相信“网红”，需加强自身的维权意识和辨别能力，别为了“尝鲜”“跟风”而掉进“消费陷阱”。

3）利他营销

直播中常见的利他行为是主播进行知识和技能分享，以帮助观众学习生活技能或提高动手能力。利他营销主要适用于美妆护肤类及服装搭配类产品，如淘宝主播“某某”经常使用某品牌的化妆品向观众展示化妆技巧，在让观众学习美妆知识的同时增加产品曝光度。

4）才艺营销

直播间是才艺主播的展示舞台，无论主播是否有名气，只要才艺过硬，就可以吸引大量的粉丝围观。才艺营销适用于展现表演才艺所使用的工具类产品，如钢琴才艺表演需要使用钢琴，钢琴生产企业就可以与有钢琴演奏才能的直播达人合作开展营销活动。

5）对比营销

对比营销是指主播通过与上一代产品或主要竞品做对比分析，直观地展示产品的优点，从而说服大家购买其推荐的产品。对比营销是一种非常有效的营销方式，在直播营销时被广泛采用。

6）采访营销

采访营销指主持人采访嘉宾、路人、专家等，以互动的形式，通过他人的立场阐述对产品的看法。采访嘉宾有助于增加产品的影响力，采访专家有助于提升产品的权威性，采访路人有助于拉近产品与观众之间的距离。

课堂讨论

你所了解的直播营销方式还有哪些？各有何特点？

2. 直播营销活动的实施

直播营销需要系统的策划，合理地安排各阶段活动。在开展直播营销之前，企业应首先确定直播营销目标并拟订直播营销计划，接下来设计直播方案，然后进行在线直播，最后对活动效果进行评价和总结。主播需要熟练掌握直播开场、直播过程和直播结尾的技巧。例如，在直播开场时，主播可以通过讲述趣味性的小故事或提出引人深思的小问题，引起观众的兴趣，与观众互动为直播活动营造良好的氛围。在直播环节，主播除了全方位展示产品之外，还应设计一些抽奖、赠送礼物等活动来回馈观众，以活跃气氛，提升直播间的人气。在直播活动结束之前，主播应再次引导观众采取行动购买产品和关注企业，并约定下一次直播的时间。需要注意的是，直播营销的实质是粉丝营销，因此在营销活动的整个过程中主播都应做好吸引粉丝和维护粉丝的工作。

任务实训

1. 实训目的

了解直播营销的方式，并分析不同直播营销方式的优缺点。

2. 实训内容及步骤

（1）以小组为单位组建任务实训团队。
（2）收集相关资料，分析各直播营销方式的特点。
（3）撰写分析报告，并做成 PPT 进行展示。
（4）在班级进行评选，教师给出各小组的实训成绩。

3. 实训成果

实训作业：不同直播营销方式的优缺点分析。

练习题

一、单选题

1.（ ）致力于打造年轻人的音乐短视频社区，用户以一、二线城市青年为主，原本直播带货能力相对弱一些。

A. 苏宁易购 B. 蘑菇街 C. 快手 D. 抖音

2.（ ）定位是“社会平均人”，主要用户集中在三线及以下城市。

A. 快手 B. 抖音 C. 哔哩哔哩 D. 微视

3.（ ）直播间中有大量工厂、原产地、产业链上的主播，他们的直播内容也紧紧围绕自身属性。

A. 抖音 B. YY C. 西瓜视频 D. 快手

4. 一般来说，（ ）的投入高、出货量大，需要企业有充足的经费预算并有很强的备货能力。

A. 颜值营销 B. 名人或网红营销 C. 利他营销 D. 才艺营销

5.（ ）主要适用于美妆护肤类及服装搭配类产品，如淘宝主播“某某”经常使用某品牌的化妆品向观众展示化妆技巧，在让观众学习美妆知识的同时增加产品曝光度。

A. 采访营销 B. 名人或网红营销 C. 利他营销 D. 对比营销

二、多选题

1. 淘宝直播最大的带货品类是服装，其次是美妆，最后是（ ）等。

A. 母婴用品 B. 珠宝 C. 图书
D. 美食 E. 汽车

2. 淘宝直播平台的头部主播达人是（ ）。

A. 散打哥 B. 罗永浩 C. 薇娅
D. 李佳琦 E. papi 酱

3. 直播营销的 4 个要素包括（ ）。

A. 场景 B. 人物 C. 产品
D. 广告 E. 创意

4. 下列属于直播平台第一梯队的有（ ）。

A. 小红书 B. 淘宝 C. 抖音
D. 斗鱼直播 E. 快手

5. 根据直播吸引点划分，直播营销的常见方式包括（ ）。

A. 采访营销 B. 名人或网红营销 C. 草根营销
D. 才艺营销 E. 对比营销

三、名词解释

1. 网络直播 2. 直播营销 3. 对比营销 4. 采访直播 5. 利他营销

四、简答及论述题

1. 直播营销的优势主要有哪些？

2. 直播平台前三梯队各有哪些平台？

3. 抖音和快手的平台定位有何差异？

4. 试论述直播营销的方式。

5. 试论述直播营销活动的实施。

案例讨论

多方混战“6·18”，直播电商“C位”出道

“6·18”年年有，但2020年的“6·18”比往年的都特别，或者说更被寄予厚望。

尤其是在全球新冠疫情尚未出现拐点的形势下，大到全球的经济发展，小到老百姓的钱袋子，都会产生不可估量的变化。而在这样的情况下，“6·18”是极为重要的环节，作为新冠疫情缓解后的首个大型线上购物节，正是消费者释放消费欲望的时机。尤其是对传统电商来说，相对于寄望隆重的“双11”，他们更希望在年中时就能够最大限度地拉动消费。

事实上，从上线各项助力企业复工复产的措施，到联合地方政府发放消费券，各大电商平台一直肩负着促进消费的重任。2020年的“6·18”，各大平台均给出更大优惠力度，推出各种补贴措施，希望促进新冠疫情后的消费加速恢复。

天猫撒下百亿元补贴，表态要让“6·18”成为上半年的“双11”；京东的投入超过历年，称要将2020年的“6·18”打造成有史以来最有意义的“6·18”；拼多多更是表示将再加码百亿元补贴等。并且各大平台还开展发放消费券、免息、降价、打折等优惠活动。

对比往年我们可以发现，2020年的“6·18”，各大平台的优惠力度之大是前所未有的，可以说是更加直接地用优惠和低价去揽客。除了优惠力度加大外，与往年更加不同的是，2020年入局“参战”的“选手”不仅有所增加而且实力不容小觑，促销方式也有所创新，包括直播带货、举办晚会等。

目前，一个很明显的事实是，中国电商市场增长呈放缓态势，电商用户逐渐触及天花板，电商红利逐渐消失，推出促销节日、创新促销节日内容与形式成为电商平台降低获客成本、增加收益的关键手段。

随着“6·18”电商大促从最开始由京东主导，到现在玩法不断增多，参与“6·18”的平台从综合电商延伸至各垂直类别的电商平台，“6·18”已成为行业现象。

近年来，外界一直将电商行业形容成“猫狗拼”三分天下，即淘宝、京东、拼多多三者占有绝对的优势。但2020年以来，经过大半年的持续火爆，直播电商终于走上电商行业的“C位”（中心位），“6·18”成了直播电商的“第一场公演”。入局的选手们分别是老将淘宝、京东，挑战者拼多多，以及新到让拼多多都莫名成了“过来人”的抖音和快手。“6·18”不再是淘宝、京东、拼多多的三角戏，而是五方“混战”。

多方混战，有人喜欢单枪匹马，自然也有人喜欢联盟。快手和京东就组成了联盟。2020年5月，快手就宣布联手京东，要为平台主播打造选品库。具体而言，用户在快手购买京东商品时，将不再需要跳转，可在App内直接完成购买，并能享受京东的配送、售后等服务。

值得一提的是，这次联合推出“双百亿补贴”就是京东、快手“联姻”后的第一个大动作。而此次与快手的深度合作，无疑是京东对下沉市场用户更大范围及更深度的触达。在2020年6月16日，京东、快手首场直播带货专场销售额便达到了14.2亿元。另一位“选手”

抖音和苏宁易购达成深度合作的消息也一度被广泛传播。

无论是单干还是联盟，这个“6·18”最核心的角色无疑还都是直播电商，用时下流行的网络用语来形容，就是直播电商站稳了“C位”。

一直以来，优惠折扣的大促是“6·18”电商引流的基本模式。调查结果也显示，40.2%的受访者认为优惠折扣是他们在电商平台购买的重要动力，而49.6%的受访者更是认为更多的优惠可以增强他们的购买欲望。

但是，随着用户在电商场景的需求不断衍生，单一的优惠玩法的吸引力是有限的，各类社交、内容玩法开始受到众多电商平台的追捧，直播、短视频成了电商流量的新入口。64.3%的受访者表示可以接受直播推广的模式，并且有42.5%的受访者认为普通用户的直播更能激发他们的消费欲望。

直播就像是一束光，稳稳地打在各路平台、商家、主播以及品牌的身上，使各大主角备受瞩目，屡创销售神话。尤其是在新冠疫情的影响下，“宅经济”爆火，直播电商的发展可谓如日中天。

艾媒咨询数据显示，2019年中国直播电商市场规模达到4 338亿元，另据2020年10月20日毕马威联合阿里研究院发布的研究报告《迈向万亿市场的直播电商》预计，2020年直播电商整体规模将突破万亿元，达到10 500亿元，2021年直播电商规模将扩大至2.0万亿元。

面对近万亿元的蓝海市场，各大平台都深谙其道。例如，淘宝作为早期入局的玩家，自身拥有强大的公域流量池，并且拥有较为强大的供应链能力支撑，因而享受了直播电商早期爆发的红利。在此次“6·18”期间，淘宝聚集了300位名人、600位总裁、“1万+”线下门店、“5万+”“柜哥”和“柜姐”进行直播。仅2020年6月1日一天，淘宝直播引导成交支付金额就超过了51亿元。

京东也有超百位名人参与直播，期间更配有草莓音乐节、前浪演唱会等直播活动。“6·18”开始两分钟，京东直播带货销售额已破亿元。

此外，抖音、快手等平台也通过名人直播，加码争夺“6·18”期间的流量。无论是否联盟，新入局者抖音和快手的实力都是不容小觑的。

2019年，抖音平台直播交易额约为1 000亿元，快手直播交易额为600亿～800亿元，是披露的直播收入较高的内容平台。一直以来，抖音和快手布局直播电商的力度、速度、广度和效果都远超过其他内容平台，因而目前位于内容类直播平台的第一梯队。

不过，有光的地方就有阴影。随着直播电商行业的火爆发展，一些行业乱象也随之产生，如产品质量不过关、带货数据虚假、夸大宣传、售后难以保证等。而头部主播屡屡刷新的带货战绩吸引了众多追随者涌入，这就强化了整个行业的浮躁气息。

再者，虽然“6·18”大促期间各电商平台都在注重通过降价或优惠活动吸引消费者，但“6·18”电商大促的根本意义是将消费者长期留存在平台上，单纯的降价优惠并非“6·18”的关键。电商平台在吸引消费者的基础上，需要在服务、产品质量保障上给予消费者更好的购物体验。

总的来说，2020年的“6·18”相比往年被寄予了更大的期望，担负起了促进消费的重任，而在直播电商发展火热的情况下，也显得尤为特别。抖音、快手带着直播电商等标签入局，加剧平台间的竞争的同时，也为2020年的“6·18”增加了很多看点。其实，无论是哪种玩法，长期来看，唯有为消费者提供真正实惠的价格和折扣，才能有效发挥促销节日的作用，助力平台用户的增长。

艾媒咨询创始人张毅认为，直播电商也好，短视频电商也好，不管哪种形式，其本质还是电商。所以消费者要买东西，还是要选择好电商平台本身。

思考讨论题

结合本材料，请对我国当前直播电商的发展现状进行评述，并对直播电商未来的发展趋势做出展望。

学生工作页

项目6 直播营销

任务	分析直播营销的成功案例				
班级		学号		姓名	

本任务要达到的目标要求：

1. 提升学生案例分析能力。
2. 帮助学生加深对直播营销的认识。
3. 学习借鉴成功的直播营销策略。

能力训练

前几年，GD 夫妇凭借传神的收租段子进入大众的视野，之后一直保持着稳定的更新频率，在全网收获了不少粉丝，但他们的主阵地是抖音，目前在该平台已经积累了超过5 900 万粉丝，属于抖音的头部网红，同时也是无忧传媒的头部达人。

现在 GD 夫妇也做起了带货主播，主要聚焦护肤美妆、家居和食品等品类的商品，并且做得有声有色，带货销售额多次刷新抖音平台的纪录。GD 夫妇在直播首秀中，短短3 小时，直播间的商品就被一售而空。2022 年仅凭着“美妆护肤”这一个赛道，GD 夫妇就创造了超过 1 000 元的平均客单价，一场直播销售 7 亿元，更是创下了同期抖音单场销售额最高的场次纪录。

扫描二维码阅读案例全文，然后回答如下问题。

案例

GD 夫妇：抓住每次大促机会，内容货架共同增长

1. 结合案例，请分析 GD 夫妇成功的原因。

2. 请结合相关资料，分析网络红人进入电商直播赛道，进行直播带货的优势与可能会出现的问题。

学生评述

完成任务的心得与体会：

教师评价

项目7 短视频营销

学习目标

【知识目标】

（1）理解短视频及短视频营销的概念。

（2）了解短视频营销兴起的条件。

（3）熟悉短视频营销产业链。

（4）熟悉短视频营销的模式与形式。

（5）熟悉主要的短视频平台。

【技能目标】

（1）能够完成短视频营销策划方案。

（2）能够为企业制定短视频营销实施策略。

（3）能够掌握短视频营销的基本技巧。

【素质目标】

（1）树立正确的短视频营销理念。

（2）培养对短视频营销的学习兴趣。

（3）提升法律意识，依法开展短视频营销活动。

项目情境导入

短视频内容的优劣对短视频营销成功与否至关重要。在2020年五四青年节到来之际，短视频平台哔哩哔哩（bilibili，又称B站）发布了献给新一代的演讲——《后浪》，视频预播海报见图7-1。在视频中，著名演员何冰登台演讲，在激情有力的声音中,《后浪》犹如给青年们的一封信，激荡起青春之声。

图7-1 《后浪》在B站上的预播海报

演讲中，例如“所有的知识、见识、智

慧和艺术，像是专门为你们准备的礼物”“从小你们就在自由探索自己的兴趣”“年轻的身体，容得下更多元的文化、审美和价值观”“……这是最好的时代，这也是最好的青春”，这样振奋人心的语句比比皆是，如同B站与青年们的一次对话，让人沉思青春的价值、成长的意义。正因如此，《后浪》获得了大量弹幕，见图7–2。

图7–2 《后浪》获得了大量弹幕

回顾《后浪》刷屏轨迹，在没有任何“预热”的情况下，2020年5月3日B站直接上线《后浪》视频，并联合央视新闻、光明日报等媒体共同发布。随后，《后浪》广告片出现在中央频道。微博中各类大V迅速转发，在短视频平台中“后浪”和“奔涌吧，后浪”标签出现，并引发诸多二次创作。截至5月9日，《后浪》在B站的播放量已超过1 500万，“献给新一代的演讲”话题在微博中阅读量超5亿次，在抖音平台中，“后浪”话题已获得1 326万+次阅读。

无论从哪个方面评定，《后浪》的发布无疑为B站破圈立下了汗马功劳，成了一次可圈可点的视频营销。重磅的正能量内容，加上媒体的集合曝光，为视频内容的传播夯实了基础，也让B站辐射到不同层面的用户。不得不承认，《后浪》成功了，B站也成功了。

问题：随着网络红利的逐渐消失，开展网络营销的企业要想获得网络用户的关注变得越来越难。如今，短视频平台的兴起为企业获取流量、提高用户转化率提供了难得的机遇。请问，短视频营销兴起的条件是什么？如何开展短视频营销？本案例给我们的启示是什么？

项目分析

在当前网络流量红利日渐消逝、网民注意力日趋分散的背景下，如何在短时间内引起用户关注，如何提高用户转化率已成为企业开展网络营销的关键所在。随着移动互联网技术的成熟与发展，以抖音、快手和B站等为代表的短视频平台开始崛起，推动了短视频营销的飞速发展。

那么，什么是短视频营销？短视频营销有哪些优势？主要的短视频平台有哪些？主流的短视频平台各有何特点？短视频营销该如何实施？可采取的策略有哪些？本项目将分别对以上问题进行解答。

任务 7.1 认识短视频及短视频营销

任务引入

做宠物店生意的小振近期自学了网络营销的课程，课程中的短视频营销深深地吸引了他。回想起自己在刷抖音和快手时经常可以看到宠物店拍摄的短视频，他意识到通过短视频开展宠物营销绝对是一大商机。

小振虽然自学了短视频营销，但了解得还不够深入，更没有实践经验，要开展短视频营销谈何容易？

请问，如果你是小振，你该做好哪些准备？

相关知识

1. 短视频的概念

短视频是指在各种新媒体平台上播放的，适合在移动状态和短时间休闲状态下观看的高频推送、时长从几秒钟到几分钟不等的视频。短视频是一个相对的称谓，与之对应的是长视频。长视频的时长一般不低于30分钟，主要由专业的公司制作完成，其特点是投入大、成本高且拍摄时间较长。长视频涉及的领域广泛，典型的表现形式是影视剧。长视频的传播速度相对较慢而且社交属性较弱，短视频则与之有很大的不同。首先，为了充分利用用户的碎片化时间，短视频的时长一般较短。其次，短视频的创作门槛低，非专业人士也能制作，非常有利于网络用户的积极参与。最后，短视频的内容聚焦于技能分享、幽默搞笑、时尚潮流、街头采访、公益教育等人们感兴趣或关心的话题，因此，短视频很容易被用户观看和分享，传播速度快，社交属性强。

阅读资料

短视频未来的发展趋势

随着行业的快速发展，更多的平台和营销者纷纷“入局”，短视频的覆盖范围急速扩张，影响力也越来越大。短视频依托4G移动网络技术，用户规模增长迅速。随着5G移动网络技术的介入，移动端的网速将大幅提升，费用将不断下降，这些变化将极大地推动短视频的发展。未来还可通过智能技术和虚拟现实技术的应用，提升短视频的内容丰富度和用户交互度。

1. 短视频行业热度不减，市场规模仍将维持高速增长

短视频作为新型媒介载体，能够为众多行业注入新活力，当前行业仍处在商业化道路探索初期，行业价值有待进一步挖掘。随着短视频平台方发展得更加规范、内容制作方出品质量逐渐提高，短视频与各行业的融合会越来越深入，市场规模也将维持高速增长态势。

2. MCN 机构竞争加剧，内容趋向垂直化、场景化

当行业发展趋于成熟，平台补贴逐渐缩减，MCN机构的准入门槛及生存门槛都将提升，机构在抢夺资源方面的竞争日益加剧。通过场景化、垂直化的内容进行差异化竞争将是众多 MCN 机构的主要策略。

3. 短视频存量用户价值凸显，稳定的商业模式是关键

目前，大部分短视频平台基本完成用户积淀，未来用户数量难以出现爆发式增长，平台的商业价值将从流量用户的增长向单个用户的深度价值挖掘调整，然而，用户价值的持续输出、传导、实现离不开完善、稳定的商业模式。

4. 短视频营销更加成熟，跨界整合是常态

短视频营销在原生内容和表现形式方面的创新和突破更加成熟化，跨界整合也将成为常态。通过产品跨界、渠道跨界、文化跨界等多种方式，将各自品牌的特点和优势进行融合，突破传统固化的界限，发挥各自在不同领域的优势，从多个角度诠释品牌价值，加强用户对品牌的感知度，并借助短视频的传播和社交属性，提升营销效果。

5. 短视频平台价值观逐渐形成，行业标准不断完善

行业乱象频发凸显了短视频平台在发展过程中存在的缺陷和不足，倒逼其反思自身应当肩负的社会责任。随着技术的不断进步以及社会各界的持续监督，短视频平台价值观也将逐渐形成和确立，行业标准不断完善。

6. 新兴技术助力短视频平台降低运营成本、提升用户体验

5G 商用加速落地，会给短视频行业带来一波强动力，加速推进行业发展。人工智能技术的应用有助于提升短视频平台的审核效率，降低运营成本，提升用户体验，同时能协助平台更好地洞察用户、更快地推进商业化进程。

2. 短视频的发展历程

短视频在我国的发展大致可以分为以下 5 个阶段。

第一阶段，萌芽期（2011 年）：2011 年 3 月，“GIF 快手”出现，其最初是一款用来制作、分享 GIF 图片的手机应用。2011 年 11 月，“GIF 快手”转型为短视频社区，给我们带来了新奇的产品体验，但此时并没有形成市场规模，短视频发展还处在萌芽时期。

第二阶段，蓄势期（2012—2015 年）：美拍、秒拍、微视以及小咖秀等短视频平台的出现，让短视频产品进一步完善，市场规模不断扩大。

第三阶段，爆发期（2016—2017 年）：抖音凭借算法等技术以及头条产品导流横空出世，各大互联网巨头开始布局短视频展开争夺，以抖音、快手为代表的短视频获得了许多资本的投资青睐，其间也有依靠短视频爆火的 papi 酱掀起了自媒体入局短视频的浪潮，最终在众多的短视频 App 中，形成“南抖音北快手”的局面，短视频行业也进入高速发展时期。

第四阶段，成熟期（2018—2019 年）：抖音、快手头部优势明显，进一步拓展新业务，开始进入直播电商领域，商业变现模式也逐渐成熟，用户数量快速增长。

第五阶段，沉淀期（2020 年至今）：进入 2020 年，短视频行业已经进入沉淀期，新进入赛道的平台发展难度逐渐加大。而头部平台的规模优势显现，并且相继寻求资本化道路，行业竞争格局分明。

总体来说，短视频行业已发展得非常成熟，形成了一套完整的产业链，头部产品抖音和快手在保持核心业务稳步提升的前提下也在探索其他新机会。

我国短视频行业发展情况如图 7–3 所示。

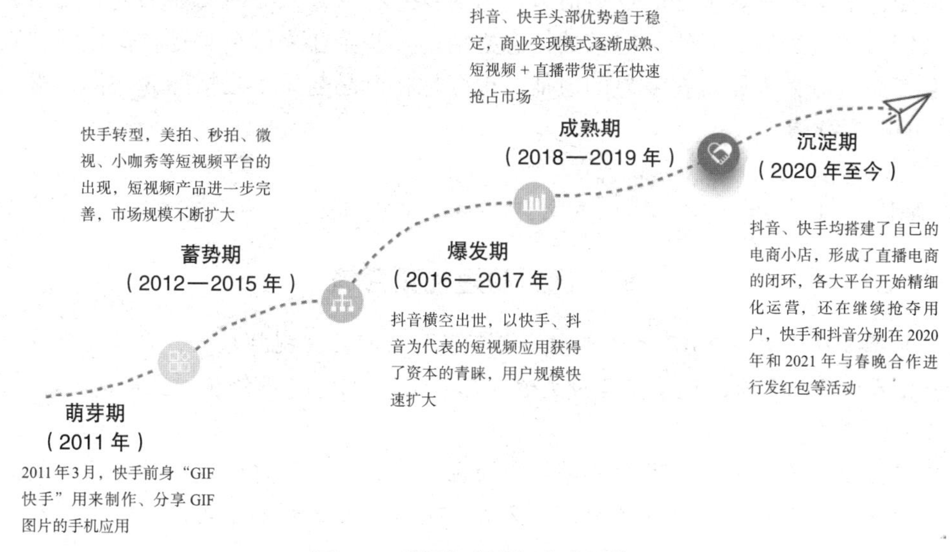

图 7–3 我国短视频行业发展情况

3. 短视频营销的概念

短视频营销是指企业或个人，借助短视频平台，通过发布优质内容的短视频以吸引粉丝、推广品牌、宣传产品等，最终实现促进产品销售的目的的营销活动。作为随着移动互联网发展并借助短视频兴起而诞生的一种新型的网络营销方式，短视频营销具有成本低、目标精准、互动性好、传播迅速、冲击力强以及营销效果容易预测和评估等优势，因而在当前的网络营销实践中被越来越广泛地采用。未来，短视频营销将注定成为碎片化信息时代的主流营销形式。

4. 短视频营销兴起的条件

短视频营销的兴起，离不开网络环境的改善、视频制作技术和大数据技术的支持。在网络环境方面，不断迭代优化的数据传输速度和网络环境降低了用户的使用成本，提升了短视频播放的流畅度，为用户带来了更加优质稳定的使用体验，这为基于移动数据端的短视频营销提供了最基础的保障。在视频制作技术方面，人脸识别技术和增强现实（AR）等技术的应用，为短视频的制作提供了更多的创意发挥空间。在大数据技术支持方面，通过大数据算法实现的智能推荐技术，能够更好地实现短视频营销内容与用户的精准匹配。

5. 短视频营销的模式

短视频的营销模式主要有广告植入式、场景式以及情感共鸣式等。广告植入式营销比较好理解，即在短视频中植入广告，将广告通过短视频传播给目标受众，以实现宣传品牌和促进销售的目的的一种营销方式。场景式营销是指开展短视频营销的企业，通过在短视频中营造特定的购物场景，给用户以身临其境的感受，并在线与感兴趣的用户实时互动，从而达到营销目的的一种新的网络营销方式。情感共鸣式营销是指企业从消费者的情感需求出发，借助短视频引发用户情感的共鸣与反思，从而实现寓情感于营销之中的一种营销方式。例如，中国人有着很深的乡愁情节，因为乡愁不仅是人们对家乡的怀念之情，而且蕴含着人们对过去美好的时光、情景的怀念之情。一些企业采用乡愁题材创作短视频，将购买家乡产品塑造为人们寄托乡愁的象征，很好地将产品与思乡之情融为一体，极大地促进了用户的购买欲望。

案例分析

每日优鲜的短视频营销

生鲜电商每日优鲜在2018年新年期间发布了自己的品牌视频广告，在获得关注后，携手某社会化媒体资源平台，邀请了4位关键意见领袖（KOL），围绕传播主题进行二次创作，实现了又一轮传播。

其短视频以“为爱优选，家常不寻常”为主题，将每日优鲜的代表性商品黄花鱼、粳稻米、车厘子融入内容，通过细腻的表达方式，促进每日优鲜知名度的增长，在目标用户中得到了迅速传播。

4位KOL在原视频基础上进行了二次解读和创作，拍摄了4个短视频。

第一个视频围绕“答应女孩子的事，无论付出多大代价都要做到”的主题，构思了一个为了保证自己妻子吃到新鲜车厘子而与人“混战”的故事，视频内容幽默搞笑，充满创意，视频的播放量超过700万。

第二个视频的主角走访了国外一家养老院，探望中国老人，并带去了家乡的黄花鱼和大米，给养老院的中国老人带来了春节惊喜，与每日优鲜的“为爱优选”相呼应。该视频获得了微博小时榜第2名、微博总榜第10名的好成绩。

第三个视频的故事情节是儿子在城市中每日忙碌地工作，而父亲独自一人留守农村，过着粗茶淡饭的生活，每日优鲜成了父子团聚的一个纽带，粳稻米、黄花鱼等家常食材展现了饭桌上的父子情深。在视频传播期间，视频播放量超过1 300万。

第四个视频的内容为3种智利车厘子的创意美食做法，将美食与家庭的爱融合，用趣味的方式展现与家人一起制作而诞生的美食，与每日优鲜“为爱优选，家常不寻常”的主题相呼应。在视频传播期间，视频播放量超过855万。

案例分析： 每日优鲜此次短视频营销取得成功的原因在于4个视频的拍摄质量、画面和剪辑等方面都非常优秀，选择的4位KOL具有影响力和热度，并且在原视频的基础上进行解读，内容各有亮点，通过故事演绎、美食教学等方式，让每日优鲜以内容定制、口播、植入等形式进行了传播，涵盖了短视频营销的多种手段，品牌展示更突出。

任务实训

1. 实训目的

熟悉开展短视频营销活动的前期准备工作。

2. 实训内容及步骤

（1）以小组为单位，成立任务团队。

（2）确定短视频营销活动的目标与主题。

（3）收集相关资料，经分析、讨论之后撰写《某产品短视频营销活动开展的前期准备工作方案》。

（4）提交作业，由老师进行评分，最佳团队将在班级分享作业。

3. 实训成果

实训作业：某产品短视频营销活动开展的前期准备工作方案。

任务 7.2　了解主要的短视频平台

任务引入

通过对短视频营销的进一步了解，宠物店老板小振最终决定要开展短视频营销了。小振的宠物店主要是售卖各种宠物猫和宠物狗，同时售卖猫粮、狗粮及其他与猫、狗饲养相关的物品。小振清楚，拍摄出精美的短视频只是开展短视频营销活动的基础，下一步还要选择最适合的短视频平台来进行发布。面对众多的短视频平台，小振该如何选择呢？

请同学们根据小振的实际情况，结合各主要短视频平台的特点，为其提供相关建议。

相关知识

1. 抖音

抖音是北京字节跳动科技有限公司旗下的一个专注年轻人音乐短视频分享的平台，用户可以在该平台上选择歌曲，拍摄音乐短视频，形成自己的作品。自 2016 年 9 月正式上线以来，抖音发展迅猛。2017 年 8 月，抖音海外版上线。2017 年 11 月，今日头条以 10 亿美元收购美国知名短视频网站 Musical.ly，交易后今日头条将其与抖音海外版合并。2019 年 12 月，抖音入选“2019 中国品牌强国盛典榜样 100 品牌”。2020 年 1 月 8 日，火山小视频和抖音正式宣布品牌整合升级，火山小视频更名为抖音火山版，并启用全新图标。

2020 年 4 月 21 日，QuestMobile 发布的《2020 中国移动互联网春季大报告》显示，截至 2020 年 3 月，抖音月活跃用户达 5.18 亿人，同比增长 14.7%，月人均使用时长为 1 709 分钟，同比增长 72.5%。如今，抖音已经成为短视频的头部平台。2023 年 3 月，抖音的月活跃用户已达 7.02 亿人，渗透率仍在不断提升。

在发展初期，抖音的重心是打磨产品，不断优化产品的性能和体验，如增加各种特效、滤镜、贴纸和拍摄手法，提升音质和画质，使视频加载和播放更加流畅，视频拍摄更简单和更有趣味。抖音还增加了查找通讯录好友，邀请 QQ 好友和微博好友的功能，以推动用户自发传播。在打磨产品的同时，抖音邀请了一批中国音乐短视频制作者入驻，吸收了一批关键意见领袖带来的流量。

抖音进入爆发式增长阶段后，其工作重心是运营推广，同时进一步提高产品性能，打造更帅更酷的视频玩法，给用户提供更流畅的体验。例如，抖音大手笔投资了多个综艺节目，在北京举办抖音 iDOU 夜年度狂欢嘉年华，以及联合摩拜发布首款嘻哈主题车等（如图 7–4 所示）；新增各种 3D 抖动水印效果、3D 贴纸和酷炫道具，不断提升美颜、滤镜效果，让用户制作出更完美的作品；开发抖音故事、音乐画笔、染发效果和 360 度全景视频功能，加入 AR 相机等更多有趣玩法，让用户创作出更有趣的作品。

图 7–4　抖音的线下推广活动

抖音的运营定位为年轻人的音乐短视频社区，35 岁以下用户占多数。抖音的用户大致可以分为内容生产者、内容模仿者和内容消费者 3 类。其中，内容生产者在音乐和短视频创作上有很高的热情和专业度，短视频质量较高且多为原创。内容生产者是抖音上的红人，粉丝众多，很多人背后有团队支持。他们致力于打造个人品牌，也会花精力运营粉丝社群。内容模仿者是指通过模仿比较火爆的原创短视频来推出自己作品的一部分用户。这类用户的表达意愿强烈，希望展现自我以增加知名度。还有一类用户被称为内容消费者，多数抖音用户属于这一类。他们没有什么表达的意愿，从不或很少发自制视频，刷抖音就是为了好看、有趣和打发时间。针对这 3 类不同的用户，抖音设计了多个功能，以满足用户的不同需求。例如，针对内容消费者，抖音会根据用户的喜好自动推荐用户感兴趣的作品，从而做到“你看到的都是你想看到的”，大大增强了用户的黏性。

2. 快手

快手是北京快手科技有限公司旗下的产品。快手的前身为“GIF 快手”，诞生于 2011 年 3 月，最初是一款用来制作、分享 GIF 图片的手机应用。2012 年 11 月，快手从纯粹的工具类应用转型为短视频社区，成为用户记录和分享生产、生活的平台。随着智能手机的普及和移动流量成本的下降，快手在 2015 年迎来了高速发展。

2015 年 6 月，快手用户数量突破 1 亿，完成 C 轮投资，估值 20 亿美元。2016 年 4 月，快手的注册用户数达到 3 亿。2016 年年初，快手上线直播功能，并将直播低调地放在“关注”栏里，直播在快手仅为附属功能。2017 年 3 月，快手获得 3.5 亿美元融资，由腾讯领投。2018 年 4 月，快手宣布再获新一轮 4 亿美元融资，依然由腾讯领投。2018 年 9 月 14 日，快手宣布以 5 亿元流量计划，助力 500 多个县的优质特产推广和销售，帮助当地农民致富。2018 年 9 月 21 日，快手举办首期幸福乡村说，借助农村短视频直播达人的特产销售经历，宣传“土味营销学”（如图 7–5 所示）。

图 7–5　快手幸福乡村带头人计划

2019 年 10 月 1 日，央视新闻联合快手进行“1+6”国庆阅兵多链路直播。快手官方数据显示，自 10 月 1 日早 7 时正式启用多链路直播间技术，至 12 时 50 分阅兵仪式直播结束，央视新闻联合快手“1+6”国庆阅兵多链路直播间总观看量突破 5.13 亿人次，最高同时在线人数突破 600 万。2019 年 12 月 25 日，中央广播电视总台与快手在北京举办联合发布会，正式宣布快手成为 2020 年春节联欢晚会独家互动合作伙伴。2020 年 5 月，快手与京东商城就电商直播业务达成战略合作，通过快手直播购买京东自营商品将不需要跳转。2020 年 7 月 22 日，快手大数据研究院发布《2020 快手内容生态半年报》。报告显示，2019 年 7 月至 2020 年 6 月，有 3 亿用户在快手发布作品，30 岁以下用户占比超 70%；2020 年 1—6 月快手短视频类型占比中，记录生活的作品数占比 29.8%。2019 年 12 月，快手公布直播日活跃用户数量超 1 亿，在这次报告中，该项数据已更新至 1.7 亿。截至 2023 年第二季度，快手应用的平均日活跃用户数及月活跃用户数达 3.76 亿及 6.733 亿，分别同比增长 8.3% 及 14.8%，用户规模达历史新高。

在用户爆发式增长期间，快手在产品推广上没有刻意地策划时间和活动，一直依靠短视频社区自身的用户和内容进行运营，走的是平民化的运营路线。在快手平台上，用户可以用照片和短视频记录自己的生活点滴，也可以通过直播与粉丝实时互动。快手的视频内容覆盖生活的方方面面，用户遍布全国各地。在这里，人们能找到自己喜欢的内容，找到自己感兴趣的人，看到更真实有趣的世界，也可以让世界发现真实有趣的自己。快手满足了被主流媒体和主流创业者忽视的普通人的需求，是一个为普通人提供的、记录和分享生活的平台。快手不与“网红”主播签订合作条约，不对短视频内容进行栏目分类，也不对创作者进行分类，强调人人平等，不打扰用户，是一个以短视频形式记录和分享普通人生活的平台。

因为均属于头部的短视频平台，人们常会把快手和抖音进行对比，不少人认为两者大同小异。其实在产品定位、目标用户、人群特征和运营模式方面，两者之间的差异还是很大的，如表 7–1 所示。

表 7–1 快手和抖音的对比

对比项目	快手	抖音
产品定位	记录、分享和发现生活	音乐、创意和社交
目标用户	三、四线城市和农村用户居多	一、二线城市和年轻用户居多
人群特征	自我展现意愿强，好奇心强	碎片化时间多，对音乐有一定的兴趣
运营模式	规范社区、内容把控	注重推广、扩大影响范围

资料来源：郑昊，米鹿 . 短视频策划、制作与运营 [M]. 北京：人民邮电出版社，2019.

3. 西瓜视频

西瓜视频与前面提到的抖音一样，也是字节跳动公司旗下的独立短视频平台。西瓜视频通过人工智能帮助每位用户发现自己喜欢的视频，并帮助视频创作者轻松地向全世界分享自己的视频作品。

西瓜视频的前身是头条视频，于 2016 年 5 月正式上线。2017 年 6 月 8 日，头条视频正式升级为西瓜视频。2017 年 11 月，西瓜视频用户数量突破 2 亿。2017 年 11 月 25 日，西瓜视频推出“3+X”变现计划，成立 20 亿元联合出品基金。西瓜视频负责人张楠也现场宣布推出“3+X”变现计划，包括平台分成、边开边买、直播功能、西瓜出品等，多项内容陆续上线。2018 年 2 月，西瓜视频累计用户人数超过 3 亿，日均使用时长超过 70 分钟，日均播放量超过 40 亿。2018 年 8 月，西瓜视频正式召开发布会，宣布全面进军自制综艺领域，未来一年将投入 40 亿元打造移动原生综艺 IP。截至 2020 年 8 月，西瓜视频月活跃用户数量超过 1.8 亿，月活跃创作人数超 320 万。根据 QuestMobile 发布的数据，2020 年 12 月，40.4% 的西瓜视频用户平均每日使用时长超过 30 分钟，单日使用 10 次以上的用户占 15.9%。西瓜视频人均日使用频次及日使用时长如图 7–6 所示。

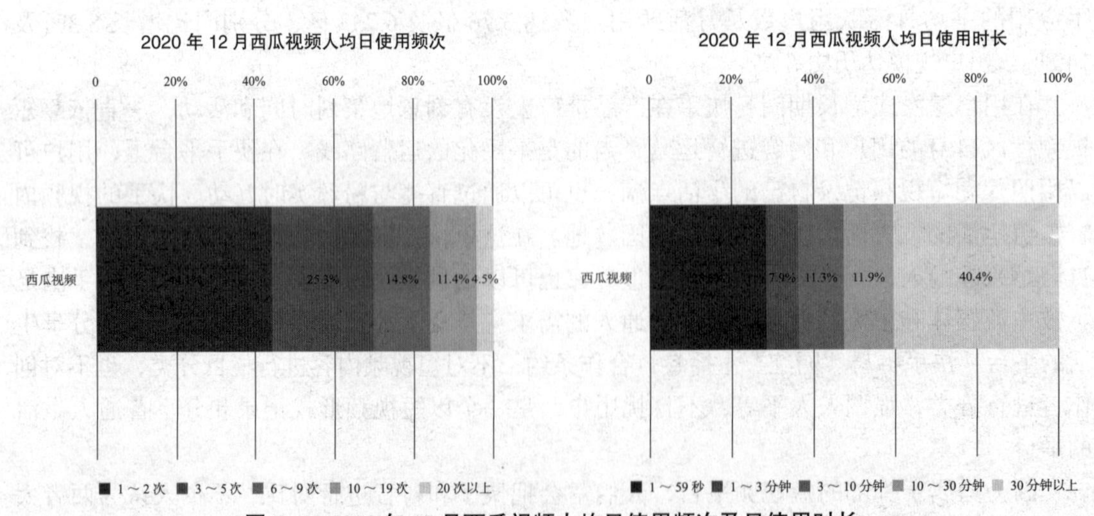

图 7–6 2020 年 12 月西瓜视频人均日使用频次及日使用时长

西瓜视频的内容以 Professionally-generated Content 短视频为主，定位是个性化推荐的聚合类短视频平台，致力于成为“最懂你”的短视频平台。其分发模式是通过算法分析用户的浏览量、观看记录、停留时间等进行视频推荐。作为今日头条花费10亿元重金打造的短视频平台，西瓜视频可谓视频版的今日头条。西瓜视频拥有众多垂直分类，专业程度较高。西瓜视频有效利用今日头条多年积累的算法模型和数据，不断提升用户画像精准度、完善分发模型，力求为用户推荐更精准的视频内容。

西瓜视频通过聚合发布短视频，累积用户流量，吸引广告主投放广告，最终通过广告收入、直播打赏和电商销售分成等方式实现流量变现。用户、创作者（播主）、广告主、平台构成了西瓜视频产业链的4个参与方。

虽然都是字节跳动公司旗下的短视频平台，但西瓜视频和抖音在运营定位上的差异还是比较大的。在用户定位方面，西瓜视频是“分享新鲜的内容给用户”，而抖音是“音乐、创意和社交”。在视频展示方面，西瓜视频采用的是横屏形式，抖音采用的是竖屏形式。在视频生态方面，西瓜视频以15分钟以内的短视频为主打，涵盖短视频、超短视频和长视频在内的全部视频生态，而抖音主要是5～15秒的短视频。在与电商合作方面，西瓜视频推出的是西瓜小店，抖音推出的则是电商小程序。西瓜视频和抖音这两个短视频平台的定位差异，是字节跳动公司全面布局短视频领域的一种策略，这样做既可以避免不必要的内部竞争，又可以更好地满足不同用户群体的需求，从而提升字节跳动公司的整体竞争实力。

4. 微视

2013年，腾讯公司推出腾讯微视，将其定位为8秒短视频分享社区。用户可以通过微信、QQ和QQ邮箱账号登陆微视。同时微视与微信、微博联动，支持分享短视频到微信对话、微信朋友圈以及腾讯微博。那时短视频还没有大火，不过腾讯微视仍凭着下载量一度稳居App Store免费榜前列。但好景不长，2014年4月，微视的视频上传和用户活跃都在下降，用户黏性降低，微视步入“瓶颈”期。2014年7月，腾讯微博事业部降级到腾讯新闻部，本来和腾讯微博一个部门的微视独立出来。2015年3月，微视产品部被降级并入腾讯视频，微视基本被边缘化，逐渐淡出人们的视野。2017年3月，腾讯宣布正式关闭微视。

随着人们获取信息的方式逐渐趋向碎片化，短视频这块“蛋糕”越做越大。短视频行业越发兴盛，社交流量开始向短视频市场转移，社交市场的存量之争使腾讯不得不再次进军短视频行业。在此情况下，腾讯开始加大补贴，重新上线腾讯微视，并实现全新改版。

任务实训

1. 实训目的

全面了解抖音、快手和西瓜视频三大平台的短视频营销模式。

2. 实训内容及步骤

（1）以小组为单位，组成任务团队。

（2）分析抖音、快手和西瓜视频三大平台上企业开展短视频营销的特点，然后进行对比分析。

（3）以小组为单位撰写对比分析报告。

（4）提交最后的研究报告，并做成 PPT 在班级进行展示。

3. 实训成果

实训作业：抖音、快手和西瓜视频短视频营销模式对比分析。

任务 7.3 熟悉短视频营销的实施流程与策略

任务引入

经过一番研究和考察，小振决定在抖音上开展短视频营销。可小振还是新手，对短视频营销策略知之甚少，发布了几条短视频后效果都不太好，浏览、点赞和关注的用户寥寥无几，小振为此苦恼不已。为了拍好视频，小振买了专业的摄影器材，自学了视频剪辑技术，他觉得自己做的视频一点都不比别人的差，为何就无人问津呢？

请同学们根据所学的知识为小振答疑解惑。

相关知识

微课堂

短视频营销的实施流程与策略

1. 短视频营销的实施流程

短视频营销的实施主要包括以下流程。第一步是确定营销目标，并在产品和市场竞争环境、市场定位、市场细分和目标市场选择分析的基础上制订短视频营销计划和营销策略。第二步是选择短视频发布的平台。在选择发布平台时应全面分析平台的定位、用户规模、用户黏性、人群特征和运营模式等，以便从中选择最适合本企业开展短视频营销的平台。第三步是制作短视频。这一阶段的具体工作包括短视频创意构思、短视频策划、短视频脚本撰写以及短视频的拍摄和短视频的后期剪辑等。第四步是传播短视频，除在短视频平台上发布外，还要充分利用其他渠道广泛传播，以提高短视频的曝光率，争取吸引更多的目标受众观看。第五步是做好粉丝的拓展与维护工作。可以采取组建粉丝交流社区、与粉丝在留言区互动、有奖转发等多种方式增强粉丝黏性。第六步是对短视频数据进行分析。包括分析短视频被平台推荐的情况、用户点击观看的次数、完播率及用户的点赞、评论和转发的情况等。这些数据是企业今后改进和优化短视频营销的重要依据。

2. 短视频营销的策略

1）短视频整合营销传播策略

整合营销是对各种营销工具、营销手段的系统化结合，注重系统化管理，强调协调统一。应用到短视频营销中的整合营销传播，不仅体现在工具和手段的整合上，还需要在整合的基础上进行内容传播。以用户为中心，以产品和服务为核心，以互联网为媒介，整合视频营销和传播的多种形式和内容，达到立体传播的效果。在通过互联网进行短视频营销的过程中，可以整合线下活动资源和媒体进行品牌传播，进一步增强营销效果。

2）短视频创意策略

短视频创意策略是一种具有创新性的营销策略，要求短视频的内容、形式等突破既有的思维方式，从构思、执行、宣传到发布的每一个环节都可以体现创意。

在内容方面，经典、有趣、轻松且具有故事性的短视频，往往更容易让用户主动分享和传播，从而形成病毒式传播。在构思短视频内容时，为了快速获得关注和热点，可以利用事件进行借势，开展事件营销。

在形式方面，如今的短视频形式非常多元化，精彩的创意内容与恰当的短视频形式相搭配，才能获得更好的传播效果。如定位格调的视频，可以采用电影版的表现形式，给用户精彩的视觉享受；定位幽默、点评的视频，可以使用脱口秀的表现形式等，以获得用户的共鸣。

3）短视频连锁传播策略

纵向连锁传播贯穿短视频的构思、制作、宣传、发布、传播每一个环节，精确抓住每一个环节的传播点，以配合相应的渠道进行推广。

横向连锁传播贯穿整个纵向传播的过程，又在每一个环节进行横向延伸，选择更多、更热门、更适合的传播平台，不局限于某一个媒体或网站，将社交平台、视频平台全部纳入横向连锁传播体系，扩大每一个纵向环节的传播策略，扩大传播深度和广度，让营销效果进一步延伸，从而实现立体化营销。

4）短视频互动体验策略

短视频互动体验策略是指在视频营销过程中，及时与用户保持互动和沟通，关注用户的体验，并根据他们的需求提供更多的体验手段。

短视频互动体验营销的前提是要有一个多样化的互动渠道，能够支持更多用户参与互动。为了提升用户的体验，需要综合设计视频表达方式，如通过镜头、画面、拍摄、构图、色彩等专业手法制作视频，为用户提供美好的视觉体验；为了拉近用户的心理距离，可以用贴心的元素、贴近用户的角度、日常生活中的素材制作视频。另外，需要通过平台与用户保持直接的互动，包括引导用户评论、转发、分享和点赞等，让用户可以通过多元化的互动平台表达自己的看法和意见。

3. 短视频营销的实施技巧

短视频营销是一种全新的营销方式，有着鲜明的特点。在开展短视频营销活动时，应用以下 3 种技巧有助于提升短视频营销的效果。

（1）与关键意见领袖深度合作，种草带货定向营销。网红经济以具有消费引导力的时尚达人为形象代表，以关键意见领袖的品位和眼光为主导，进行选款和视觉推广，在相关社交平台上吸聚流量，依托庞大的粉丝群体进行定向营销。现代年轻人热衷于“种草”和“拔草”，而关键意见领袖的意见就是他们主要的“种草来源”，关键意见领袖与品牌的深度合作往往能起到相当不错的带货效果。

例如，YSL 在某年秋冬系列口红上市期间，邀请了 10 位腾讯微视的关键意见领袖为新口红拍摄种草类短视频，并将 10 个关键意见领袖的视频做成微视合集，利用闪屏形式进行推广导流，带来了很高的商业转化率。

关键意见领袖本身就是行走的“种草机”，其通过为品牌背书，或者在视频中进行深度植入，可以加大品牌的曝光，推动受众对产品的关注，加深受众对品牌的信任与好感度，再基于好的运营，让产品成为爆款也不是难事。一些头部主播的短视频带货案例也能很好地解释这一现象。

（2）构建话题属性，推动短视频社交。短视频发展至今，功能逐渐强大，单向的传播已经满足不了受众的需求，只有具备话题属性才能引起他们的兴趣。如果品牌抓住了这样的机遇，不仅能让受众充分参与到品牌的创意中，让品牌的影响力得以延续，还能推动短视频社交的发展，让受众以“合拍视频”会友的形式，找到志同道合的群体。

例如，某运动品牌代言人H携手腾讯微视，发起斯凯奇熊猫舞挑战赛。“魔性”的熊猫舞一上线就引起粉丝的广泛讨论，各路“大神”纷纷上线与H合拍斗舞，一决高下。

（3）鼓励用户参与互动，品牌形象更易深入人心。随着短视频平台的崛起，用户的注意力已经渐渐地从文字、图片过渡到了视频。就连我国重要的社交产品微信也推出了小视频功能，这说明视频时代已经到来。认识到这一趋势后，M手机就在美拍里鼓励用户“卖萌”，而且要求极其简单，用户发送短视频并加话题“卖萌不可耻”即可参与，同时要求用户关注M手机的美拍官方账号。在短短几天内，“卖萌不可耻”话题的相关美拍视频播放量就突破了1 000万次。

M手机通过激发美拍用户积极参与创作内容，使品牌形象更深入人心，引发的用户原创内容（user generated content，UGC）模式为M手机的品牌营销起到了强有力的曝光作用。

而在腾讯微视平台上，M手机同样发布了几个短视频。这些短视频有一个共同点：将产品融入创意的整体。这样会引发受众更多的联想，如用品牌名称来做联想创意。这些短视频不仅吸引了用户的注意，也增加了M品牌与用户群体的互动。

由于短视频这一载体的特殊性，短视频营销的角色不再拘泥于以往的“品牌”或者“代言人”。品牌也可以是话题的发起者、参与者，因此品牌的植入可以做到更加自然和隐性，也给品牌留下了广阔的营销发挥空间。在形式和内容上，短视频较之传统图文富有更旺盛的生命力。在千禧一代的网络目标受众中，这种新兴的媒体形式更易抓取他们日益分散的注意力，并吸引他们参与营销。

在如今的移动端时代，短视频营销已经一跃成为时代的宠儿。短视频营销在传播力方面有巨大的优势，在保持自身长处的同时，能充分吸收其他媒体的特点，成为集百家之长的新兴营销载体，是整个互联网生态链的重要一环。

企业或品牌在实操过程中如果能打造足够有创意的作品，就完全可以实现“单点投放、全网裂变”的传播效果。持续化、深度化地投入短视频营销，相信会有更多的企业、品牌从中获利，曝光也好，流量也好，带货也好，都是必然导向。

同时，无论是何种形式的营销，其前提都是依靠好的内容，“内容为王”仍然是准则，所以在短视频领域，内容精品化将是一个长期趋势。另外，在市场趋势下，短视频如何与其他业态融合发展，如何通过多种多样的玩法实现营销的效果最大化，也是品牌方需要思考的。

任务实训

1. 实训目的

熟悉短视频营销的策略，并分析不同短视频营销策略的优缺点。

2. 实训内容及步骤

（1）以小组为单位组建任务实训团队。
（2）收集相关资料，分析短视频营销的主要策略。
（3）撰写分析报告，并做成 PPT 进行展示。
（4）由教师给出实训成绩，作为本课程的平时成绩之一。

3. 实训成果

实训作业：不同短视频营销策略的优缺点分析。

练习题

一、单选题

1. 长视频的时长一般不低于（　　），主要由专业的公司制作完成。
   A. 5 分钟　B. 15 分钟　C. 30 分钟　D. 45 分钟
2. 在发展初期（　　）的重心是打磨产品，不断优化产品的性能和体验。
   A. 西瓜视频　B. 抖音　C. 快手　D. 微视
3.（　　）的运营定位为年轻人的音乐短视频社区，35 岁以下用户占比接近 80%。
   A. 快手　B. 微视　C. B 站　D. 抖音
4.（　　）诞生于 2011 年 3 月，最初是一款用来制作、分享 GIF 图片的手机应用。
   A. 抖音　B. 微视　C. 西瓜视频　D. 快手
5. 短视频营销的首要流程是（　　）。
   A. 制作短视频　B. 确定营销目标　C. 选择发布平台　D. 传播短视频

二、多选题

1. 短视频的内容聚焦于（　　）等人们感兴趣或关心的话题。
   A. 技能分享　B. 幽默搞笑　C. 时尚潮流
   D. 街头采访　E. 公益教育
2. 短视频具有（　　）等优势，因而在当前的网络营销实践中被越来越广泛地采用。
   A. 成本低　B. 目标精准　C. 互动性好
   D. 传播迅速　E. 易于线下传播
3. 短视频营销的兴起，离不开（　　）的支持。
   A. 网络环境的改善　B. 视频制作技术　C. 电子商务立法
   D. 跨境电子商务兴起　E. 大数据技术
4. 抖音的用户大致可以分为（　　）3 类。
   A. 内容生产者　B. 内容模仿者　C. 内容复制者
   D. 内容颠覆者　E. 内容消费者
5. 西瓜视频产业链的 4 个参与方是（　　）。
   A. 用户　B. 创作者（播主）　C. 电信运营商
   D. 广告主　E. 平台

三、名词解释

1. 短视频　2. 短视频营销　3. 抖音　4. 快手　5. 西瓜视频

四、简答及论述题

1. 与长视频相比，短视频的特点主要有哪些？
2. 同为头部短视频平台，快手和抖音在哪些方面存在不同？
3. 试论述短视频营销的模式。
4. 试论述短视频营销的实施流程。
5. 试论述短视频营销的策略。

案例讨论

B 企业的短视频营销

在 2021 年七夕期间，B 企业发布了一个预告视频，并附带话题活动“此生相遇便是团圆”，激励用户参与活动。截至 2021 年 10 月 21 日，该话题的微博话题阅读量已超 7 800 万，今日头条话题阅读量超 7 795 万，抖音的话题视频播放量达 5.4 亿。

1. 背景

B 企业经常在传统节日开展营销活动，账号不仅自制相关主题的视频，还以诱人的奖励激励用户参与活动。这次“此生相遇便是团圆”营销活动便是在传统的七夕节开展。2021 年 8 月 11 日，即七夕节前两天，B 企业分别在抖音和微博上发布了“此生相遇便是团圆”的预告视频。短短 35 秒的预告视频展现了诸多场景，从青年情侣到中年夫妻再到老年伴侣，展现出不同年龄段的感情矛盾和爱情故事。这个预告视频在抖音发布仅一天，点赞量便达到了 55 万。

2. 形式

2021 年 8 月 12 日，B 企业分别在抖音和微博上发布了长达 4 分 18 秒的正片视频，视频主题为“爱是难题，爱是答案”，并发布了话题任务，在抖音上，用户只要拍摄并发布与爱情相关的视频，并带上“此生相遇便是团圆”的话题，再@ B 企业账号，就有机会获得 B 企业提供的现金大奖。在微博上，用户评论并转发该话题视频，也有机会获得 B 企业提供的“家圆 · 团圆礼盒”。数据显示，无论是在抖音上还是在微博上，该话题都带来了较高的用户参与度和较大的互动量。

3. 主题

自古以来，爱情都是老生常谈却又经久不衰的话题，而爱情与家、团圆、房子等元素又天然有着密不可分的联系。B 企业“爱是难题，爱是答案”的正片视频，光从视频内容来看，几乎不含有任何广告元素和营销成分。视频主题清晰，画面高清，转折合理，文案打动人心，俨然是一部精心策划的微电影，很多用户在评论区纷纷表示“很受打动”“完全看不出是一个广告”。从视频开头的“爱情不是童话故事的结尾，而是真实生活的开端”，到结尾的“爱情，让人心有所属；房子，让人身有所安”，B 企业通过在七夕节这一特殊节日，通过对爱情的细腻刻画引起用户的情绪共鸣，从而表明 B 企业的品牌理念，完成品牌角色的感知与塑造。虽然没有明显的营销性质，但视频和活动带来的传播效果是很好的。

思考讨论题

B 企业曾多次发起营销活动，都取得了不错的传播效果。请分析背后的原因。

学生工作页

项目 7　短视频营销

任务	熟悉企业短视频的营销策略				
班级		学号		姓名	

本任务要达到的目标要求：

1. 提升学生案例分析能力。
2. 帮助学生加深对短视频营销的认识。
3. 学习借鉴成功的短视频营销策略。

能力训练

2022 年 9 月 7 日首届“京东农特产购物节”开幕。京东投入数亿元费用和资源，联合多地政府部门，深入全国 2 000 多个农特产产业带，致力于打造高质量农产品，将丰收美味从田间地头送到全国各地消费者的餐桌，以此带动亿万农民扩大销售、增收致富。购物节期间，京东联手微信视频号共同发起 2022“好物乡村”系列助农活动，构建短视频 + 直播矩阵，通过数字化新农具，助力优质农产品线上销售。

扫描二维码阅读案例全文，然后回答以下问题。

案例

京东携手微信视频号
以数字化新农具助力乡村振兴

微信视频号有何特点？

学生评述
完成任务的心得与体会：

教师评价

项目8 网络事件营销

学习目标

【知识目标】

(1)理解网络事件营销的含义。
(2)掌握网络事件营销的策划要点。
(3)掌握网络事件营销传播的程序。
(4)熟悉网络事件营销成功的关键因素。
(5)掌握网络事件营销应注意的问题。

【技能目标】

(1)能够掌握网络事件营销的方法。
(2)能够为企业制定网络事件营销策略。
(3)能够帮助企业制订网络事件营销传播方案。
(4)能够对企业网络事件营销活动进行评估，指出其问题所在。

【素质目标】

(1)培养学习网络事件营销的兴趣。
(2)树立正确的网络事件营销理念。
(3)建立通过正能量事件营销提升企业品牌形象的良好意识。

项目情境导入

2020年“双11”，几乎所有购物平台都在使尽浑身解数让人“买买买”，网易严选高调宣布“退出‘双11’大战”，并指出“要退出的是这个鼓吹过度消费、为销售数字狂欢的‘双11’”，同时劝大众要“理性消费”。2020年“双11”节前网易严选发布的微博如图8-1所示。

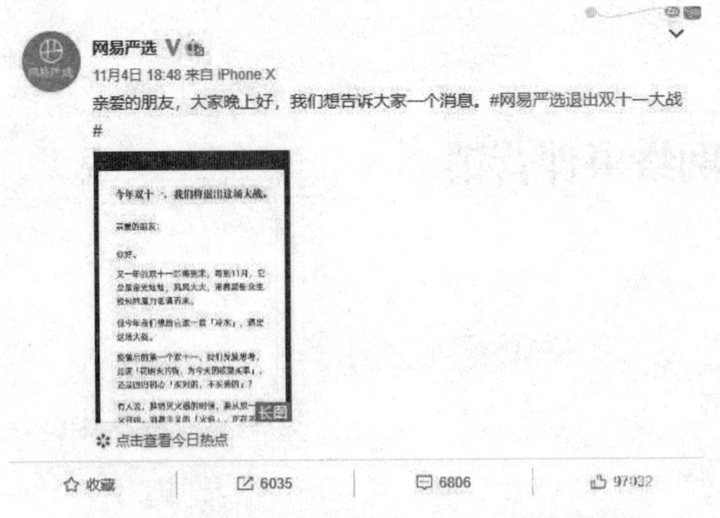

图 8–1 2020 年“双 11”节前网易严选发布的微博

网易严选采用逆向潮流的营销方式，指出用户痛点和商家痛点，并巧妙地将品牌的营销广告植入这波反向营销中，在吸引大众眼球的同时，为品牌节省了大量的营销成本，成为“双 11”系列营销中的一匹黑马。

问题：网易严选为何在“双 11”节前发布“退出‘双 11’大战”的声明？请结合本案例谈谈你对网络事件营销的初步认识。

项目分析

网络事件营销是一种常见的网络营销方式，精通此道的企业往往可以通过精心策划的事件来吸引目标人群的广泛关注。在网络营销实践中，事件营销因具有成本低、传播迅速、影响面广以及关注度高等优点而备受企业青睐。

那么，什么是网络事件营销？网络事件营销具有哪些特征？如何策划网络事件营销？如何对网络事件进行传播？网络事件营销成功的关键因素是什么？网络事件营销应注意哪些问题？本项目将分别对以上问题进行解答。

任务 8.1 认识网络事件营销

任务引入

小康和小张是市场营销专业的同班同学，也是室友。最近小康阅读了一些网络事件营销的案例，他总结到，网络事件营销就是炒作营销、借势营销，并在博客上发表了自己的观点。小张看到后完全不能认同，于是两人在宿舍里展开了辩论。小张说小康的观点太过片面，网络事件营销可以借势，也可以适度炒作，但关键还需企业有制造网络事件并充分利用事件开展营销的能力。一时间两人争执不下，谁也说服不了谁。

同学们评判下小康和小张的各自观点是否正确，并说出具体的理由。

相关知识

1. 网络事件营销的含义

网络事件营销（Internet event marketing），是指开展网络营销的企业通过策划、组织和利用具有新闻价值、社会影响力以及名人效应的人物或事件，以网络为传播载体，吸引网络媒体、社会团体和消费者的兴趣与关注，以求建立、提高企业或产品的知名度、美誉度，树立良好品牌形象，并最终促成产品或服务的销售的一种新型营销模式。企业做好网络事件营销，往往可以快速、有效地宣传其产品和服务。

2. 网络事件营销的特征

1）网络事件营销投入少、产出多

网络事件营销利用现代社会完善的新闻等媒介进行传播，达到对企业进行宣传的目的。由于许多传播媒介是免费的，因此，这种营销方式的投入成本较低。如果企业能够提出好的创意并选择最佳的时机，成功地运用网络事件营销，就可以迅速提升企业品牌的知名度。

2）网络事件营销影响面广、关注度高

互联网的即时性和普及性使得信息传播的速度和广度都大为提升。事件一旦被关注，借助互联网的口碑传播效应，可以引发极高的社会关注度，甚至可由网络事件上升为被其他大众媒体关注的事件。

3）网络事件营销具有隐蔽的目的性

企业策划的网络事件都有商业宣传的目的，但一般情况下该目的是隐蔽的，大量高明的网络事件隐藏了自己的推广意图，让消费者感觉不到该事件是在进行产品推广。

4）网络事件营销具有一定的风险性

网络事件营销是一把“双刃剑”，由于传播媒体的不可控制性及事件接受者对事件理解程度的不确定性，网络事件营销很可能引起公众的反感和质疑，这样不仅无法达到营销的目的，而且可能使企业面临公关危机。

3. 网络事件营销的类型

根据事件性质的不同，网络事件营销一般可分为以下 6 种类型。

1）借用重大突发事件型

重大突发事件是指突然发生的、不在公众预料之中和没有心理准备的事件，重大突发事件多以灾难为主，所以在利用重大突发事件进行网络事件营销时，企业要注意把握好尺度。

2）借用公益活动型

公益事关公众的福祉和利益，借用公益活动开展事件营销，有助于提升企业形象，吸引公众关注并增强用户的黏性。例如，支付宝打造的蚂蚁森林项目，从公益入手，依附移动支付 App，使用户在使用支付宝的同时能做节能减排的公益活动，极大地提高了用户的参与热情。

3）借助公众高关注事件型

公众高关注事件一般是指公众都了解、重视，但尚不知其结果如何的重大事件，如申报世界杯举办权、载人航天飞机发射等。企业借助公众高关注事件开展网络营销活动，往往可以起到事半功倍的效果。

课堂讨论

借助公众高度关注的事件开展网络营销需注意哪些问题？请谈谈你的看法。

4）借用社会问题型

社会发展的过程就是一个利益重新分配的过程。在这一过程中会产生许多新的矛盾，与这些矛盾相关的话题也是公众关注的中心。企业借用社会问题开展网络事件营销活动，更容易引起消费者的共鸣。

5）借用名人人气型

借用名人的号召力，吸引目标消费者和媒介的关注，也是网络事件营销中经常采用的策略。例如，2023 年 6 月 10 日，球王梅西开启了自己的第七次中国行。此举不仅引爆了球迷们的热情，还激发了各大酒店、线上平台和赞助商们的“商业狂欢”。

6）营造事件型

营造事件是指企业通过精心策划的人为事件来吸引消费者的目光，从而实现传播目的的策略。例如，支付宝在官方微博上发布了一条“祝你成为中国锦鲤”的微博，并称转发这条微博就有可能成为全球独宠的锦鲤，被抽中的人将会获得全球免单大礼包。该微博不到 6 小时转发量破百万，周累计转发破三百万，成为企业营销史上最快达成百万级转发量的经典案例。

4. 网络事件营销的传播

传播与推广是网络事件营销的重要环节，其效果直接影响网络事件营销的最终效果。企业要想达到网络事件营销的目的，就必须注重传播。只有通过有效的传播，目标群体才可能了解该网络事件，熟悉企业品牌，从而避免让网络事件营销成为企业的独角戏。网络事件营销的传播过程一般包括以下 4 个步骤，如图 8–2 所示。

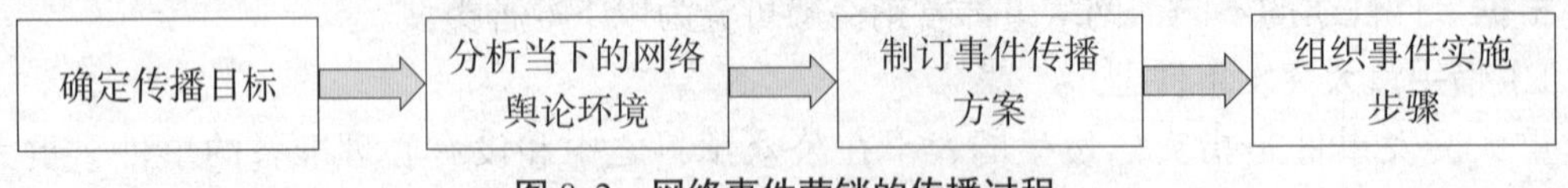

图 8–2　网络事件营销的传播过程

1）确定传播目标

开展任何网络事件营销前，企业必须先确定传播目标，包括传播对象、传播范围、传播效果等。例如，餐饮、服务行业区域性较明显，企业可选择当地的论坛作为开展网络事件营销的工具，传播方式也要符合当地的形势。但对于传播对象为年轻女性的网络事件营销，企业就应当尽量选择年轻女性用户经常使用的网络平台，所选择的话题也应当是年轻女性感兴趣的内容。

2）分析当下的网络舆论环境

一般以直接的方式在网络平台上公开表达的意见属于显舆论，而网络的开放特性也使社会的潜舆论逐渐向显舆论发展。所处历史时期不同，网络舆论的环境也会有所不同。在网络事件营销过程中，企业应当把握好网民关注的方向，控制好舆论传播的尺度，为更好地推广企业品牌奠定基础。如果忽视舆论环境，只会跟风炒作，不断挑战公众的道德底线，企业最后必然会为人们所唾弃。

但是，随着近年来商业竞争的日益加剧，一些无良商家不断以商业创意的幌子策划种种低俗的商业炒作事件。从社会公德的角度来说，这些为了吸引大众眼球而进行的不择手段的炒作显然与当前社会所倡导的“真善美”的道德主旋律背道而驰。因此，企业在制造事件、利用网络事件开展营销活动之前，一定要认真分析当前的网络舆论环境，三思而后行。

3）制订事件传播方案

在制订事件传播方案之前，企业要理解媒体的关注点、熟悉新闻事件的特性、善于制造新闻事件。事件要有代表性和显著性，要使公众和媒体感兴趣，满足受众的窥视欲和好奇心。之后，根据被宣传的网络事件特点，提前策划网络事件传播方案。

4）组织事件实施步骤

企业应选择合适的网络营销工具，如论坛（博客、视频网站）。其间企业若想提高网络事件的关注度，还可以联系付费网站管理员，让其推荐或置顶，同时抛出易于引起讨论的言论，撰写新闻评论等，期待大量媒体跟进报道，同时注意维护形象。

阅读资料 8-1

“凡客体”

2010 年 5 月，王珞丹和韩寒应邀担任网络服装品牌凡客诚品的形象代言人，以自我表达个性的口吻发布了两则图文并茂的广告。广告中，王珞丹以身着凡客衣服的文艺青年形象出现并配上文案：“爱漂亮衣服，更爱打折标签。不是米莱，不是钱小样，不是大明星，我是王珞丹。我没什么特别，我很特别。我和别人不一样，我和你一样，我是凡客。”

2010 年 7 月 26 日，新浪微博名为“arale”的用户发表了一篇黄晓明版的“凡客体”文案和配图，该版本在几小时内蹿红网络，之后以各路“神仙”为自白主体的“凡客体”文案加配图相继出现，甚至腾讯 QQ 和瑞星杀毒软件都拥有了自己的“凡客体”。这条广告成功地引发了一股又一股的 PS 潮。这段以“爱……，不爱……，是……，不是……，我是……”为基本叙述格局的辩白式文字风靡网络。

截至 2010 年 8 月，仅豆瓣网网友上传的“凡客体”创意平面广告就有 2 789 条，许多网友每天上网的一项重要内容就是看看今天谁又被“凡客”了。凡客一再强调这次事件只是“无心插柳”，但娱乐也好，恶搞也罢，这次事件的最大受益者很显然是凡客。品牌知名度的提升是毋庸置疑的，品牌的个性彰显也使其在网友心中留下了深刻的印象。

资料来源：郑玲俐 .“凡客体”与网络事件营销及传播策略 [J]. 新闻前哨，2010（12）：60–61.

任务实训

1. 实训目的

通过实训，总结网络事件营销的特点。

2. 实训内容及步骤

（1）收集近5年经典的网络事件营销案例，要求不少于10篇。

（2）根据创意的不同，对其进行分类。

（3）总结不同创意类型的网络事件营销的特点。

（4）提交总结报告，由老师进行评分，分数记为平时成绩。

3. 实训成果

实训作业：网络事件营销的特点总结。

任务 8.2　掌握网络事件营销策划的要点

任务引入

网络媒介传播速度快、范围广、关注度高的特性，造就了网络事件营销的独特优势。网络事件营销可以有效提高企业品牌的推广效力，但由于网络媒介及消费者的接受度等存在不可控的风险，网络事件营销也可能引起消费者对企业品牌的反感。因此，良好的网络事件营销策划是成功的关键。

请同学们思考，为保证网络事件营销的策划方案切实可行，企业要做好哪些方面的工作？

相关知识

1. 良好的创意

微课堂

网络事件营销策划的要点

良好的创意是网络事件营销成功的首要条件。近年来，很多成功的网络事件营销有较好的创新性。它们通过“唱反调”、制造悬念等方式引起网民的广泛关注，为企业产品赚足了眼球，提高了企业的关注度。“吃垮必胜客”事件营销就是一个非常值得我们学习的案例。

必胜客为吸引更多的顾客光顾，在网上发布了一则“吃垮必胜客”的帖子。帖子一经发布，立即在网上热传。该帖主要是对必胜客水果蔬菜沙拉的高价表示不满，并提供了很多种多盛食物的“秘籍”。随着帖子点击量和转载量的急速飙升，必胜客的客流量迅速增长。其实，这不过是必胜客为了吸引更多的客户而发起的一场成功的网络事件营销活动。

有一位网友这样在网上留言：“我当时马上把邮件转发给我爱人了，并约好了去必胜客一试身手。到了必胜客我们立即要了一份自助沙拉，并马上开始按照邮件里介绍的方法盛取沙拉。努力了几次，终于发现盛沙拉用的夹子太大，做不了那么精细的搭建工艺，最多也就搭 2 ～ 3 层，不可能搭到 15 层。”

而到必胜客试过身手，并且真的装满那么多层沙拉的热心网友，会在网上发帖，介绍自己“吃垮必胜客”的成功经验。甚至有网友从建筑学的角度，用 11 个步骤来论述如何“吃垮必胜客”。

“吃垮必胜客”事件抓住了公众的好奇心理，许多消费者看到帖子纷纷前往必胜客一探究竟。其结果可以想象，随着帖子点击量的急速飙升，这样一个唱反调的营销事件最终使必胜客的客流量迅速增长，达到了出奇制胜的效果。

2. 把握网民关注的动向

网络事件营销要想做到有的放矢，就必须把握网民关注的动向。多数网民具有较强的好奇心，喜欢关注新奇、反常、有人情味的事件。2020 年，麦当劳在巴西的做法就是牢牢抓住公众及媒体关注动向的典型案例。

图 8–3　麦当劳（巴西）页面上的金拱门图片

2020 年新冠疫情肆虐，保持距离成了人们防范病毒的重要措施。为了鼓励公众养成保持安全距离的习惯，麦当劳（巴西）在 2020 年 3 月 20 日更改了页面个人资料的照片，那个我们常见的“M”分开了，如图 8–3 所示。

可以说，麦当劳的金色“M”标志浓缩了麦当劳的品牌价值信息，承载了无数人童年的美好回忆。这次麦当劳标志的更改，一时间引发了网友的强烈关注。

虽然这个标志只是在新冠疫情特殊环境下暂时出现的产物，但是“患难见真情”，在这一时期越愿意将公众利益放在优先地位的品牌，越能赢取人心。

麦当劳从标志入手，既达到了呼吁公众做好防护的目的，也进一步提升了品牌在大众心中的良好形象。

3. 抓住时机，善于“借势”

所谓借势，是指企业及时地抓住广受公众关注的事件、社会新闻等，结合企业或产品在传播上的目的而展开的一系列相关活动。如果企业可以充分引起公众的好奇心，则网络事件营销取得成功的概率就会更大。但是，如果企业自身不具备引起互联网和社会关注的新闻价值，就需要采用“借势”的手段，利用已有的、关注度较高的事件，将公众及新闻媒体的视线引到本企业品牌上来。

案例分析

法国队夺冠，华帝全额退款

四年一度的世界杯落幕后，法国队夺冠的消息瞬间刷爆朋友圈。这一次备受瞩目的除了最终夺冠的法国队，还有一家名叫华帝的中国企业。这个创办于 1992 年，从广东起家的厨电企业凭借“法国队夺冠，华帝退全款”这一出色的事件营销，成功地吸引了中外媒体的目光，并在广大消费者中引起了轰动。

在世界杯开赛前，厨电企业华帝发起了“法国队夺冠，华帝退全款”的劲爆促销（华帝的促销海报见图 8-4）。当法国队最终夺冠时，华帝受到了前所未有的关注。“法国队夺冠，华帝要上天台了！”“这波搞大发了，华帝会不会兑现承诺，怎么兑现承诺？”各种猜测遍传围观群众。连平时不怎么关心足球的人也为这一闻所未闻的营销活动所吸引。

图 8-4　华帝的促销海报

在法国队夺冠当天，华帝的微信、微博搜索指数均暴涨 30 倍。促销活动期间华帝销售额达到了 10 亿元，销售增长率超过了 20%，与总计不到 8 000 万元的退款额相比，华帝的这次事件营销无疑获得了巨大的成功。

案例分析：显然，华帝的“夺冠退全款”活动，是一次极为成功的借势营销。

首先，短期来看，促销期间增长的销售收入，远高于为购买“夺冠套餐”的消费者退全款的损失。促销期间，华帝创下了总数 10 亿元，增长率 20% 的巨大销售额，与总计不到 8 000 万元的退款额相比，显然是稳赚不赔，收益立竿见影。

其次，通过这场“夺冠退全款”的营销，并不是世界杯赞助商的华帝，得到了远比真正赞助商更多的曝光和关注，知名度爆炸式飙升。大量潜在用户的瞩目，企业品牌的推广，将会带来不可估量的巨大长期收益。

4. 力求完美

力求完美是指在策划网络事件营销的过程中，企业应当树立社会营销观念，密切关注网络事件营销传播的力度和效果。在开展网络事件营销的过程中，企业应该巧妙地利用网络媒介的特性，尊重社会公众的感情和权利，保护信息传播渠道的完整和畅通。

5. 诚信为本

“巧妇难为无米之炊”，企业行为的好坏直接决定了企业信誉的好坏，企业只有立足实际行动，用事实说话，为公众做实事，网络事件的传播才“有米下锅”。因此，网络事件营销策划必须做到实事求是，不弄虚作假，才能真正让公众信服，这是企业进行网络事件营销的最基本原则。恶意的炒作会严重影响网络事件营销的传播效果，损害企业的社会形象。

阅读资料 8-2

百事可乐：把爱带回家

从 2012 年开始，每年春节，百事可乐公司的“把乐带回家”活动都会和消费者见面，到 2016 年已经是第五年了。2012 年到 2015 年，每年百事可乐公司主要以贺岁微电影的形式呈现该活动，微电影讲述春节回家的故事，每一年的故事演绎都有不同形式的变化。

2016 年是农历丙申年（猴年），也是 1986 年版《西游记》播出 30 周年的日子。《西游记》是中国古典四大名著之一，其中主人公孙悟空的形象更是深入人心。百事可乐公司审时度势，选择以“猴王”元素作为“把乐带回家 2016”的落脚点，“把乐带回家”的“家”就变成了一个既可以涵盖童年时代的每一个“小家”和代表中国传统文化的“大家”。百事可乐公司“把爱带回家”事件营销主要分为以下 4 个步骤。

第一步：微信朋友圈、微博大 V 齐转发

2015 年 12 月 26 日，基于对市场的深刻解读和对人群的洞察，群邑旗下特立传媒携手百事可乐公司选择在微信朋友圈首发由六小龄童老师亲自参与创作并演绎的微电影，与时下年轻人一起乐闹猴年。微电影中的六小龄童一改往日观众熟知的“美猴王”形象，以章家猴戏接班人的真实身份出镜，讲述了从田间地头到电视荧屏，章家四代人坚持用猴戏把快乐带给千家万户的故事。谈起猴王的特殊情怀，六小龄童如是说：“猴王精神对我来说，代表着我爷爷、我爸、我哥，和我自己，它是我们章家猴戏的灵魂，象征着拼搏、进取、不屈不挠和乐观向上。”在六小龄童看来，“每个人心中都有一个猴王，都有一股爱玩、爱闹、爱笑的‘猴性’，希望今年春节能有更多的年轻人化身乐猴王，给身边的人带去快乐。”

随后，百事可乐公司又推出了两个视频，分别由口碑很好的动画电影《大圣归来》的手稿作者和“90 后”手艺人梁长乐演绎，对《把乐带回家之猴王世家》篇里六小龄童所说的“下一代就看你们的了”进行了传承。

同时，为了唤醒并释放大家内心爱玩、爱闹、爱笑的“猴性”，启发年轻人创造新年的“72 变”，百事可乐公司特别推出“乐猴王纪念罐”，并展开了一场关于“乐猴王纪念罐”的营销预热传播活动。与百事可乐相关的知名人士相继晒出已收到的“乐猴王纪念罐”的照片，并表示猴年一定要“把乐带回家”。在一些关键意见领袖的号召下，话题热度不断提升，网民们不断评论、转发，并询问“乐猴王纪念罐”的购买渠道。百事可乐公司则宣布“乐猴王纪念罐”作为全球限量版于 2015 年 12 月 29 日仅在京东作为赠品送出，购买指定产品即可获赠。

第二步：百事新年签，紧抓节日气氛

2016 年 1 月 15 日到 2 月 8 日，百事可乐公司推出百事新年签，消费者每天通过指定的平台去获取自己的新年签，并记录下每一天都在干什么。

2016 年 1 月 21 日，百事可乐公司发布了六小龄童和蔡依林、吴莫愁等百事可乐代言明星欢聚一堂拍摄的《把乐带回家》主题广告，大谈猴王精神，乐闹新春。同时，每隔 3 天百事可乐公司就组织代言人发起百年号召，通过这样的形式给消费者带去一个新年庆贺的情绪氛围，并联合京东开展“大年初一不打烊”的促销活动，把品牌传播的效果转移到电子商务平台的实际销售上，生动诠释了如何让消费者“把乐带回家”的宣传主题。

第三步：公益活动传播

2016 年 1 月 20 日，百事可乐公司联合中国妇女发展基金会共同发起了“把乐带回家——母亲邮包·送给贫困母亲的新年礼物”公益活动，该公益活动致力于为贫困妈妈们送上贴心的温暖，让她们感受到新春佳节的第一份祝福，也让更多人能够一同把乐带回家。六小龄童全程积极参与，起到了良好的示范和号召作用，收获了公众的支持和关注，从而吸引更多人参与到百事公司的公益行动中。

第四步：活动效果

截至 2016 年 2 月 2 日，在“把乐带回家”推广期间，百事可乐公司运用微博以及微信公众号推广有关内容，以下数据是在这场活动中的互动效果：活动期间热点营销话题“把乐带回家”超过 3.4 亿次点击，互动数 64.7 万；《把乐带回家之猴王世家》篇在腾讯视频总播放量高达 12 847.5 万次；在腾讯公益上发起的百事“把乐带回家——母亲邮包·送给贫困母亲的新年礼物”公益众筹现金超 40 万元。

任务实训

1. 实训目的

通过实训，掌握网络事件营销的策划要领。

2. 实训内容及步骤

（1）以小组为单位，组成任务团队。

（2）阅读以下材料，以小组为单位撰写网络事件营销策划书。

一家粤式大排档在某大学城隆重开业，虽然该大排档菜品丰富，价格实惠，而且口味上佳，但由于开业时间短，知名度不高，前来就餐的客人数量远未达到预期。为摆脱当前不利的经营现状，老板计划采用网络事件营销的方式以招揽顾客前来就餐。为此，他请同学们为该店策划一个网络事件营销方案。

（3）在小组充分讨论的基础上撰写该大排档网络事件营销的策划书。

（4）提交策划书，并做成 PPT 在课堂上汇报。

3. 实训成果

实训作业：某粤式大排档网络事件营销策划书。

任务 8.3 熟悉网络事件营销的关键要素及应注意的问题

任务引入

近年来，网络事件营销的“翻车”事故屡见不鲜，如 2020 年的支付宝锦鲤信小呆 1 元转让“中国锦鲤”事件、QQ 飞车状告老干妈侵权事件等。以上两则乌龙事件引起了网友们的激烈讨论，也引发了人们对网络事件营销的深度思考，请同学们收集类似案例，在研究的基础上回答以下问题。

问题：影响网络事件营销成功的关键因素有哪些？在开展网络事件营销时必须要注意哪些问题？

相关知识

1. 网络事件营销成功的关键因素

成功的网络事件营销需要具备以下 6 个要素。

1）相关性

网络事件营销中的“热点事件”一定要与品牌的核心理念相关联，不能脱离品牌的核心价值，这是网络事件营销运作成功的关键因素。“热点事件”与品牌核心理念的关联度越高，就越容易使消费者把对事件营销的热情转移到企业品牌上。

2）创新性

新闻点是新闻宣传的噱头，网络事件营销要想取得成功就必须有新闻点，新奇有趣的新闻往往会受到公众的欢迎。网络事件营销的创意指数越高、趣味性越强，则公众和媒体的关注度越高，营销的效果也就越好。例如，可口可乐与优酷跨界合作，联合推出 49 款可口可乐“台词瓶”（见图 8–5）。网友还可以个性定制独一无二的专属台词瓶，在“我们结婚吧”“如果爱，请深爱”等经典台词的前面加上恋人和朋友的名字，让优酷和可口可乐替网友表白。由于创意独特，使用户产生了情感共鸣，该活动一经推出便迅速占领了微信朋友圈，成为人们津津乐道的话题，并最终让可口可乐获得了品牌、口碑和销量的进一步提升。

图 8–5　可口可乐的“台词瓶”

3）重要性

事件的重要性是影响网络事件营销效果的重要因素。事件越重要对社会产生的影响越大，价值也越大，因此，在网络事件营销策划过程中，如何增强事件的重要性，让更多的人参与到网络事件营销中成为企业必须考虑的问题。

4）显著性

“山不在高，有仙则名；水不在深，有龙则灵。”网络事件中的人物、地点和内容越著名，网络事件就越容易引起公众的关注。因此，策划事件营销一定要善于“借势”与“造势”，多利用“名人”“名山”和“名水”来宣传企业品牌。在这方面，大疆科技公司的案例让人印象深刻。

大疆是全球领先的无人飞行器控制系统及无人机解决方案的研发和生产商，客户遍及全球 100 多个国家。在品牌宣传上，大疆善于通过科技名人效应进行圈内推广，很多科技领袖都是大疆无人机的用户，其中就有微软联合创始人比尔·盖茨。网上流传着这样一则趣事，向来不使用苹果设备的盖茨竟然为了体验大疆无人机而不得不使用了苹果手机。而在国内，互联网领域的王兴、王小川、张一鸣等知名企业家也是大疆的深度粉丝，人手至少一台。科技意见领袖与互联网大咖的示范效应，让大疆很快在科技圈内流行起来，使得国内外媒体对大疆的关注度迅速提升。

5）贴近性

“物以类聚，人以群分。”网络事件营销的策划需要充分考虑公众的趋同心理。在网络事件营销过程中，如果网络事件能在心理上、利益上和地理上与公众接近和相关，激发公众的兴趣，让大量的公众参与到营销活动中，则更容易被公众接受。与企业单方面的活动相比，这样的网络事件会获得更多的关注度，取得更好的宣传效果。

6）公益性

公益性是影响网络事件营销获得成功的重要因素。“公益”是一种社会责任，具有公益意义的营销方案可以更好地产生社会意义和号召力。例如，辉瑞在推出戒烟辅助药——畅沛时，就成功地借助第 22 届世界无烟日的公益热点，推出了“戒烟一小时，我能”系列大型公益活动，发起了“戒烟一小时，健康亿人行”的号召，借势“地球一小时”关灯活动和社会公益事件，成功提升了该活动的公众知晓度，辉瑞巧用有利的舆论环境，推广了新产品——畅沛。

2. 网络事件营销应注意的问题

1）关注热点，找好品牌与事件之间的“连接点”

企业开展网络事件营销时，一方面可以通过策划亲自“造势”，另一方面可以借“热点事件”甚至“热点人物”开展营销活动“借势”。例如，北京奥运会的成功、在北京奥运会上中国代表团的骄人战绩、“神舟”系列飞船的发射等，都是世人关注的热点。企业可以利用热点事件资源进行营销活动，需要特别注意的是，营销事件的策划要尽可能把公众的视线转移到自己的产品和品牌上。

在关注热点事件的同时，企业应该找好品牌与事件之间的“连接点”，即网络事件营销应与企业的战略相吻合，切合自身品牌的个性。当事件营销可以和企业自身的品牌形象、品牌个性相吻合时，其所发挥的威力和持续的程度远胜于简单的事件炒作。例如，球迷所钟情的足球队获得了比赛的胜利，球迷往往会喝啤酒庆祝，啤酒与球赛、球迷之间就有恰当的连接点。

2）讲究创新，避免盲目跟进

网络事件营销的核心在于创新，只有让公众感到耳目一新的营销事件才会获得较好的效果。拾人牙慧、步人后尘往往会昙花一现，最终将不具有引人注目的效果。例如，蒙牛赞助“神舟五号”飞天、超级女声等，让蒙牛的名声大震，终端销量得到大幅提升。看到蒙牛取得大赚的效果，一些企业纷纷效仿，也想通过类似的赞助活动取得成功，但最终的结果不尽如人意。由此可见，网络事件营销的创意策划需要结合企业优势资源，提出适合企业品牌形象的创新性“点子”才可能获得公众的广泛关注。

3）炒作事件不等于品牌塑造

网络事件营销可以在短时间内提升企业品牌的知名度和美誉度，迅速提升终端销量。因此，很多企业希望利用网络事件营销并通过新闻媒体炒作，达到迅速扩大品牌知名度的目的。但企业必须注意塑造品牌是长期战略经营的结果，不能仅靠短期的炒作。例如，网络上曾经风靡一时的“凤姐”“芙蓉姐姐”等，通过无底线地炒作，只能在公众心目中留下较差的印象，对人物形象带来不利的影响。总而言之，网络事件营销只是营销的一种方式，企业要理性对待，不能过于迷信它的作用，在开展网络事件营销时，不能忽视企业自身的经营管理，更不可忽视企业产品研发、产品质量、服务、经销渠道等方面的建设。

4）以公益原则为底线

企业的每次传播活动都应该加强消费者对品牌的好感，因此，企业开展网络事件营销必须确保以社会公益原则为底线。如果企业突破公益原则的底线，将会丧失社会意义和号召力，从而就会丧失公众的参与，没有公众的参与就不能达到营销的目的，甚至给企业造成严重的品牌信任危机。

阅读资料 8-3

“3·15 辣条风波”，麻辣王子赢了所有

2019 年 3 月 15 日的国际消费者权益日，“危险的辣条”曝光了河南兰考县、湖南平江县等地虾扯蛋、黄金口味棒、爱情王子等辣条品牌，视频中可见生产线上被膨化后的面球四处飞溅，生产车间地面上，满地粉尘与机器渗出的油污交织在一起。

“3·15 名单”曝光后，虾扯蛋等涉事品牌并未做出回应，这时，一家在视频中没有被提及的品牌倒是顺势“蹭”上了热度，这个品牌就是麻辣王子。

3 月 15 日 22 时 23 分，就在“3·15 晚会”曝光辣条行业乱象不久，麻辣王子官方微博发布了一则置顶视频，并配文“3·15# 虾扯蛋辣条 # 令人痛心！行业有乱象，但总有人在坚守底线，做良心产品！听麻辣王子创始人讲述：为了让消费者吃上正宗、健康的辣条，我们做了什么？”

视频公开了麻辣王子的车间，品牌创始人亲自讲述品牌理念。在大家质疑辣条的安全问题时，这条带着话题的微博在第一时间发出，获得了一大波好感。

3 月 16 日，麻辣王子官方微博又发了一则视频，这次的视频中，他们邀请了许多大学生去麻辣王子实地参观，并在微博邀请网友前去考察，且长沙到平江包车往返、包午饭。

3 月 18 日，麻辣王子再接再厉，这次，他们邀请平江县委书记到车间考察并品尝辣条。

接二连三的微博，让麻辣王子不仅没有受到“3·15 辣条风波”影响，还通过其他品牌的危机公关扩大了知名度。

根据公众发展过程的不同阶段，可将公众划分为非公众、潜在公众、知晓公众、行动公众。若在知晓公众转化为行动公众时，企业才有所行动，那就为时已晚。麻辣王子虽然没有被央视点名，却让“3·15 辣条风波”与麻辣王子品牌有所关联。麻辣王子主动站出来展示自己生产车间的卫生环境，还有县委书记做保证，无疑有效地稳定住了消费者的情绪。

5）重视全方位的整合营销

企业进行网络事件营销的最终目的是要推销企业产品，提升企业品牌知名度，因此，在网络事件营销过程中，企业应树立全面整合的观念，充分利用网络的特性和优势，向社会公众进行立体化的信息传播，同时要综合运用组织传播、群体传播、大众传播等多种传播方式，以实现良好的整合营销传播效果。

任务实训

1. 实训目的

了解借势型网络事件营销成功运作的要点（注：借势型网络事件营销是指借助热点事件开展的网络营销活动，与之对应的是造势型网络事件营销。前者是借助热点，搭乘便车；后者是无中生有，制造事件）。

2. 实训内容及步骤

（1）以小组为单位，组成任务团队。

（2）通过阅读相关文献，全面认识借势型网络事件营销。

（3）搜索近年来的借势营销经典案例（如2018年的超级蓝血月借势营销、网红品牌卫龙辣条的借势营销等），分析其成功的秘诀。

（4）以小组为单位进行讨论，在讨论的基础上撰写分析报告。

（5）提交分析报告，并在班级微信群进行分享。

3. 实训成果

实训作业：借势型网络事件营销的成功探究。

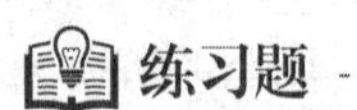

练习题

一、单选题

1.（　　）是网络事件营销传播的首要环节。

A. 分析舆情　　B. 确定传播目标　　C. 策划事件　　D. 宣传推广

2.（　　）是企业进行网络事件营销的最基本原则。

A. 把握网民关注动向　　B. 力求完美

C. 善于“借势”　　D. 诚信为本

3.（　　）是网络事件营销获得成功的首要条件。

A. 良好的创意　　B. 公众的关注

C. 抓住时机，善于“借势”　　D. 力求完美

4. 网络事件营销的传播过程不包括（　　）。

A. 确定传播目标　　B. 分析当下的网络舆论环境

C. 组织事件实施步骤　　D. 策划事件营销

5. 企业的每次传播活动都应该加强消费者对品牌的好感，因此，企业开展网络事件营销必须确保以（　　）为底线。

A. 热点事件原则　　B. 社会公益原则　　C. 公众关注原则　　D. 事件炒作原则

二、多选题

1. 下列属于网络事件营销的有（　　）。

A.“吃垮必胜客”　　B.“买光王老吉”

C.“凡客体”　　D.“贾君鹏，你妈妈喊你回家吃饭”

E. 百事可乐：把爱带回家

2. 下列属于网络事件营销策划要点的有（　　）。

A. 良好的创意　　B. 把握网民关注的动向

C. 抓住时机，善于“借势”　　D. 力求完美

E. 诚信为本

3. 下列属于网络事件营销特征的有（　　）。

A. 投入少、产出多　　B. 影响面广、关注度高

C. 隐蔽的目的性　　D. 具有一定的风险性

E. 无风险、回报率高

4. 网络事件营销成功的关键因素包括（　　）。

A. 相关性　　B. 创新性　　C. 重要性

D. 显著性　　E. 贴近性

5. 下列关于网络事件营销的说法，正确的有（　　）。

A. 网络事件营销中的“热点事件”一定要与品牌的核心理念相关联

B. 事件越重要，对社会产生的影响越大，价值就越小

C. 新闻点是新闻宣传的噱头，网络事件营销要想取得成功就必须有新闻点

D. 策划事件营销一定要善于“借势”与“造势”，多利用“名人”“名山”“名水”来宣传企业品牌

E. 策划网络事件营销需要充分考虑公众的趋同心理

三、简答及论述题

1. 何谓网络事件营销？

2. 为什么说网络事件营销具有一定的风险性？

3. 试论述如何策划网络事件营销。

4. 试论述网络事件营销的传播过程。

5. 试论述网络事件营销应该注意哪些问题。

案例讨论

蓝月亮携手腾讯，打造网络事件营销新范本

花好月圆，中秋节作为中国四大传统节日之一，有岁月静好小团圆的寓意，也是历来各品牌争相发力，以期走进用户内心的不容错过的时间节点。蓝月亮与月亮有着天然、深厚的品牌联系，同样蕴含着爱意的传递与浓情的陪伴。较之往年，蓝月亮冠名央视与湖南卫视的真情守护，2016 年中秋，蓝月亮再度发力，借助腾讯全平台资源，深度定制“蓝月

亮－月亮节”营销活动，一揽“观礼‘天宫二号’发射”，以真切理解消费者需求为出发点，造势“蓝月亮－月亮节”，以其无处不在的情感攻势和多方面的大胆创新，引发业界的广泛关注。

2016年中秋，一个让全民关注的热点事件就是“天宫二号”的发射。“天宫二号”是我国首个真正意义上的空间实验室，也是目前我国载人飞行时间最长的一个航天器，它的发射备受全国人民关注。腾讯作为中国载人航天工程办公室独家官方合作伙伴，从晚间7时至11时，不仅连续4小时直播见证“大国重器”的发射过程，还利用VR虚拟现实产品、TED演讲、纪录片等多种报道形态，为全国网友带来一次关于中国航天硬实力的全科普。而作为腾讯航空航天首席合作伙伴的蓝月亮，除了与1 850万名网友共同见证了“天宫二号”发射的这一荣耀时刻，其所坚持的“以科技推动洗涤行业升级换代”的追求，也与“天宫二号”所传递的航空科技精神——以科技改变百姓生活的愿景不谋而合。2008年，“神舟七号”载人飞船发射成功，实现了太空出仓行走的第一步。也是在这一年，蓝月亮用深层洁净洗衣液将中国家庭从洗衣粉时代带入洗衣液时代。而随着“天宫二号”的发射，蓝月亮的机洗至尊——中国首款泵头包装“浓缩+”洗衣液将走入无数家庭，宣告中国洗涤市场正式进入浓缩时代。

在营销结合方面，全平台的直播页面出现了蓝月亮的品牌专区，向受众展示了蓝月亮的科技新产品——机洗至尊。在演播室也处处体现出蓝月亮携手腾讯向“天宫二号”致敬的信息。在直播期间，主持人介绍了充满科技感的蓝月亮机洗至尊，更是表明了腾讯航空航天首席合作伙伴蓝月亮用科技精神向“天宫二号”致敬，且展示了其“以科技推动洗涤行业升级换代”的决心。

蓝月亮对品牌定位的准确把握，在充分了解受众需求和关注点的前提下，对网络事件营销进行精准捕捉和深刻洞察，借助符合调性的腾讯全平台互动直播模式和全渠道产品布局，精准地捕捉到了中秋赏月和观礼“天宫二号”直播假日营销及网络事件营销的风口，创新性地将新品推广打造成里程碑式的多维度事件营销盛宴。蓝月亮在中秋晚会派发20亿元“浓缩+”洗衣液升级券，消费者的踊跃参与和领取导致系统崩溃，而蓝月亮机洗至尊也成为当晚京东旗舰店排行第一的热销产品。

思考讨论题

蓝月亮为何要携手腾讯开展网络事件营销？对我们有哪些启示？

学生工作页

项目 8　网络事件营销					
任务	掌握网络事件营销的策划与创意				
班级		学号		姓名	

本任务要达到的目标要求：

1. 加深学生对网络事件营销的认识。
2. 提升学生分析问题的能力。
3. 形成清晰的网络事件营销策划思路。

能力训练

2020 年，今日头条的母公司“字节跳动”抓住时机购买贺岁电影《囧妈》的版权，在自家的西瓜视频 App 上让全国观众免费观映，这一营销让西瓜视频一夜之间声名鹊起，用户增长过亿。

请同学们收集该案例材料，在研究的基础上回答以下问题。

1. 如何策划网络事件营销？如何产生好的网络事件营销创意？

2. 西瓜视频 App 的此次网络事件营销为什么能取得成功？给我们的启示是什么？

学生评述
完成任务的心得与体会：

教师评价

项目 9 大数据营销

学习目标

【知识目标】

（1）理解大数据与大数据营销的概念。
（2）认识大数据营销的特征与优势。
（3）熟悉大数据运营的方式与大数据营销的关键因素。
（4）掌握大数据营销的策略与方法。
（5）认识大数据营销带来的伦理问题。

【技能目标】

（1）能够根据实际情况为某企业开展大数据营销提供思路和建议。
（2）能够全面、客观地评价企业大数据营销效果。
（3）能够对大数据营销带来的问题进行分析，并提出相应的解决对策。

【素质目标】

（1）树立正确的大数据营销理念。
（2）培养学习大数据营销的兴趣。
（3）培养利用大数据营销服务社会的意识。

项目情境导入

对于中国消费者来说，因爱而生的德芙是甜蜜爱情的象征，更是巧克力的代名词。自1989年进入中国，到1995年成为中国板块巧克力领导品牌，德芙一直占据着中国巧克力市场“领头羊”的位置。从“牛奶香浓，丝般感受”“下雨天和巧克力更配哦”，到“德芙，纵享新丝滑”，再到“没有到不了的远方，当德芙动你心”……德芙在一段段关于生活、关于爱情、关于梦想的故事中塑造了自己的品牌意识。德芙不仅以丝滑口感深受中国消费者喜爱，还借独具创意的品牌故事以及与品牌契合的当红偶像，实现了口碑与市场的双赢。

不过，近年来德芙逐渐意识到一个问题：长期以来，德芙的品牌故事一直以爱情故事为主线。丝滑甜蜜的德芙巧克力十分契合爱情主题，这种产品营销模式也适合当下的快消食品市场。但是，这也使产品形成了局限性，很多消费者认为巧克力是年轻人的食品，无形中隔开了更多的消费人群。

在天猫超级品牌日期间，德芙携手天猫新品创新中心，基于大数据分析消费者需求，以“新年订下好‘芙’气”为主题，将“得福之书”融入产品概念，推出了定制化的“得福之书”新年礼盒，为德芙注入了新“能量”。“得福之书”新年礼盒是每一位消费者的专属定制，从产品到包装到祝福都完美契合消费者的定制需求。

德芙“得福之书”新年礼盒共有6种包装风格，既有满足粉丝需求的明星同款，也有适合送家人、送同事、送朋友、送闺蜜、送自己的款式，极大地扩展了消费人群。

随着中国互联网电子商务的快速发展，巧克力互联网渗透率逐步提升，巧克力市场的“蛋糕”越做越大。一方面它有利于中国巧克力市场的发展，另一方面它也会形成更加激烈的市场竞争。德芙巧克力要想在市场上继续保持旺盛的生命力，不仅要探索新的品牌升级途径，更要开创新的营销思路。对于德芙而言，与天猫超级品牌日和天猫新品创新中心的合作，不仅是一次完美的品牌升级，更是一次高效率的产品营销。

早在“得福之书”新年礼盒上市之前，天猫新品创新中心就基于大数据，为德芙巧克力提供了清晰、精准的消费者画像。从前期的市场洞察扫描、深入调研挖掘消费者礼品需求，到产品概念测试、指导设计优化和精准库存，再到整合超级品牌日资源、与各种媒体进行有效衔接，创造了一条完整、精准而又高效的产品营销之路，这也是人工智能时代产品营销的必然选择。

此次德芙超级品牌日，其形象得到了广泛传播，赵丽颖以视频支持、世贸天阶大屏强势曝光，更有马思纯在天猫直播为产品站台，以及创新地通过银泰互动大屏“芙”气大挑战实现全新消费者互动。这是一条立体的、全方位的营销之路，必然会创造令人意想不到的营销奇迹。

问题：德芙为何要拥抱大数据营销？德芙是如何携手天猫开展大数据营销的？本案例给我们的启示是什么？

项目分析

随着信息技术和互联网的发展，海量数据时代已经到来，数据所蕴含的巨大价值逐渐被认可。在云计算、物联网、社交网络等新兴服务的影响下，人与人之间、人与机器之间以及机器与机器之间产生的数据信息正在以前所未有的态势增长，数据开始从简单的处理对象转变为一种基础性资源。大数据营销作为一种精准的市场营销方法，在网络营销活动中得到了广泛的应用。

那么，什么是大数据营销？大数据营销有哪些优势？大数据营销有哪些应用？如何开展大数据营销？如何看待大数据营销所带来的一系列负面问题？本项目将分别对以上问题进行解答。

任务 9.1　理解大数据营销的内涵

任务引入

社区连锁超市老板小司最近对大数据产生了浓厚的兴趣。他通过调研越来越深刻地认识到，在当今时代，大数据无孔不入，只有有效掌握大数据营销的方法，才有可能把握住自己连锁超市经营的成功。

小司认为，通过对大数据的挖掘与分析，自己的连锁超市能够更好地发掘用户的消费偏好，从而进行精准营销，而且可以充分发现潜在用户，扩大营销范围，增强营销效果。所以他决定将大数据营销应用到自己的超市经营实践中。

请问，如果你是小司，你将如何开展大数据营销？

相关知识

1. 大数据的概念与特征

大数据是近几年最热的词语之一，美国政府将大数据定义为“未来的新石油”，我国也在国家层面给予了大数据足够的重视。大数据已经超越商业行为上升为国家战略，成为我们商业生态环境和日常工作生活中不可或缺的部分。那么什么是大数据呢？

大数据又称巨量资料，是指无法在一定时间内使用传统数据库软件对其内容进行获取、管理和处理的数据集合，需要新处理模式才能具有更强的决策力、洞察力和流程优化能力的海量、高增长率和多样化的信息资产。相较传统的小数据，大数据具有规模大、多样性、时效性、准确性和价值密度低等特征，如表 9–1 所示。

表 9–1 大数据的特征

规模大	数据存储量大，已从TB跃升到PB级别，甚至开始使用EB和ZB级别。希捷（Seagate）和互联网数据中心（Internet Data Center，IDC）的联合研究预测，到 2025 年全球数据量将超过 160ZB
多样性	大数据包括结构化、半结构化、非结构化等各种格式，并以数值、文本、图形、图像、流媒体等多种形态存在
时效性	大数据具有很强的时效性，往往以数据流的形式快速地产生。用户若想有效地利用这些数据，就必须把握好数据产生的时间，同时数据自身的状态与价值随着时代变化而发生变化
准确性	处理的结果要保证一定的准确性，不能为了保证大数据处理的时效性而牺牲处理结果的准确性
价值密度低	大数据虽然蕴含极大的价值，但其价值密度低，需要进行深度分析、挖掘才能获得有价值的信息

大数据既是数据量的激增，也是数据复杂性的提升。大数据的数据类型丰富多样，既有像原有的数据库数据等结构化信息，又有文本、视频等非结构化信息，而且对数据的采集和处理速度要求也越来越高。大数据包括交易和交互数据集在内的所有数据集，主要由海量交易数据、海量交互数据和海量数据处理 3 部分构成。其规模和复杂程度超出了常用技术按照合理的成本和时限捕捉、管理及处理这些数据集的能力。

阅读资料 9-1

大数据助力企业实施精准营销

随着信息技术的快速发展以及云计算、智能等新兴技术的发展，可以利用这些技术和大数据技术分析企业的市场状况，正确了解消费者对产品的偏好，然后可以对消费者群体进行全面的数据分析，促进企业营销准确性地发展。企业可以有效地理解当前消费市场，利用大数据技术提供的精确营销模式，可以更好地优化自己的产品消费市场，也可以使用大数据技术来构建通信服务系统，从而发掘潜在的消费群体。

在大数据时代的背景下，通过大数据技术对消费者数据的分析，可以发现消费者购买与产品之间的关系。这样，企业就可以根据消费者的喜好和特点对相关产品进行合理的匹配营销，并利用消费者的习惯进行合理的搭配和推动，从而实现相关产品的组合销售。提高企业的市场竞争力，从而提高企业的经济效益。

随着社会经济的不断发展，消费者能够接收到的信息也越来越多。在消费方面，消费者更加追求个性化。因此，企业可以利用大数据技术实施个性化的营销政策，提高营销方法的针对性，增加产品营销的长效力。大数据技术的不断发展，为个性化营销的有效实施提供了坚实的基础。通过分析网络平台上的各种用户信息，企业可以得到用户的个性化偏好，包括消费能力、产品需求、购买渠道等，企业可以有效提高企业的产品发货量，提高经济效益。

2. 大数据营销的概念与特征

大数据营销是通过大数据技术对多平台获得的海量数据进行分析，帮助企业找到目标客户，并以此为基础对广告投放的内容、时间及形式进行预测与调配，从而实现广告精准投放的营销过程。按照大数据处理的一般流程，大数据技术可以分为大数据采集技术、大数据存储和管理技术、大数据分析技术和大数据应用技术 4 类。

社交网络的扩张使得数据急速增长，将用户在社交网络中的行为轨迹串联进行分析，企业就可以了解用户的行为习惯，理解用户需求。例如，谷歌利用引擎搜索记录发掘数据二次利用价值，成功预测了 2009 年甲型 H1N1 流感的传播；亚马逊通过从客户身上捕获的大量数据研发了个性化推荐系统，根据客户的购物喜好，为其推荐具体的书籍、产品以及感兴趣的内容。大数据带来的营销变革趋势日益凸显，与传统营销相比，大数据营销具有以下特征。

1）全样本调查

大数据技术的发展使得人们对根据感应器、移动终端、网站点击等采集的大数据进行分析，从中获取有价值的信息成为现实。在大数据时代，商务数据分析不再以抽样调查的方式降低数据处理难度，而是对所采集的全部数据进行分析，这样能够有效避免抽样自身存在的误差，甚至以偏概全等缺陷。

2）数据化决策

英国学者舍恩伯格和库克耶在其经典著作《大数据时代》中强调，大数据时代探索的不是“为什么”的问题，而是“是什么”的问题。在大数据时代，事物之间的因果关系已不是数据分析的重点，识别需求才是信息的价值所在。大数据营销将让一切消费行为与营销决策数据化，最终形成一个营销的闭环体系，即“消费—数据分析—营销活动—效果评估—消费”。预测分析成为大数据营销的核心。全面、及时的大数据分析能够为企业制定营销决策提供更好的支撑，从而提高企业的营销竞争力。

3）强调时效性

在网络时代，用户的消费行为和购买方式极易在短时间内发生变化。在用户需求欲望最强时及时进行营销非常重要。全球领先的大数据营销企业 AdTime 对此提出了时间营销策略，它可以通过技术手段充分了解用户的需求，并及时响应每一个用户当前的需求，让用户在决定购买的“黄金时间”内及时接收到商品广告。

4）个性化营销

所谓个性化营销（personalization marketing），最简单的理解就是量体裁衣，即企业面向消费者，直接服务于消费者，并按照消费者的特殊要求制作个性化产品的新型营销方式。互联网提供了大量消费者信息数据，企业可以利用网络资源对消费者的各渠道行为，消费者生命周期各阶段的行为数据进行记录，制定高度精准、绩效可高度量化的营销策略。对于既有消费者，企业可以通过分析所采集的消费者信息，推断其购物偏好或倾向，进行定制化推送。同时，企业可以根据消费者不同的特性对其进行细分，然后用不同的侧重方式和定制化活动向这些类群进行定向的精准营销。对于潜在消费者，企业可以根据大数据分析获得消费者对产品特性的倾向，进而对产品精确定位，改善产品，进行有针对性的营销，使潜在消费者成为现实消费者。

3. 大数据营销的优势

1）提高企业营销效率

大数据营销既能帮助企业实现渠道优化，也能促进企业营销信息精准推送。企业可以通过分析消费者留存于社会化网络平台的信息记录，获取消费者购买商品或服务的渠道信息，进而依据消费者的使用情况对营销渠道进行优化。同时，企业可以通过大数据技术对消费者进行分类，然后有针对性地向消费者推送相关营销信息。

2）提升客户体验

大数据处理技术使企业能够进行精准分析。企业根据分析结果，可以将特定顾客准确划分，从而向潜在顾客传递其所需要的商品信息。对于顾客而言，所获商品信息价值越高，就越有利于他们做出正确的购买决策。此外，开展大数据营销的企业应该关注顾客使用产品后的体验、感受，以便对产品进行改进。在大数据营销时代，企业只有将消费者的反馈信息进行合理分析和利用，才能使企业真正发挥大数据营销的魅力，让顾客的每一项体验都能够真切地体现到产品的改进中。

3）促进营销平台互通互联

消费者以生活化的形式存在于互联网中，要想精准掌握消费者的需求，就要尽可能多地了解其生活的每一个关键时刻。人们已经充分将日常生活与互联网平台互联，如在社交网站与亲朋好友互动，在电商平台进行商品消费，在论坛发表个性观点，甚至可以在某些平台进行知识科普。大数据营销需要将网络中碎片化的消费者信息重聚，得到消费者整体画像，从而进行个性化营销。因此，大数据营销应用的发展促进了各大互联网平台的相互融合。在线上平台相互打通的同时，大数据营销也促进了线上线下营销平台的互联。媒体通过跨界融合的方式使报纸、电视、互联网有效结合，资源共享，获得大量消费者信息，经过集中处理，衍生出形式多样的营销信息，再通过不同平台进行传播，提升营销效果。

阅读资料 9-2

大数据对营销的三大影响

大数据在营销 3.0 时代发挥着越来越重要的作用，通过大数据来细分、挖掘和满足需求，结合相应的效果反馈机制、综合评估分析，再加上大数据精准化、智能化的营销，主要可以实现 3 个方面的改进。

一是受众更“全”。充分扩大受众广度，大数据收集的是目标受众的所有信息数据，可以从市场中获取较以往更加全面和完整的消费者数据，企业通过分析这些数据，可以更真实地掌握消费者的信息，更准确地发现消费者的需求，根据数据制定适合消费者需求的营销模式和营销组合。

二是投放更“准”。大数据可以分析用户特征、消费行为、需求特点，同时平台、载体、人群的选择让营销更精准，从而促进各行业营销模式的精准升级，改变行业内原本落后的营销战略和手段，提高企业的营销效率。

三是转化率更“高”。大数据关注数据间的关联性，而不只关注数据的因果性。通过分析海量的相关数据，还可以发现并总结出消费者的消费习惯，根据消费者的习惯来进行预测，设置特定的场景来激发消费者的购买行为，从而提升有效受众的转化率。

4. 大数据营销的运营方式

企业在开展大数据营销活动时，因获取消费者数据方式不同，会形成以下 3 种不同的大数据营销运营方式。

1）自建平台运营方式

自建平台运营方式需要企业自行构建大数据平台，通过企业自身收集的消费者信息实施大数据精准营销。通过精准营销与目标消费者建立信任关系，提高消费者的忠诚度，进而为企业创造长期的商业价值。这种方式要求企业具备充足的人力和财力资源，并建立了大数据营销的运营机制。如果企业具备这些条件，那么自建平台运营是一种非常有效的运营方式。

2）数据租赁运营方式

数据租赁运营方式是指企业通过付费租赁的方式，从专业的大数据营销平台获取潜在目标消费者的数据，然后向这些消费者精准投放企业品牌和产品广告。这种方式可以帮助企业在目标消费者中提高品牌和产品的曝光度，引起他们对企业品牌和产品信息的关注，为后续的消费者关系建立、数据挖掘与分析、品牌推广等市场营销行为打下基础。如果企业不具备构建大数据平台的能力，可以考虑采用数据租赁运营方式来实施大数据营销。

3）数据购买运营方式

数据购买运营是指企业在符合法律规范的前提下，向大数据营销平台购买潜在目标消费者的数据，然后通过自建的平台实施大数据营销。与数据租赁运营方式相比，数据购买运营方式更具自主性。当企业通过自身平台无法获取足够的数据或者需要更加丰富的数据储量时，可以采用这种方式。数据购买运营方式一般需要与自建平台运营方式配合使用，才能达到期望的营销效果。

为提高大数据营销的效率和效果，企业应根据自身的实际情况选择最适合的大数据营销运营方式。

案例分析

网易云年度歌单刷屏

网易云年度歌单利用大数据海量收集用户的听歌信息和数据，将每个用户对哪首歌听得最多、给出了什么评论、听歌时间、听歌习惯等，都在专属歌单上非常清晰地罗列出来。而且，根据每个用户的听歌喜好，网易云对用户的心情、性格等进行分析，给出大致的标签，加入更多个人情感化的内容，让用户体会到定制歌单的细致与用心，从而对其产生好感，进一步将其转发分享，达到传播和刷屏的最终目的。

其中，大数据起到了非常基础而又重要的技术作用，正是因为大数据，网易云才能与用户形成深层次的创意互动，即时生成专属歌单。再借助情感角度的切入和用心的内容文案引发的感动与共鸣，使网易云与每一个用户都能建立起情感上的联系，从而加强用户对网易云的信任和依赖。

案例分析：从网易云年度歌单刷屏的案例中我们不难发现，其中最让大众热衷和在意的莫过于年度歌单的特殊性与专属性让用户有了独一无二的优越感，同时借助年度歌单回顾一年来的心情也触动了很多用户的感情点。总之，在大数据的作用下，个人年度歌单这一类的互动形式才能够实现，企业才有可能为每一个用户量身定做产品，达到精细化营销的目的。

任务实训

1. 实训目的

通过网络问卷调查，了解当代大学生的用户画像。

2. 实训内容及步骤

（1）以小组为单位，成立任务团队。

（2）设计《大学生用户画像》调研问卷，并在问卷星平台发布。

（3）对调研数据进行分析，撰写分析报告。

（4）提交分析报告，由授课教师评分，作为本课程的平时成绩。

3. 实训成果

实训作业：当代大学生的用户画像分析。

任务 9.2　掌握大数据营销的策略与方法

任务引入

社区连锁超市老板小司决定开展大数据营销后，需要解决的问题很多，但他最关心的是到底该采取什么样的大数据营销策略和方法才能取得期望的营销效果。

请同学们结合社区连锁超市的经营特点，从专业的角度为小司提供相关建议。

相关知识

1. 大数据 + 营销新思维

大数据是一场新的革命，大数据时代的到来将彻底颠覆此前的市场营销模式与理念，加快企业传统营销模式的转变步伐。那么，企业该如何利用庞大的网络信息数据开展有效营销？下面将对大数据背景下几个营销新思维的应用方法进行具体介绍。

1）关联营销

关联营销是指企业通过大数据技术，从数据库的海量数据中发现数据或特征之间的关联性，实现深层次的多面引导。著名的沃尔玛“啤酒与尿布”关联销售就是利用大数据关联分析开展营销的典范。

“啤酒与尿布”的故事发生于 20 世纪 90 年代的美国沃尔玛超市中，沃尔玛的超市管理人员分析销售数据时发现了一个令人难以理解的现象：在某些特定的情况下，“啤酒”与“尿布”两种看上去毫无关系的商品会经常出现在同一个购物篮中，这种独特的销售现象引起了管理人员的注意，经过后续调查发现，这种现象往往出现在年轻的父亲身上。

在美国有婴儿的家庭中，一般是母亲在家中照看婴儿，年轻的父亲前去超市购买尿布。父亲在购买尿布的同时，往往会顺便为自己购买啤酒，这样就出现了啤酒与尿布这两件看上去不相干的商品经常出现在同一个购物篮中的现象。如果这个年轻的父亲在一家超市只能买到这两件商品之一，那么他很有可能会放弃购物而到另一家超市，直到可以一次同时买到啤酒与尿布。沃尔玛发现这一独特的现象后，开始尝试在卖场将啤酒与尿布摆放在相同的区域，这可以让年轻的父亲同时找到这两件商品，并很快完成购物；而沃尔玛超市也可以让这些客户一次购买两件商品而不是一件，从而获得了更好的商品销售收入。“啤酒与尿布”的故事是营销界的神话，“啤酒”与“尿布”这两种看上去似乎没有关系的商品被摆放在一起销售却使超市获得了很好的销售收益。沃尔玛的这个营销案例被普遍认为是利用大数据分析开展营销的开端，即通过对大数据进行分析，找到商品之间的相关性，确定消费者的购买行为，以便更好地促进营销活动的开展。

关联性对企业的商业决策具有重要意义，在市场营销、事物分析等领域有着广泛的应用。商家通过对记录每一个购物内容的数据进行整理分析，发现不同商品之间所存在的关联性，进而分析客户的购买习惯。比如，商家可以通过大数据研究客户在购买牙膏时伴随购买的商品有哪些，客户购买牙膏时是否喜欢同时购买牙刷或者购买哪个品牌的牙刷。如果根据大数据分析出牙膏与牙刷的关联性，商家就可以进行有针对性的促销，将牙刷和牙膏放在一起销售。

2）定制营销

互联网思维下的定制营销思维正在发生蜕变，定制服务领域在扩展、内涵在加深，用户满意度也得到空前提升。所以，定制营销思维已经不再局限于量身打造衣服那么简单，它已经逐步渗透到人们的日常生活中。比如，打车 App 和“定制公交”对交通这一传统行业的改造；制定旅行线路和产品销售的相关人员为满足消费者个性化和碎片化的需求，通过网络征集信息，梳理大数据后，实现小众市场的深度发掘等。

互联网下的定制营销思维与传统的定制营销思维有明显不同，追求快速、专注、口碑和极致的用户体验，推崇让用户来定义产品或服务、快速响应用户需求、以互联网为工具传递用户价值等开放理念。在市场竞争日益激烈的情况下，定制营销思维的运用可以帮助企业获得市场的有利地位，在互联网时代，没有定制营销思维的企业必将被市场淘汰。在当今这个产品越来越趋向同质化的时代，人们对于能切合自身个性化需求的定制产品有着明显的偏爱。企业应当抓住这个机遇，逐步实现产品的定制化，为用户提供更加优质的用户体验，从而增加企业盈利。

3）精准营销

精准营销是在精准定位的基础上，依托现代信息技术手段建立个性化的顾客沟通服务体系，实现企业可度量的低成本扩张之路。简单来说，就是在合适的时间、合适的地点，将合适的产品以合适的方式提供给合适的人。京东商城通过 E-mail 进行大数据精准营销的方式值得我们学习借鉴，下面我们来看一下京东商城的具体做法。

王先生是京东商城的一名新会员，最近想购买某品牌的空气净化器，于是就去京东商城购买，结果他发现自己选中的净化器没有货，在失望之余他看到京东商城还有“到货提醒”功能，于是他启用了该功能，并填上了自己常用的邮箱地址。几天后，王先生及时收到一封 E-mail，里面大致的意思是“您上次想买的净化器有货了”。此时，该净化器参与了京东“满减”活动，可以优惠 300 元。王先生觉得可以接受，就果断购买了该净化器。

互联网和信息技术的发展使记录和存储包含用户地址、购买记录和消费偏好等特性的大数据成为现实。数据的信息维度越高，其涵盖的信息越丰富，通过大数据技术分析后，企业获得的用户信息越准确，进而实施营销的精准度就越高，营销效果越好。企业开展大数据精准营销一般需要具备 3 个条件，即精准的市场定位、巧妙的推广策略和更好的客户体验。

一是精准的市场定位。兵书上讲“知己知彼，百战不殆”。俗话说，商场如战场。对于企业来讲，首先要弄清自己的产品是什么，客户是哪些人，同时必须对客户有非常准确的了解，即客户的需求是什么，哪些客户需要自己的产品。也就是说，当企业准备将产品推向市场时，必须先找到准确的市场定位，然后集中自身的优势资源，才有可能获得市场战略和营销活动的成功。即企业要获得成功，必须能够在恰当的时间，提供恰当的产品，用恰当的方式，送达恰当的顾客手中。这些“恰当”达到一定程度，就可称为“精确”。

二是巧妙的推广策略。企业进行市场推广一般采用广告、促销和渠道等营销手段。尽管企业领导知道投入的巨额广告费用中的相当一部分会浪费掉，但却不知具体浪费在何处。

在互联网和信息技术高速发展的时代，通过大数据分析，企业能够较为准确地定位目标客户，实施有效的推广策略，实现精准营销、销售，减少营销费用的浪费。

三是更好的客户体验。在以市场为导向、消费者为中心的营销新时代，要想获得收益，企业必须关注客户价值。只有实现客户价值，企业才能获得丰厚的利润和回报。在精准营销中，必须通过多渠道，真正实现更好的客户体验。

阅读资料 9-3

大数据精准营销中的用户画像

用户画像包含以下几个维度。

用户固定特征：性别、年龄、地域、教育水平、职业等。

用户兴趣特征：兴趣爱好，使用的 App、网站，浏览 / 收藏 / 评论内容，品牌偏好，产品偏好等。

用户社会特征：生活习惯、婚恋状况、社交 / 信息渠道偏好、宗教信仰、家庭成员等。

用户消费特征：收入状况、购买力水平、商品种类、购买渠道喜好、购买频次等。

用户动态特征：当下需求、正在前往的地方、周边的商户、周围的人群等。

构建和生成用户画像一般通过以下 3 个步骤实现。

1. 收集数据

企业首先需要掌握多样的数据源，包括用户数据、各式活动数据、电子邮件订阅数、线上或线下数据库及客户服务信息等。大数据营销的数据库是累积数据库，最基础的用户行为数据应通过网站或 App 来获取，如收集网站用户行为数据时，由于用户登录网站后其 Cookies 就一直驻留在浏览器中，开展大数据营销的企业可以通过用户点击的按钮和链接、访问路径以及点赞和评论等，识别并记录用户所有的浏览行为，然后持续分析其浏览过的关键词和页面，分析用户的短期需求和长期兴趣。企业还可以通过社交平台分析，获得用户职业、爱好、教育等方面的信息。

2. 描述分析

描述分析是最基本的分析统计方法，分为数据描述和指标统计两大部分。数据描述用来对数据进行基本情况的刻画，包括数据总数、范围、数据来源。指标统计是把分布、对比、预测指标建模。

通过描述分析将用户分类，给用户贴上标签，企业可以开展“一对一”的精准营销。例如，一位“80 后”客户喜欢早上 10 时在生鲜网站上下单买菜，晚上 6 时回家做饭，周末喜欢去附近吃日本料理。这样，企业就可以给该用户贴上“80 后”“生鲜”“做饭”“日本料理”等标签。

3. 优化整理数据

有了用户画像之后，企业就可以清楚了解用户的需求，在实际操作中便能深度经营用户关系，甚至找到扩散口碑的机会。例如，对于上面提到的那位“80 后”用户，若有生鲜打折券，企业就会把相关信息精准推荐给他。针对不同需求发送推荐信息后，企业可以不断通过满意度调查、跟踪码确认等方式，掌握用户各方面的行为与偏好。

2. 大数据 + 网络社交媒体

“金杯银杯不如顾客的好口碑。”随着社会化媒体的盛行，顾客对于企业开展营销活动的影响在日益扩大。当今，顾客通过网络媒体平台，对产品信息的反馈比以往任何时候都更加及时、全面。一则微博发出即时性信息，短时间内通过转发、评论引发社会关注，其时效性可以比传统媒体快几个小时。近年来逐渐盛行的社交媒体微博、微信逐渐显示出其在营销上的力量，顾客通过口碑传播可以在几天之内颠覆一个品牌的形象。企业应抓住时间，利用大数据技术在社交网络平台上提炼大众意见，捕捉顾客群的产品需求，并以此为依据，结合网络社交媒体做好营销活动。下面以常用的微信、微博、E-mail网络社交媒体为例进行介绍。

1）大数据 + 微信

大数据的迅猛发展对当下的网络营销产生了巨大的影响，也催生了微信的数据营销价值。由于微信拥有海量用户，微信平台上会产生海量的数据。因此，微信除了有众多的功能可以帮助商家进行营销，其本身的大数据特性也对商家的营销产生着巨大的作用。在这方面，小米手机“9∶100万”的粉丝管理模式值得称道。

“9∶100万”的粉丝管理模式，是指小米手机的微信账号后台有9名客服人员，这9名客服人员每天最主要的工作是回复100万名粉丝的留言。

每天早上，当9名小米微信客服人员在计算机上打开小米手机的微信账号后台，看到后台用户的留言，他们一天的工作也就开始了。其实小米自己开发的微信后台可以自动抓取关键词回复，但小米微信的客服人员还是会进行一对一的回复，小米也是通过这样的方式大大地提升了用户的品牌忠诚度。

当然，除了提升用户的忠诚度，小米微信客服也给小米带来了实实在在的益处，使得小米的CRM成本开始降低。过去小米做活动通常会群发短信，100万条短信发出去，就产生了4万元成本，微信设置客服的作用可见一斑。

2）大数据 + 微博

微博营销是利用微博平台实现企业信息交互的一种营销方式，是企业借助微博这一平台开展的包括企业宣传、品牌推广、活动策划及产品介绍等一系列的市场营销活动，具有成本低廉、针对性强且传播速度快、灵活和互动性强等特点。在微博中，每名粉丝都是企业潜在的营销对象。企业可以通过发布微博向粉丝传播企业文化、产品信息，树立良好的企业形象和产品形象。在这方面，伊利舒化奶的世界杯微博营销值得我们学习借鉴。

在俄罗斯世界杯期间，伊利舒化奶与新浪微博深度合作，在“我的世界杯”模块中，网友可以在新浪微博上为自己支持的球队呐喊助威。在新浪微博的世界杯专区，超过200万人参与了此活动，相关的博文也突破了3 000万条。同时，新浪通过对微博粉丝量的比较，选出粉丝数量最多的网友成为球迷领袖。

伊利舒化奶的“活力宝贝”作为新浪俄罗斯世界杯微博报道的形象代言人，将体育营销上升到一个新的高度，为观众带来精神上的振奋，使得观看广告成为一种享受。如果企业、品牌不能和观众产生情感共鸣，即使在比赛场地的草地上铺满了企业的标志，也不能带来任何效果。

伊利舒化奶的世界杯新浪微博营销策略应用其实是基于大数据技术的分析而进行的。特别是在目标受众方面，伊利舒化奶通过大数据分析得出其目标受众为“活力型和优越型”人群，他们一般有着共同的产品诉求。本次微博营销活动让球迷活力与伊利舒化奶有机联系在一起，让关注世界杯的人都关注到伊利舒化奶，将伊利舒化奶为中国球迷的世界杯生活注入健康活力的信息传递出去。

目前，国内很多大型的微博平台，如新浪微博、网易微博等，用户在这些微博平台上均可以享受免费的微博服务，同时这些微博平台还具有庞大的用户群体，为企业开展微博营销奠定了坚实的基础。

3）大数据 +E-mail

E-mail 营销是在用户事先许可的情况下，通过发送 E-mail 的方式向目标用户传递有价值信息的一种营销手段，具有操作简单、应用范围广、成本低、针对性强等特点。企业常通过 E-mail 发送电子广告、产品信息、销售信息、市场调查、市场推广活动等邮件，但是这些邮件常被认为是垃圾邮件，因而降低了人们对 E-mail 营销的信任度。随着大数据技术的发展，企业通过大数据分析能够获知用户的行为倾向、消费偏好，使得通过 E-mail 进行强针对性的精准营销成为可能。

如今，已有越来越多的企业采用电子邮件开展产品的网络推广和客户的维护服务，精准的 E-mail 营销是互联网时代的制胜利器。

3. 大数据 + 移动互联网

根据数据服务商 QuestMobile 发布的《2022 年中国移动互联网年度报告》，经过多年的持续蓄力发展，截至 2022 年 12 月，中国移动互联网用户规模突破 12 亿人大关，同时，用户黏性进一步增强，月人均时长和使用次数分别突破 177.3 小时、2 633 次。根据中国互联网协会数据，2015—2021 年，我国移动互联网规模呈逐年上升的趋势。经初步核算，2021 年我国移动互联网市场规模约为 23.15 万亿元，同比增长 39.1%。随着移动互联网技术的发展，网络上流传着这样一句话：“在未来，营销格局将进入‘无移动，不营销’的状态。”移动营销正在颠覆传统营销，成为商业变革的新动力。

移动互联网最主要的特点是更加即时、快速、便利，无任何地域限制，品牌更要满足消费者随时随地消费的需求。在大数据背景下，移动营销将成为各大企业开展营销活动的重要阵地。

移动营销是基于对大数据的分析处理，深入研究目标消费者，获取市场信息，进而制定营销战略，并通过移动终端（智能手机或平板计算机等）向目标受众定向和精确地传递个性化即时信息，通过与消费者的信息互动达到市场营销目标的行为。移动营销具有便携性、精准性、互动性等特点。这些特性使消费者能够通过手机或者各种智能化的移动设备随时随地参与消费活动，完成品牌搜索、产品信息互动、相关价格查询对比、下单购买、反馈评价等一系列购买行为。

目前，大数据结合移动端营销的方式主要有微店、微商、App、代购等形式，天猫、亚马逊、京东等各大电商也都推出了自己的移动 App。2020 年，我国电商市场规模达到 11.76 万亿元，同比增长 16.5%。其中，移动端电商交易额占比达到了 85.6%，我国网络用户在移动端的消费习惯已经形成。

如今传统电商巨头纷纷布局移动电商，众多新型移动电商购物平台不断涌现，传统企业也在积极试水移动端营销。有的商家推出“PC 端 + 移动端 + 线下门店”多渠道购物业务，进行线下线上联动营销，包括推出支付宝支付、微信支付等移动支付形式，既在一定程度上减缓了消费者排队等候的苦恼，又使其营销活动更加新颖。

移动营销手段不仅使企业大大降低了广告宣传的费用，而且降低了营运的成本。企业或者品牌要想方便地与消费者进行“一对一”的推广，只需开发一款 App 或者注册微信公众号就可以精准定位消费群体，细分各个消费群体的类别，精确定位每一个消费群体，在精准定位的基础上实现消费者的个性化需求服务，让消费者获得满意的购物体验。此外，很多企业推出“百度春晚搜红包”“微信红包”等活动，鼓励消费者在手机上抢红包，以增加人气。同时，企业还开展团购活动，让消费者发动自己的微信群、朋友圈来参与。在这个过程中，越来越多的消费者关注企业的公众号，下载企业的 App，企业获得了更多的用户信息，以后可以用短信等形式向消费者推送产品信息，确保了与消费者的长期联络。

当前，通过手机购物的消费者越来越多，企业应该努力把营销活动做到消费者的手机端上，从而实现真正的精准营销。同时，在大数据时代，手机成为产生大数据的重要终端，企业在手机端的营销布局变得越来越重要。

任务实训

1. 实训目的

了解京东商城的大数据营销。

2. 实训内容及步骤

（1）以小组为单位，组成任务团队。

（2）收集京东商城的大数据营销资料，编写研究案例。

（3）分析案例，撰写研究报告。

（4）提交最后的研究报告，并做成 PPT 在班级里进行展示。

3. 实训成果

实训作业：京东商城大数据营销案例研究。

任务 9.3　认识大数据营销带来的问题

任务引入

2021 年 3 月，复旦大学孙金云教授发布的一项“手机打车”研究报告引发了网友的热议。孙教授的研究团队在国内 5 个城市中收集了常规场景下的 800 多份样本，最后得出一份打车报告。报告显示，苹果机主更容易被专车、优享这类更贵的车型接单；如果不是苹果手机，则手机越贵，越容易被更贵车型接单。这样的报告，让人们对大数据用户画像、大数据杀熟产生的消费陷阱意难平。

请同学们思考，大数据杀熟现象为何屡禁不止？应该如何加强治理？

相关知识

1. 消费者个人隐私泄露问题

微课堂

认识大数据营销带来的问题

大数据技术具有随时随地保真性记录、永久性保存、还原画像等强大功能。消费者的身份信息、行为信息、位置信息甚至信仰、观念、情感与社交关系等隐私信息都可能被大数据记录、保存和呈现。在当今的网络时代，每一位消费者几乎每时每刻都暴露在智能设备面前，时时刻刻都在产生数据并被记录。如果任由网络平台运营商或商家收集、存储、兜售用户数据，消费者的个人隐私将无从谈起。

2. 大数据杀熟问题

大数据杀熟是指开展网络营销的商家利用所拥有的用户数据对老客户实行价格歧视的行为。具体表现为商家为获得利润最大化，对购买同一件商品或同一项服务的消费者实行差别定价，给予老客户的定价要高于新客户。大数据杀熟现象存在已久，早在2000年时就有亚马逊的消费者发现《泰特斯》的碟片对老客户的报价为26.24美元，但对新客户的报价为22.74美元。近年来，我国大数据杀熟的现象屡见不鲜。比如，在团购平台上充值成为会员之后反而要比非会员支付更高的配送费；在某购物平台上，老客户不仅没有获得优惠，反而要比新客户支付更高的价格。

大数据杀熟实际上是企业根据用户的画像，综合购物历史、上网行为等大数据轨迹，利用老客户的“消费路径依赖”专门“杀熟”。根据2019年北京市消费者协会所做的调查，88.32%的被调查者认为大数据杀熟现象普遍或很普遍，有56.92%的被调查者表示有过被大数据杀熟的经历。同时，被调查者认为网购平台、在线旅游和网约车等消费大数据杀熟问题最多，在线旅游高居榜首。另据北京市消费者协会于2022年发布的互联网消费大数据杀熟问题调查结果，86.91%的受访者表示有过被大数据杀熟的经历，50.04%的受访者曾在在线旅游消费中遭遇过大数据杀熟。但遗憾的是，由于大数据杀熟具有隐蔽性，消费者若要进行维权往往难以举证，维权困难。

建设新型消费社会，消费者权益必须得到保障。在2021年全国“两会”上，有全国人大代表提交关于修改反垄断法及完善相关配套制度的议案，其中包括建议立法禁止协同行为，规制数据滥用、大数据杀熟、平台二选一等行为。2021年8月20日，十三届全国人大常委会第三十次会议表决通过《中华人民共和国个人信息保护法》，其中明确不得进行大数据杀熟。2022年1月，国家网信办等四部门联合发布《互联网信息服务算法推荐管理规定》，自2022年3月1日起施行。该规定针对算法歧视、大数据杀熟、诱导沉迷等进行了规范管理，要求保障算法选择权，告知用户其提供算法推荐服务的情况；应当向用户提供不针对其个人特征的选项，或者便捷的关闭算法推荐服务的选项。此外，不得利用算法推荐服务诱导未成年人沉迷网络，应当便利老年人安全使用算法推荐服务；不得根据消费者的偏好、交易习惯等特征利用算法在交易价格等交易条件上实施不合理的差别待遇等。

3. 消费者信息安全问题

个人所产生的数据包括主动产生的数据和被动留下的数据，其删除权、存储权、使用权、知情权等属于个人可以自主的权利，但在很多情况下难以得到保障。一些信息技术本身就存在安全漏洞，可能导致数据泄露、伪造、失真等问题，影响信息安全。此外，大数据使用的失范与误导，如大数据使用的权责问题、相关信息产品的社会责任问题以及高科技犯罪活动等，也是信息安全衍生的问题。

任务实训

1. 实训目的

了解大数据杀熟现象，分析产生原因并提出解决对策。

2. 实训内容及步骤

（1）以小组为单位组建任务实训团队。
（2）收集相关资料，汇编大数据杀熟现象典型案例。
（3）分析大数据杀熟现象产生的原因，并提出解决对策。
（4）提交分析报告，由授课教师进行点评。

3. 实训成果

实训作业：大数据杀熟现象研究。

练习题

一、单选题

1. 大数据营销的核心是（　　）。
   A. 精准营销　　B. 预测分析　　C. 个性化营销　　D. 移动互联网
2. 大数据应用需依托的新技术有（　　）。
   A. 大数据存储和管理技术　　B. 大数据分析技术
   C. 大数据采集技术　　D. 以上3个选项都是
3. “在网络时代，用户的消费行为和购买方式极易在短时间内发生变化。在用户需求欲望最强时及时进行营销非常重要”体现了大数据营销的（　　）特征。
   A. 全样本调查　　B. 数据化决策　　C. 强调时效性　　D. 个性化营销
4. 沃尔玛将尿布和啤酒摆放在一起销售采用了（　　）策略。
   A. 精准营销　　B. 关联营销　　C. 定制营销　　D. 免费营销

二、多选题

1. 大数据营销需依托的技术有（　　）。
   A. 大数据采集技术　　B. 大数据分析技术　　C. 大数据存储和管理技术
   D. 数据呈现技术　　E. 因果分析
2. 下列属于大数据营销特征的有（　　）。

A. 全样本调查　　B. 数据化决策　　C. 强调时效性
D. 市场导向　　E. 个性化营销

3. 企业实施大数据精准营销一般需要具备的条件有（　　）。
A. 精准的市场定位　　B. 巧妙的推广策略　　C. 更好的物流设施
D. 较多的产品种类　　E. 更好的客户体验

4. 大数据背景下常见的营销新思维应用方法主要有（　　）。
A. 关联营销　　B. 微博营销　　C. 微信营销
D. 移动营销　　E. 定制营销

5. 下列有关大数据营销的说法正确的有（　　）。
A. 通过对大数据的挖掘与分析，能够帮助企业发掘用户消费偏好
B. 大数据主要包括数据库数据等结构化信息，文本、视频等非结构化信息不属于大数据的范畴
C. 大数据营销既能帮助企业实现渠道优化，也能促进企业营销信息精准推送
D. 随着大数据技术的发展，企业通过大数据分析能够获知用户的行为倾向、消费偏好，使得通过 E-mail 进行强针对性的精准营销成为可能
E. 大数据营销的方式非常广泛，无须与移动互联网结合

三、名词解释

1. 大数据　2. 大数据营销　3. 个性化营销　4. 关联营销　5. 移动营销

四、简答及论述题

1. 何谓大数据？大数据有何特征？
2. 与传统营销相比，大数据营销的优势有哪些？
3. 试论述定制营销思维的必要性。
4. 试论述企业实施大数据精准营销需具备的 3 个条件。
5. 试论述大数据与移动营销相结合的营销方式。

案例讨论

小红书推广爆款策略：大数据 + 三大营销思路

随着信息技术的发展、消费者购买行为的多元变化以及市场沟通渠道的变更，品牌的营销手段迎来了质的改变。同时，社交电商平台成为快消品行业的重要营销渠道，品牌在消费者洞察与情感连接上面临着巨大的挑战。传统的营销模式下，品牌无法第一时间听到消费者的真实心声，也就无法快速响应市场变化，抓住市场机遇。品牌未来的营销战略就是以客户需求为主导、以大数据营销技术赋能来增强用户全生命周期黏性，媒体投放全渠道、跨界融合体验、多元创新和管理赋能等将成为电商品牌营销的关键。

小红书推广成电商营销主流，城外圈大数据应用技术赋能

投入预算、人力、精力开展营销后，效果如何衡量始终是品牌最关心的。在传统广告投放中，营销效果主要通过页面访问量（page view，PV）、独立访客（unique visitor，UV）、点击率、转化率等衡量，而在社交电商平台中，传播的维度更加丰富多元。

小红书推广不是简单的电商营销模式，小红书所特有的热点聚集强传播，基于兴趣强关注的差异化能力将帮助品牌提升用户聚合能力和影响整个市场带动品牌的声量、美誉度、关注积累转化的能力，这将促进品牌在品牌建设、产品设计、市场推广与销售等各环节围绕社会化媒体实现全面战略升级。

小红书推广三大营销思路创意升级

任何成功的营销案例背后都有一份可被借鉴的模式，深耕小红书产品推广，拥有多年营销经验的城外圈，借助为无数客户打造小红书推广成功的案例，梳理了关于小红书爆款打造的三大营销思路，我们一起来了解一下。

定向消费人群，打造“内容＋电商”的新模式和口碑社区

小红书社区内容来源主要有3种：用户生产内容（user-generated content，UGC），专业生产内容（professionally-generated content，PGC），以明星、达人为基础的专业用户生产内容（professional user generated content，PUGC，将UGC+PGC相结合的内容生产模式）。普通UGC占比最大，是小红书社区内容的主要来源。相较传统电商平台的社区氛围，枯燥单调的产品描述总是不如直戳内心的真实体验来得更“用心”，而小红书这种基于用户真实感受的原创内容，更像是闺蜜式推荐购物，接地气且巧妙的用词，毫不做作的使用心得笔记，敞开心扉的分享生动表达了产品的真实效果。

正是抓住用户在电商购物平台选购产品前会普遍关注评论的心理，小红书将各路达人的原创内容作为关键突破口，打造了一个真实的用户口碑分享社区。

专业PUGC深度种草，品牌口碑销量双赢

小红书的忠实用户主要是以“90后”及“95后”的年轻人、女性、高消费、都市白领为主要特征的人群，关注的内容包括时尚、美妆、美食、旅行等。他们不再喜爱经过专业编辑的长篇内容，更倾向于碎片化的“开瓶笔记”或者视频试用，像身边闺蜜好友的推荐一般，以及更贴近有品质的生活的内容。

城外圈在策划某店铺推广日淘饮品时，通过精选小红书“美食、时尚、旅游”类带货红人，撰写相应的品牌文章，以“多角度切入＋产品软性露出”的种草方式智能推荐给精准的用户群体，让用户更加了解品牌的宣传卖点，并将其引导到淘宝，为淘宝C店（个人店铺、集市店铺）带货。

这种营销策略背后的逻辑是通过甄选海量中腰部达人、多节点PUGC、多品类真实体验推荐数据，以图文、视频的形式打造持续性多频曝光，使受众实现对产品“看见—了解—喜爱—搜索”的动作转化，从而推动品牌整体关注度攀升，打造品牌口碑，推动销量转化。据统计，城外圈策划的此次推广活动使该店提升了10.8%的营业额。

明星+KOL点燃，PUGC集中响应实现高频曝光

从2015年的“小鲜肉”送快递，为周年庆创下5 000万元的日销售额，到2016年的“胡歌和小红书的三天三夜”，小红书让明星成功落地，疯狂吸粉，还有后来的张雨绮、林允、欧阳娜娜等明星入驻小红书，开启明星带货风潮，分享的威力在明星效应之下被无限放大。张雨绮、林允等人在小红书上一反明星“高冷”形象，如邻家女孩一样介绍她们日常生活中用到的护肤品，很快就有千千万万的“小红薯”们争着要“剁手”。

在某牙膏品牌推广过程中，城外圈通过小红书明星KOL的影响力，投放了多位明星使用该牙膏的体验笔记内容，以此为品牌背书，获得消费者的信任。城外圈再从小红书 KOL 属性、节点出发构思多个传播话题，大量投放小红书护肤彩妆时尚类 KOL 的相关分享内容制造热度，形成刷屏效应，让某牙膏品牌在小红书发酵为网红产品（见图 9–1）。

图 9–1　小红书上打造的网红牙膏

该牙膏品牌成功被无数消费者种草，在各社交媒体上掀起一股网红牙膏热潮，实现了品牌产品上亿级曝光，引发千万次热搜互动。

小红书的爆款打造，归根结底还是在于内容的营销和 KOL 的匹配，城外圈深谙小红书推广的关键，为了解决广告主在小红书打造爆款，提升产品销量的需求，通过精准的 KOL 选择、高质量的笔记内容、海量小红书达人资源等方式为广告主提供投放策略，以自有的智能营销平台，依托智能算法优化成本，实现智能投放。

思考讨论题

结合本案例，请同学们谈谈社交电商平台如何开展大数据营销？

学生工作页

项目9　大数据营销

任务	分析《云南白药携手阿里妈妈开展大数据营销》案例				
班级		学号		姓名	

本任务要达到的目标要求：

1. 提升学生对大数据营销的认识。
2. 提升学生分析问题的能力。
3. 了解企业联合开展大数据营销的策略。

能力训练

扫描二维码阅读《云南白药携手阿里妈妈开展大数据营销》案例，然后回答以下问题。

案例

云南白药携手阿里妈妈
开展大数据营销

1. 云南白药为何要携手阿里妈妈开展大数据营销？

2. 云南白药是如何通过大数据营销“化明星粉丝为店铺粉丝”的？

3. 结合本案例，请谈谈不同企业联合开展大数据营销应具备的条件。

学生评述

完成任务的心得与体会：

教师评价

项目 10 O2O 营销

学习目标

【知识目标】

（1）准确理解 O2O 营销模式的含义。
（2）掌握 O2O 营销模式的特点。
（3）熟悉 O2O 营销模式的分类。
（4）掌握 O2O 营销模式的策略与方法。
（5）掌握 O2O 线上线下闭环形成的原理。

【技能目标】

（1）能够根据企业实际情况为其开展 O2O 营销提供建议。
（2）能够掌握 O2O 社会化营销的常用技巧。
（3）能够全面、客观地评估企业 O2O 营销的效果。

【素质目标】

（1）建立 O2O 营销思维模式。
（2）培养学习 O2O 营销的兴趣。
（3）提升网络营销的创新意识。

项目情境导入

O2O 模式改变了原有的线下购买消费的习惯，且线下流量在向线上流动的同时，线上的购物需求对线下的实体经济带来了很大冲击。商超企业在互联网化的大趋势下纷纷寻求转型，寻找新的增长点，O2O 模式作为连接线上线下的最佳选择，成为各大商超转型的首选。

YH 超市成立于 2001 年，是我国较早将生鲜农产品引进现代超市的流通企业之一，已发展成为以零售业为龙头，以现代物流为支撑，以实业开发为基础的大型集团企业。YH 超市初次尝试拓展自己的 O2O 业务是在 2013 年 5 月，然而上线不满百日的“半边天”因销售额不佳，产品大多内损导致亏损严重而悄然下线。

在初次尝试失败之后，YH 超市调整发展战略卷土重来，在 2014 年 1 月以“YH 微店”重新上线其 O2O 业务。作为一个全新的 O2O 业务平台，“YH 微店”将线上微店选购、线下实体店提货融合起来，使消费者可以在线上以微店为输入端，下订单之后在线下的任意一家YH超市实体店取货。该项业务率先在福州地区的8家门店上线试运行。消费者通过App下单，基本可实现货物“半日送达”。同年，YH超市引入了亚洲第一套“JOYA”自助购物系统、自助收银系统、自助会员建卡发卡系统、自助查价机等，并且接入微信及支付宝打通支付环节，从而形成线上线下的消费闭环。

由于生鲜O2O对生鲜品种、定位人群的限制很大，为了应对这种挑战，有效解决生鲜损耗和物流成本，YH超市将消费者分流到就近的社区，让消费者自行取货。YH超市从2001年创立以来，不仅没有回避生鲜品的经营，反而面对挑战将其作为市场切入点和最重要的卖点，并采用完全自营的方式来经营。其O2O模式的核心就在于，以零售终端作为流通供应链的主导者，通过对供应链采购管理、物流管理和销售管理三大核心环节的建设、整合与优化，实现生鲜产品流通全过程的高效率和低成本，从而获得低价格、低损耗、高毛利的“两低一高”竞争优势。在O2O模式运营过程中，YH超市以产品资源为核心，以生鲜产品为自身的特色，凭借其对生鲜产品的经营管理能力来带动其他产品的销售。YH超市利用自身的供应链和实体门店，来提高消费者的购物体验。

一方面，YH超市正持续通过云化、智能等技术手段完善数字化门店建设，提升门店管理效率及用户购物体验；另一方面，YH超市也在通过建设线上线下全渠道营运营销平台，全力支持到家、到店业务。在重庆、成都、福州这三大标杆城市，YH超市以“YH生活”为抓手，以营销为驱动，打通供应链资源、聚焦履约基础能力打造，全面推进全渠道数字化转型战略。

财报显示，2023年第一季度，YH超市到家业务实现销售额20.9亿元，同比增长239%。截至2023年6月30日，YH超市已开业大型门店合计941家，筹建中的门店197家，突破1 000家大关指日可待。

问题：互联网时代，O2O营销成为最具潜力的网络营销模式之一。相对于实体商店传统的“等客上门”营销模式，O2O营销代表着一种新的营销逻辑。许多企业开始利用这种营销模式，借助网络吸引更多的消费者。结合本案例，请你谈谈你对O2O营销模式的初步认识。

项目分析

随着移动互联网与互联网金融的飞速发展，“逛在商场，买在网上”的新消费方式开始挑战传统的商业模式。面对如此变化，O2O营销模式成为营销行业备受关注的新宠。无论是互联网巨头还是移动互联网创业者，都纷纷从人们的衣食住行等多个方面入手，在O2O领域“排兵布阵”，抢占市场先机。

那么，什么是O2O营销？它对我们的网络消费生活有何影响？O2O营销有哪些类别？企业实施O2O营销的策略和方法有哪些？本项目将分别对以上问题进行解答。

任务 10.1　认识 O2O 营销模式

任务引入

小丽是一所 985 大学外贸外语专业的大三学生，学习之余她与同学小芳一道在校内开了一家花店。花店位于职工食堂的后身，位置有些偏僻，而且面积只有七八平方米。平时小丽和小芳轮流看店，只有在毕业季和情人节期间才会请兼职的同学帮忙。遇到小丽和小芳均要上课时，花店就要关门。经营了半年多，花店的生意一直很冷清，小丽和小芳甚至产生了要将花店低价转让的想法。直到听完李教授的 O2O 营销模式的讲座之后，她们才开始重塑信心。小丽和小芳一致认为，她们的花店非常适合采用 O2O 营销模式。小丽和小芳坚信，采用这种新型的网络营销模式，实现线上与线下的有机融合，她们的花店一定会有一个光明的未来。

请问，你觉得小丽和小芳的想法是否可行？为什么？

相关知识

1. O2O 营销模式的含义

2006 年，沃尔玛提出“Site to Store”的 B2C 战略，即通过 B2C 完成订单的汇总及在线支付，消费者到 4 000 多家连锁店取货。该模式其实就是最早的 O2O 营销模式，但一直没有人明确提出 O2O 的概念。直到 2010 年，美国 TrialPay 公司的创始人亚历克斯·兰佩尔（Alex Rampell）首次提出了 O2O 的概念。O2O（online to offline）营销模式主要包括 O2O 电子商务平台、线下实体商家、消费者等要素。O2O 营销模式的核心是利用网络寻找消费者，之后将他们带到实体商店进行消费，如图 10–1 所示。

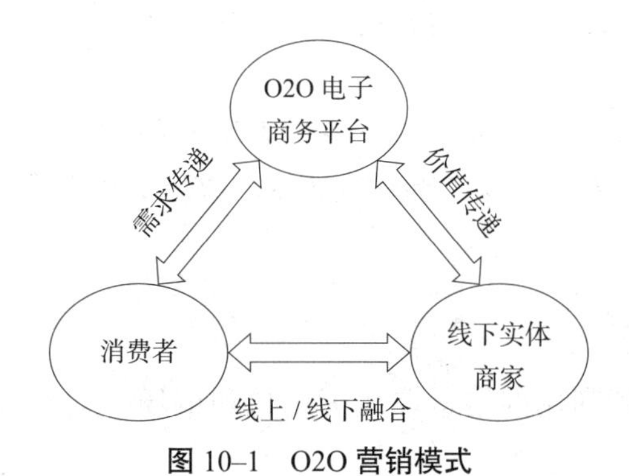

图 10–1　O2O 营销模式

该模式主要适用于在线上进行宣传展示，具有线下和线上的结合性，并且消费者进行再次消费的概率较高的商品或服务。适合采用该模式的行业主要有餐饮、电影、美发、住宿、家政及休闲娱乐等。

我国较早采用 O2O 营销模式的企业是大众点评网和携程网，其“线上下单，线下消费”的商业模式也被业界称为最典型的 O2O 商业模式。线上同时实现信息流与资金流的传递，线下主要实现商品及服务流的传递。那么，O2O 与针对消费者的传统电子商务模式 B2C、

C2C 有哪些区别呢？主要不同点在于在 B2C、C2C 模式下，商家需要将消费者网上下单的商品通过物流进行配送，一般需要 1 ～ 4 天才能到达消费者手中；而在 O2O 模式下，消费者在网上下单后可以随时到线下实体店进行消费，也可等待快递送货上门。O2O 营销模式的广泛普及引发了一场行业变革，改变了人们的消费习惯，可称为 O2O 式生活。下面就以普通职员小李的一天来说明这种新的生活方式。

早晨，小李吃过早餐，用滴滴出行软件搜索附近的车辆，下单预约一辆车。下楼后，他坐着预约的车到达单位，用手机绑定的支付宝直接付费。在单位签到后，小李开始一天的工作。中午，他利用手机上的美团外卖 App 下单订了喜欢的外卖。30 分钟后，热腾腾的外卖由派送员送到小李面前。下班前，小李和朋友们约好去聚餐。通过大众点评搜索附近美食，他在网上下单预订了某饭店的一份 4 人餐，并在线完成支付，然后小李一行 4 人去该饭店消费。酒足饭饱后，小李又在团购网站上团购了 KTV 的券，随后在 KTV 出示订单号进行消费。晚上，小李回到家后，对今天的出行、外卖、晚餐、KTV 一一进行了点评。小李的一天仅是 O2O 式生活的一角，从该案例可以看出，移动互联网已经深入人们生活的方方面面，并成功完成了线上线下的融合。

课堂讨论

有人说，所谓 O2O 营销就是实体店上线，你同意这个观点吗？请说说你的看法。

阅读资料 10-1

“门店到商圈 + 双线同价”的 O2O 模式助力实体店发展

A 商超本身是做线下门店的，后来开始向 O2O 模式进行转变，通过线下门店和线上平台，实现了全产品全渠道的线上线下同价，从而打破了实体零售在转变过程中线下价格与电商渠道价格相冲突的魔咒。

因开展了线上销售渠道，A 商超的线下实体店已不再是仅具有销售功能的门店，而是包含了展示、体验、物流、售后、推广等新的功能，增强了线下零售的竞争力，促进了实体店的发展。

2. O2O 营销模式的特点

O2O 营销模式是一种利用网络争取线下用户和市场的新兴商业模式，一般具有以下特点。

1）商品及服务由线下的实体商店提供，质量有保障

O2O 营销模式中，消费者一般根据需求在网上选择合适的商品或服务，在线上下单后到线下实体店进行消费。烘焙小屋就是一个典型的 O2O 应用案例，如图 10-2 所示。消费者只需通过扫描二维码在微商城线上下单，然后到店里取走早餐即可。O2O 营销平台上的商品及服务均由实体店提供，因此，商品质量有一定的保障。

图 10–2　烘焙小屋的下单流程

2）交易流程可跟踪，营销效果透明度高

O2O 营销可以较快地帮助实体店提高知名度。O2O 订单通过网络达成，在销售平台中留有记录，可使商家通过网络追踪每一笔交易，因而商品营销的效果透明度高。例如，对于在美团上进行的交易，商家可查看每一笔订单记录。

3）交易商品即时到达，无物流限制

B2B、B2C 等模式下，消费者需要 1 ～ 4 天才能收到购买的商品。然而通过 O2O 营销平台，消费者一般足不出户就可以在 2 小时内收到所购商品，也可以随时到店消费，方便快捷。

4）商品信息丰富、全面，方便消费者“货比三家”

O2O 营销平台可以将餐饮、酒店、美发以及休闲娱乐等各类型的实体店集于一体。典型的代表为大众点评网，该平台能够为消费者提供丰富的商品信息，还有消费者点评及推荐，可以为新的消费者选择商家提供参考，如图 10–3 所示。

5）宣传及展示机会更多，帮助商家寻找消费者，降低经营成本

O2O 有利于盘活实体资源，为商家提供更多宣传展示的机会，从而便于吸引新的消费者。O2O 的宣传及送货上门服务，降低了商家对地段的依赖，减少了商家的经营成本。

同时，O2O 营销平台所存储的用户数据，有利于商家维护老顾客。根据消费者的消费情况及评价信息，商家可以深度挖掘消费者需求，进行精准营销，合理安排经营策略。

图 10–3　大众点评网推荐的商品信息

案例分析

M 外卖的 O2O 营销

餐饮 O2O 即线上到线下的餐饮模式，是指通过互联网线上平台提供订餐、外卖等服务，将线下实体餐厅与线上消费者相连接。近年来，随着移动互联网的迅猛发展，餐饮 O2O 模式在全球范围内快速兴起，并深受用户的喜爱。

M 外卖是我国首家运用餐饮 O2O 模式的互联网公司。M 外卖通过手机 App 和网页端在线订餐平台，满足用户在家或办公室的餐饮需求，提供方便快捷的美食外卖服务。首先，M 外卖通过与各大餐饮店进行合作，整合线下的餐饮资源，为用户提供多样化的美食选择。用户可以通过 M 外卖 App 在线浏览附近参与合作的餐厅，选择自己喜欢的菜品，下单付款后，M 外卖会将定好的订单信息和用户送达地址传递给对应的餐厅，餐厅负责制作和配送食物。这样的模式可以大大提高用户的订餐效率。其次，M 外卖通过与第三方物流公司合作，建立高效配送体系。在用户下单之后，第三方物流公司会根据用户的配送地址和餐厅的制作速度进行调配，以最短的时间送达用户手中。这种高效的配送体系极大地提高了用户的使用体验，让用户在忙碌的工作生活中能够方便地享受美食。最后，M 外卖通过积分和优惠券等营销手段来吸引用户。用户使用 M 外卖 App 订餐后，可以获得一定的积分，积分可以用来抵扣后续订单的金额；同时，M 外卖会不定期地推出各种优惠券活动，用户可以参与活动获取优惠券并在下单时使用。这样的营销手段让用户觉得同时享受到了便捷和实惠。

案例分析：餐饮 O2O 模式的成功要素主要包括合作餐厅资源整合、高效的配送系统以及营销手段的运用。这个模式不仅帮助用户方便快捷地享受美食，也给餐厅带来了更广阔的市场和销售渠道。对于其他餐饮企业来说，可以借鉴 M 外卖的经验，结合自身的特点和需求，开展线上和线下的联动，提升用户体验，增加营收和市场份额。

3. O2O 营销模式的分类

O2O 营销模式的实质是将用户引流到实体店，为实体店做推广。从广义上讲，O2O 的范围特别广泛，只要是既涉及线上又涉及线下实体店的模式，均可被称为 O2O。随着 O2O 营销模式的发展，目前形成了以下两种商业模式。

1）online to offline（线上到线下）模式

这是 O2O 营销模式的普遍形式，将消费者从线上引流到线下实体店进行消费。具体的交易流程如图 10-4 所示，实体商家与线上平台（如网站、App 等）合作，在线上平台发布商品信息，消费者利用互联网在线上平台搜索相关商品，在线购买心仪的商品并完成支付。线上平台向消费者手机发送密码或者二维码等数字凭

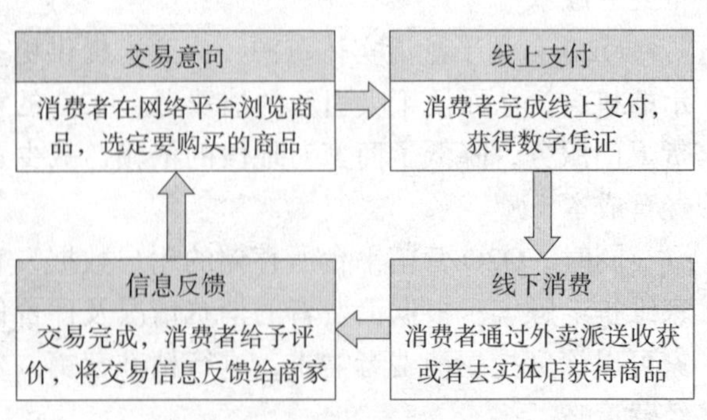

图 10-4　线上到线下模式交易流程

证，消费者持该数字凭证到实体店消费。大众点评、美团等平台是这种 O2O 营销模式的典型代表。

2）offline to online（线下到线上）模式

这种模式是在 O2O 发展的过程中逐步兴起的，又被称为反向 O2O。它将消费者从线下吸引到线上，即消费者在实体店体验后，选择好商品，在线上平台进行交易并完成支付。例如，可口可乐开盖礼、麦当劳支付宝付款、母婴店扫描二维码加会员下单等都是反向 O2O 的典型案例。

值得注意的是，O2O 营销模式的价值并不仅在于通过线上展示和线下体验更好地连接消费者与商家，而是在于商家给消费者提供系统性的贯穿整个交易流程的完整服务，包括售后的产品维护等。只有感受到这样完整的购物体验和服务，消费者才更乐意分享，从而进行口碑的二次传播和持续购买。

任务实训

1. 实训目的

熟悉开展 O2O 营销的前期准备工作。

2. 实训内容及步骤

（1）以小组为单位，成立任务团队。

（2）确定 O2O 营销活动的目标与内容。

（3）收集相关资料，经分析、讨论之后撰写《某企业 O2O 营销活动开展的前期准备工作方案》。

（4）提交方案，由老师进行评阅评分，记为平时成绩。

3. 实训成果

实训作业：某企业 O2O 营销活动开展的前期准备工作方案。

任务 10.2　掌握 O2O 营销的策略与方法

任务引入

小丽和小芳的花店实施 O2O 营销之后，在经营上的确有了一定的起色，但没过多久，她们就发现了新问题。小丽和小芳的客户主要是在校的本科生和研究生，俗话说“铁打的营盘，流水的兵”，每年都有大批的同学毕业离校，因此花店顾客的终身价值不高。而且小丽和小芳自己还有一年的时间也要毕业，以后花店也无法在校内再经营下去了。但小丽和小芳已经决定毕业之后自主创业，两人将继续合伙开店，经营项目将从鲜花扩充到礼品和学习用品，目标客户为大学城的师生和附近的居民。她们计划在大学城的商业街租一间稍大的店面，继续采用 O2O 营销模式。

请同学们思考，小丽和小芳离开校园后如果继续实施 O2O 营销模式，在策略和方法方面要做出哪些改变？

相关知识

1. O2O 线上推广

微课堂

O2O 营销的策略与方法

要做好 O2O 营销，消费者使用什么样的在线工具，企业就必须使用相同的在线工具。在移动互联网时代，网站、短视频 App、微信、微博等都是 O2O 营销的工具，是产品或服务的传播渠道。下面具体介绍 O2O 线上推广的策略与方法。

1）自建网上商城——与线下实体店对接

企业在互联网上建立自己的官方商城，在线上对产品及服务进行宣传推广，消费者在该平台下单后，可以选择到实体店体验消费，也可以直接享受送货上门服务。一般大型连锁加盟的生活服务类企业会采用这种自建网上商城的方式，从而有效地将线上平台与线下实体店实时对接。由于是自己的网站平台，商家对网站的管理便利，对目标消费者的针对性强，但企业自建 O2O 网上商城需要投入较多的资金。

2）创建自有 App——充分利用移动互联网

在智能手机高度普及的今天，使用手机上网的人越来越多。无论是学习教育还是衣食住行，各大企业均不断推出各种手机 App（如图 10–5 所示），希望能够在移动互联网中占有一席之地，营销大战也从 PC 端转移到了手机移动端。例如，在 2016 年共享单车群雄混战之际，一张共享单车 App 的手机截图曾蹿红网络。在这张截图中，24 个共享单车应用的图标占满了手机屏幕，如图 10–6 所示，可见自有手机 App 已然成为企业开展营销活动的重要工具。

图 10–5　各种手机 App

图 10–6　共享单车 App

3）借势社会化营销——聚集人气

社会化营销是一种以消费者为中心的营销模式，采用集广告、促销、公关、推广于一体的营销手段，是典型的整合营销行为，只不过社会化营销是在精准定位的基础上展开的，且偏重于口碑效应的传播。社会化营销的经典媒介包括论坛、微博、微信、博客、校内网、SNS 社区等。O2O 社会化营销在数字化营销的基础上，更关注利用线上和线下资源探索消费者个性化内容，找到目标客户群。与其他营销方式相比，O2O 社会化营销更加注重满足不同消费者的心理需求，进行个性化营销，其常用技巧如表 10–1 所示。

表 10–1　O2O 社会化营销的常用技巧

不同类别的消费者	营销技巧
爱吃的消费者	免费试吃、美食推荐
节约的消费者	秒杀、免费领、团购
较少出门的消费者	手机购物、送货上门
有情感需求的消费者	节日问候、贺卡祝福
追求享受的消费者	高级会员、奢侈品推广
好奇心强的消费者	悬念营销
关注娱乐新闻的消费者	邀请名人
注重养生的消费者	保健博文、养生话题
努力上进的消费者	励志软文
爱美的消费者	美妆、潮流
需要送礼的消费者	包装精美的礼品

营销活动融合互联网思维，是一场空前的、历史性的改革。如果企业依然只采用传统的营销方式，没有突破，没有创新，其营销将会举步维艰。社会化网络可以实现社交分享、维护关系、召集活动等，从而拉动消费。开展 O2O 营销的企业应该和用户使用同样的在线工具。然而，要做好 O2O 社会化营销，企业也需要有创意、执行力、公信度、传播面，同时要树立精品意识，减少用户互动参与的疲劳感。

4）借助第三方消费点评网站——实施口碑营销

O2O 商业模式主要针对消费者的吃喝玩乐等方面，瞄准了服务行业中生活服务这片市场的“蓝海”。网络上流传着一种观点：“如果把商品塞到箱子里送到消费者面前的网上销售额有 5 000 亿元，那么生活服务类的网上销售额会达到上万亿元。”尽管该说法有点夸张，但也足以说明生活服务类市场的销售空间非常广阔。生活服务类商品适合采用口碑营销的模式进行推广，即第三方消费点评网站通过信息分类、优惠折扣、团购等手段为消费者提供相关信息，利用口碑分享来帮助商家推广。常见的点评网站主要有大众点评、美团、58 同城、百度糯米、聚划算等。

5）开展促销活动——优惠拉动消费

俗话说“货比三家”，在互联网飞速发展的今天，“货比百家”已经实现。对于企业来说，价格策略仍然是见效最快、最能拉动消费的方法之一。在这方面，滴滴打车的做法值得企业学习借鉴。用户使用滴滴打车并分享红包，即可领取优惠券；邀请好友助力，可领出行券；可 1 元购买 90 元券包，包括快车立减 5 元 2 次、快车折扣七折 2 次、快车折扣六五折 2 次，或者邀朋友拼团，每人花费 0.01 元即可得到上述优惠券包……一个个看似简单的活动，最终衍生为既能传播品牌，又能激活老用户，还能实现以老带新，抢占市场份额，甚至可以成为商业化变现或推动跨界合作、品牌合作的利器。

2. O2O 线下培育

对于 O2O 营销来说，企业也应该准确地定位自己的用户群体。用户在哪里，企业就要去哪里，能否对目标用户进行精准定位决定了一个商业模式的成败。

1）体验营销

体验营销是一种通过提供个性化的体验和感受来吸引和留住消费者的新型营销方式。实施体验营销的企业，注重在产品或服务中融入更多的体验元素，从而让消费者在购买或使用过程中获得更多的乐趣和满足感。

在 O2O 营销中融入体验营销理念，让消费者在购买及消费过程中获得更好的感受，不仅能够提升消费者的满意度，而且能够促成线下用户向线上用户的转换，实现反向 O2O。在这方面，M 服饰的做法值得借鉴。

以“不走寻常路”著称的 M 服饰提出了“生活体验店 +App”的 O2O 模式。该模式通过在优质商圈建立生活体验店，为到店用户提供 Wi-Fi、平板计算机、咖啡等便利的生活服务和消费体验，吸引用户长时间留在店内使用平板计算机或手机上网，登录并下载品牌自有 App，以此实现线下用户向线上用户的转化。生活体验店模式在服装零售 O2O 领域是一个大胆、新颖的尝试，在这种模式下，门店将不再局限于静态的线下体验，不再是简单的购物场所，同时是用户可以惬意上网和休息的休闲之地。这可以增加 M 服饰品牌自有 App 的下载量，提高用户的手机网购使用率和下单量。

2）会员卡应用

商家通过积累、分析会员信息，可以采用 E-mail、电话、短信等方式有针对性地给相应用户发送产品信息，深度挖掘用户需求，维护用户关系。会员卡应用是一种长期的促销手段。当然，会员卡不必为实体卡片，商家可以采用电子会员卡的形式，如扫描二维码、关注公众号、注册手机号成为会员等。商家通过用户的会员信息，可以更加方便地掌握用户的地理位置信息、到店消费信息等，利用折扣优惠吸引用户再次消费。

3）粉丝模式

粉丝模式是指商家把 O2O 工具（第三方 O2O 平台、自有 App 等）作为自己的粉丝平台，利用一系列推广手段吸引线下用户不断加入，通过品牌传播、新品发布和内容维护等社会化手段吸引粉丝，定期给粉丝推送优惠信息和新品信息等以实施精准营销，吸引粉丝直接通过 App 购买商品，如图 10–7 所示。

图 10–7　粉丝模式

粉丝模式利用社会化平台的粉丝聚集功能，通过门店对现场用户进行引导，然后通过粉丝在线互动增强黏性。这样，在新品发布、优惠活动或者精准推荐的拉动下，企业可以提高移动端的销售能力。其中，服装品牌歌莉娅的做法值得我们借鉴。歌莉娅在 O2O 方面选择了与阿里巴巴旗下的微淘合作，在全国各地精选出的近百家门店内摆放了微淘活动物料，吸引到店顾客扫描门店内的二维码成为歌莉娅微淘粉丝，随时接收歌莉娅的新品推荐、活动发布、穿衣搭配建议等信息。微淘的推荐链接可以直接指向歌莉娅天猫旗舰店，促进用户直接下单。据统计，短短 5 天的活动让歌莉娅的粉丝增长了 20 万人，活动期间共有超过 110 万名用户打开手机访问了歌莉娅天猫旗舰店。

4）二维码

随着移动互联网的发展，二维码在商店、地铁、报纸等处随处可见，用户通过手机扫描二维码可以浏览产品或服务的信息，并可以获取优惠折扣，形成“无处不渠道，事事皆营销”的营销新态势。二维码凭借体积小、信息含量大的优势，既方便商家存储产品或服务的信息，也方便用户消费，成为商家将用户从线下引流到线上的便捷工具。在这方面，E-mart 超市的阳光二维码定时促销就是一个典型案例。

E-mart 超市是韩国第一大连锁超市，其注意到中午时段的销售规模明显缩小，于是思考如何能够扩大该时段的销售规模。随后 E-mart 超市设计了一个柱状物体，利用阳光和阴影形成一个只在 12:00—13:00 出现的二维码优惠券，以趣味性吸引用户，并以折扣促进该时段的销售。它将这些实物二维码放置在首尔街头的某些地方，利用阳光照射的阴影形成别具一格的二维码图形。用户用手机扫码后，会被引导至手机购物的网页，获得各种优惠券。在使用 E-mart 超市的 App 购物后，用户购买的商品可以直接被快递到家。

二维码凭借其一键连接线上线下的功能，大大提升了营销活动的趣味性和用户参与的便捷性，可以吸引众多用户参与商家的活动，便于商家与用户建立互动关系，最终创造有价值的用户体验。在未来的营销时代，二维码必将开辟一个巨大的市场，开创营销服务的新天地。

3. O2O 线上线下闭环

如果没有线上的产品展示，消费者将很难获得商家信息。如果没有线下实体店的产品体验，线上交易也只能建立在空谈之上。在 O2O 营销的过程中，企业要做到线上线下互动并非易事，这要求线上平台功能健全、线下服务创新实用。O2O 营销模式需要线上到线下的双向借力，线上线下的闭环营销才是 O2O 营销的核心。例如，很多企业不仅通过官网、官方微博、博客、微信公众号等线上方式营销产品，也通过传统的报纸、传单、公交站牌、线下体验店等线下方式宣传产品，大大提高了产品的出镜率，吸引了目标人群。

O2O 闭环是要实现两个 O 之间的对接和循环。线上的宣传营销活动，将消费者引流到线下消费，从而达成交易。然而，这只是一次 O2O 模式的交易，未实现闭环。要做到闭环，商家需要将消费者再从线下引回线上。消费者在消费后对产品或服务做出评价等行为，才实现了 O2O 闭环，也就是从线上到线下，然后回到线上，如图 10–8 所示。

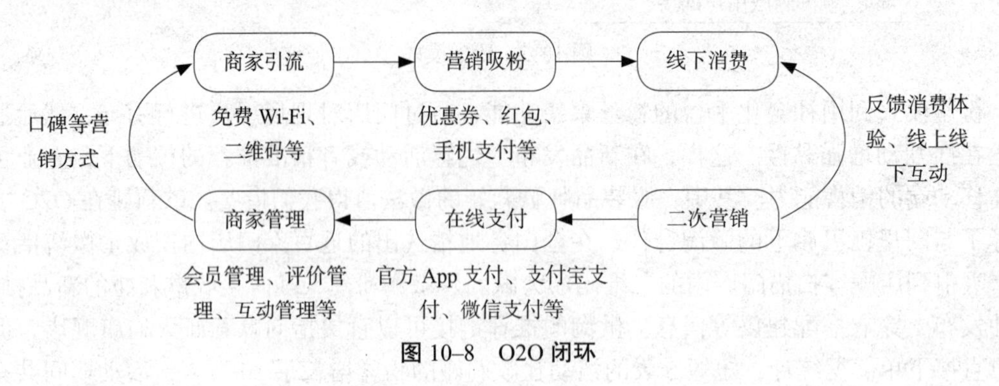

图 10–8　O2O 闭环

在生活娱乐的 O2O 领域中，消费者的行为不像其他 B2C 等商业模式下的消费者行为一样都在线上一端，而是分成线上线下两部分。从 O2O 平台的角度来说，若不能对消费者的全部行为进行记录，或者缺失了相当一部分，那么平台很可能会失去对商家的掌控，也就是失去了议价权，这样平台的价值就小了。因此闭环也是 O2O 平台的一个基本属性，这也是 O2O 平台与普通信息平台的一个重要区别。

4. 新技术赋能

运用人工智能、虚拟现实、大数据等先进信息技术，能够实现“智能体验、全域运营、导购分销、数字营销”的融合，帮助传统门店快速构建“从在店到离店”“从线上到线下”“门店 + 网店” 24 小时全天候的服务能力，经营突破时空增长界限。

阅读资料 10–2

海尔消费金融 App 面世，为打造 O2O 闭环铺路

海尔消费金融 App 针对用户“痛点”，全面打通线上无纸化申请和快速审批全流程。用户只需打开海尔消费金融手机 App，按照办理流程完成注册账号—实名认证—激活额度—申请贷款四大步骤，最高可贷 20 万元，最快当天就可通过审核获取额度。

用户可以申请 50% 的额度变现，也可以直接在海尔消费金融的线上商城进行消费。此外，用户可以通过内置搜索功能，查找离自己最近的线下网点。海尔消费金融布局的 3 000 多家线下网点的产品也支持使用额度支付，真正实现 0 元购物。用户只需每月 12 日前确保绑定的还款银行卡内有足够的余额，系统就能实现自动划扣。

此外，海尔消费金融致力于通过线上线下无缝对接，零时差地提供消费金融服务。App 的上线不仅能为用户提供更为便捷的线上申请、线上查询、线上线下消费、线上还款等服务，还对海尔消费金融打造一站式家庭消费金融生态圈，构建互联网金融 O2O 闭环有重要的推动作用。

据亿邦动力网了解，海尔消费金融将以家庭消费需求为核心，搭建家电、家装、家居、教育、健康、旅行等垂直化消费金融场景，汇聚了包括海尔家居家电产品线、红星美凯龙、有住网、绿城电商、屋牛电商、环球雅思、环球游学、新私享旅行等在内的诸多品牌，让用户能更轻松、便捷地寻找到自己需要的 O2O 金融产品和服务。

任务实训

1. 实训目的

熟悉 O2O 营销的策略与方法，完成 O2O 营销策划方案。

2. 实训内容及步骤

（1）以小组为单位组建任务实训团队。

（2）阅读以下给定材料：小明和小亮是兄弟，小明是哥哥，比小亮大五岁。小明上完高中后在家人的帮助下开了个超市。小亮以优异的成绩考上了南开大学市场营销系，目前正在读大四并已确定保研。寒假期间，小亮到哥哥小明的超市帮忙，发现生意非常冷清，而隔壁王哥超市的生意异常火爆。都是超市，面对的是同样的消费群体，商品的价格又相差无几，为何哥哥的生意就比不过王哥呢？小亮决定一探究竟。经调查发现，王哥采用了 O2O 的营销模式，通过王哥超市建立的在线平台就可搜索商品并完成在线购买，极大地方便了消费者购物。小亮终于知道哥哥生意不景气的原因了，他觉得哥哥也要开展 O2O 营销，否则很难与王哥竞争。

（3）根据上述材料，为小明的超市完成 O2O 营销策划方案，重点阐述营销策略与方法部分。

（4）各团队分享策划方案，由同学们在课下讨论。

3. 实训成果

实训作业：某超市 O2O 营销策划方案。

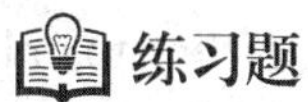

练习题

一、单选题

1. O2O 营销模式的核心是（　　）。

A. 利用网络寻找消费者　　B. O2O 电子商务平台

C. 线下实体商家　　D. 在线支付

2. 下列不属于社会化营销经营媒介的是（　　）。

A. 论坛　　B. 微博　　C. 微信　　D. 当当网

3. O2O 营销是一种利用网络争取线下用户和市场的新兴商业模式，下列不属于 O2O 营销特点的是（　　）。

A. 商品及服务由线下的实体商店提供，质量有保障

B. 营销效果透明度低，交易流程不易跟踪

C. 商品信息丰富、全面，方便消费者“货比三家”

D. 宣传及展示机会更多，帮助商家寻找客户，降低经营成本

4. O2O 营销模式的实质是将用户引流到（　　）。

A. 微信平台　B. 实体店　C. 购物网站　D. 以上均不正确

5. 通过（　　），可形成“无处不渠道，事事皆营销”的营销新态势。

A. 精准营销　B. 粉丝模式　C. 二维码　D. LBS

二、多选题

1. O2O 营销模式的要素主要包括（　　）。

A. O2O 电子商务平台　B. 线下实体商家　C. 消费者
D. 在线支付　E. 货到付款

2. 以下属于 O2O 营销模式典型代表的有（　　）。

A. 大众点评网　B. 中国化工网　C. 慧聪网
D. 敦煌网　E. 美团网

3. 第三方消费点评网站通过信息分类、优惠折扣、团购等手段为消费者提供商家信息，利用口碑分享来帮助商家推广，常见的点评网站主要有（　　）等。

A. 大众点评　B. 美团　C. 百度糯米
D. 聚划算　E. 58 同城

4. O2O 线上推广常用的方法主要有（　　）。

A. 自建网上商城　B. 创建自有 App
C. 借势社会化营销　D. 开展促销活动
E. 借助第三方消费点评网站

5. 以下属于反向 O2O 案例的是（　　）。

A. 可口可乐开盖礼　B. 麦当劳支付宝付款
C. 母婴店扫描二维码　D. 美团外卖
E. 优衣库线上线下双融合

三、名词解释

1. O2O　2. online to offline 模式　3. offline to online 模式　4. 粉丝模式　5. O2O 闭环

四、简答及论述题

1. 哪些行业适合采用 O2O 营销模式？为什么？
2. O2O 营销模式的特点是什么？
3. O2O 线上推广的策略和方法有哪些？
4. 如何形成 O2O 营销的线上线下闭环？
5. 试论述 O2O 的线下培育。

案例讨论

连州农特产 O2O 体验中心揭牌运营

乘八面来风，应万众期盼，2020 年 12 月 12 日，连州农特产 O2O 体验中心揭牌运营。该体验中心根据连州市省级电子商务进农村综合示范县（市）——推动农村产品上行建设

要求构建而成，总面积达1 300多平方米，包含“连州农特产产品展示厅（见图10–9）、清远市工程研发中心、广东省博士站”。在全面解决连州农特产线上线下销售、深加工新品研发、品牌建设等问题的同时，帮助连州市完善农村电子商务服务体系建设、优化农村电子发展环境。

图10–9 连州农特产产品展示厅

近年来，连州市以农业供给侧结构改革为主线，以增加农民收入为核心，不断完善农村电子商务服务体系建设，加快推进电子商务进农村综合示范工作，农村电子商务发展环境进一步优化，精准扶贫工作取得实效。

连州物产种类丰富，有连州菜心、东陂腊味、玉竹、百合、沙坊粉、星子红葱、砂糖橘等。该电子商务O2O体验中心将以“互联网＋旅游＋农特产品”的线上、线下互动模式，有效推动特色产品走出连州，打造特色农产品销售全产业链，构建连州“互联网+”新经济，促进连州农业提质升级。

体验中心以“政府监督主导、企业参与运营”的模式，最大限度地保障O2O体验中心农特产品品质、特色，以及为来连州游客提供精准、便捷、完善的服务，从而形成口碑效应带动线上流量，积极打造连州农特产品品牌建设，推动连州市名特优农产品上行、对连州市农村电子商务发展起积极带头示范作用，带动乡村农副产品进城，为解决城乡二元结构，最终为实现“精确扶贫、美丽乡村”的目标贡献应有力量。

揭牌仪式上，连州市领导表示，连州市农特产O2O体验中心，既是连州特色现代农业开拓市场的创新方法，也是助推连州脱贫攻坚工作的载体。连州一定要以O2O体验中心揭牌运营为契机，深度融合“产业＋电商＋扶贫”，切实解决产业小、散、弱问题，充分发挥平台作用和孵化器功能，把公共服务中心建设好、运营好，探索出一条适合实际、符合市场发展规律的电商发展“连州新模式”，通过线上与线下结合、上行与下行结合、销售与生产结合、传统与现代结合，畅通产品流通渠道，有效推动特色产品走出连州，走向全国。

当天，在连州农特产展示厅内汇聚了连州当地名特优新、地标保护、无公害、有机、绿色农特产品及其深加工产品，嘉宾们通过面对面零距离亲身体验，在现场试饮、试吃、看样品、选购下单，以及享受物流配送到家服务，直接感受到连州农特产及其深加工产品的优良品质，O2O体验中心也实现了游客线下至线上的引领、持续性消费引流及形成口碑效应。

思考讨论题

1. 农特产品开展O2O营销需要注意哪些问题？
2. 连州农特产O2O体验中心揭牌运营具有哪些示范效应？

学生工作页

项目 10　O2O 营销					
任务	熟悉 O2O 营销闭环策略				
班级		学号		姓名	

本任务要达到的目标要求：

1. 加深学生对 O2O 营销闭环的认识。
2. 提高学生独立思考问题的能力。
3. 帮助学生理解 O2O 营销闭环的形成机制。

能力训练

1. 你是如何理解 O2O 营销闭环概念的？

2. 构造 O2O 营销闭环对企业的意义是什么？

3. O2O 营销闭环是如何形成的？

学生评述

完成任务的心得与体会：

教师评价

项目 11 其他常见的网络营销方式

学习目标

【知识目标】

（1）了解小程序营销的接入流程与推广方式。

（2）掌握论坛营销的概念与操作流程。

（3）掌握病毒式营销的概念与策划要点。

（4）熟悉 App 营销的概念与模式。

（5）熟悉许可 E-mail 营销的主题与内容设计要求。

（6）熟悉二维码营销的方式与渠道。

【技能目标】

（1）能够为企业实施小程序营销提供建议。

（2）能够为企业开展论坛营销设计策划方案。

（3）能够完成某一病毒式营销活动的策划并实施。

（4）能够为企业制订 App 营销策划方案。

（5）能够为企业完成许可 E-mail 营销及二维码营销方案的设计。

【素质目标】

（1）培养持续关注网络营销热点的意识。

（2）培养对新生事物的敏感度和洞察力。

（3）建立网络营销创新营销思维模式。

项目情境导入

情境一：小程序是在微信平台上实现的一种轻应用形态，具有实时通信、安全可靠、快速启动等特点。用户无须下载小程序即可使用，使用体验极佳，是企业开展网络营销的有力工具。A 电商采用小程序营销，将网络购物与社交元素相融合，为用户提供了更加有趣和便利的购物选项。

A 电商小程序营销完美契合微信小程序“用完即走”的定位，简化了用户操作，提升了用户体验。A 电商通过小程序推出了一系列拼团活动，如“砍价”“拼单”等，吸引了很多消费者的关注。小程序让消费者可以更加方便地参与 A 电商的团购活动，在降低消费者购买成本的同时，帮助商家提高了产品的知名度和销量。

情境二：新浪和某运动品牌联手打造了“某品牌新浪竞技风暴”体育网络社区，创造了“我为鞋狂”“同城约战”和“星迷会”等主题板块，让粉丝们在社区内自由创造，极大地调动了他们的参与热情，该品牌所传递的竞技精神也融入社区中，为品牌创造正面价值，达到了很好的推广效果。

情境三：电商企业京东借助京东手机App的超高人气开展各项优惠促销活动，并且推出了京东金融、京东钱包、京东到家等一系列App，全方位方便消费者使用。京东手机App不仅方便了老用户随时使用，而且能从各个渠道吸引新用户，将企业的营销从网页端拓展到移动端，且移动端的营销成交量不断增加，占比越来越大。

情境四：某品牌饮料在粉丝的积极参与下，制作了纯公益性质的“世界再大，也要回家”沙画视频。该视频采用沙画形式，穿插了游子离家的感人场景，在一幕幕父母痴痴地等待中勾勒了浓浓亲情，引发了受众强烈的共鸣。短短十天，这条视频达到了200多万的传播量，以低成本实现了良好的传播效果，成功实现了病毒式传播。

情境五：A女士是J商城的新会员，她最近想学一些厨艺，于是到J商城购买厨具。结果她发现自己选中的那款商品没有货，然后她看到J商城有“到货提醒”功能，于是她开启了该功能，填上了自己常用的邮箱地址。过了几天，这件商品有货了，A女士收到了邮件提醒并且J商城在这封邮件里给她推荐了几件相关的商品。A女士改变了主意，感觉自己选的没有推荐的好，于是她购买了邮件中推荐的商品，A女士完成了她在J商城的第一次购物。

情境六：前些年H品牌矿泉水的一物一码营销开启了快消品行业的二维码营销新方式。过去企业做活动必须经过经销商、终端店，但是现在仅需消费者扫一扫便能实现企业直接掌控，在简化流程的同时，并绑定线下高人气的微信红包、积分商城、线上优惠券等方式，吸引消费者，增强用户黏性，并通过活动获取消费者信息，进行消费者圈层分析。

问题：以上6个情境分别描述了哪种网络营销方式？请谈谈你对上述网络营销方式的基本了解和认识。

项目分析

2017年1月9日，微信小程序低调上线，这种无须下载安装即可使用的应用，实现了应用“触手可及”的梦想。小程序营销充分利用了小程序的特性，自诞生之日起，即受到企业界的广泛关注。在网络时代，注意力是最稀缺的资源。为了吸引目标受众的关注，越来越多的企业借助网络论坛开展营销活动，由此诞生了网络论坛营销方式。随着智能手机的快速发展和不断更新，网络购物也从网页端转移到了移动端，各大企业也在加紧开发本企业的移动端App，App营销成了各大企业抢占消费者市场的新利器。此外，随着网络信息技术的飞速发展，借助口碑，通过客户自发传播的病毒式营销；借助电子邮箱实施精准营销的许可E-mail营销；借助二维码打通线上与线下营销“瓶颈”的二维码营销等方式也应运而生。

那么，该如何理解上述6种网络营销方式？企业又该如何借助上述营销方式开展网络营销活动？本项目将分别对以上问题进行解答。

任务 11.1　熟悉小程序营销

任务引入

小刘是某农业大学信息工程学院计算机软件专业的大三学生，他的家乡是有名的水果之乡。独特的自然环境尤其适合苹果生长。近年来，越来越多的当地村民开始种植苹果，不少人成了远近闻名的苹果大王，小刘的二叔老刘就是其中的佼佼者之一。老刘通过不断扩大种植规模，如今已拥有了 200 多亩的苹果种植园。今年风调雨顺，苹果获得了大丰收，但销售遇到了困难，老刘这些果农们为此一筹莫展。

小刘得知现状后，决定利用专业知识，为果农销售成功打造了一款名为“果农乐”的微信小程序，助力解决水果滞销问题。

请问，如果你是小刘，你该如何做好小程序“果农乐”开发前的准备工作？

相关知识

1. 小程序及小程序营销的概念

1）小程序的概念

小程序又称微信小程序，是腾讯公司推出的一种全新的移动应用模式。它是一种无须下载安装即可使用的应用程序，可以在微信平台内直接打开和使用，无须占用用户手机内存空间。2017 年 1 月 9 日，微信小程序正式上线，其开发团队不断推出新功能。如今小程序在企业宣传、企业营销、售后分析等方面有着广泛的应用。

2）小程序营销的概念

小程序营销即微信小程序营销，是一种灵活、多元的线上技术，主要利用微信开发的小程序作为线上营销工具，进行手机新零售、线上活动推广、增加品牌知名度和建立客户信息等。

2. 小程序的接入流程

小程序接入流程主要分为 4 步：第一步，在微信公众平台上注册微信小程序账号；第二步，完善小程序信息；第三步，开发小程序；第四步，提交审核与发布。

1）注册微信小程序账号

首先搜索微信公众平台官网，在账号分类中点击小程序并查看详情，如图 11–1 所示。小程序的开放注册范围包括个人、企业、政府、媒体以及其他组织，使用者可以根据自己的情况选择不同的主体类型。注册小程序需要输入邮箱并填写相关资料，如图 11–2 所示。之后进行邮箱激活，选择所需的“主体类型”，完成主体信息登记，即可完成注册。

图 11–1 小程序查看详情

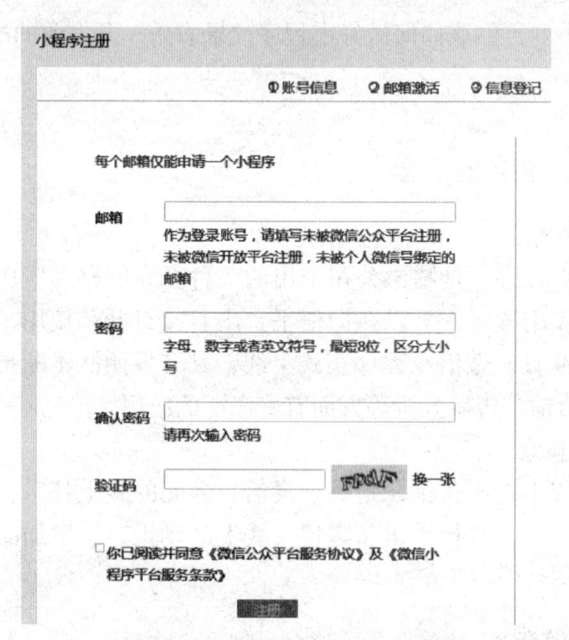

图 11–2 微信小程序注册界面

2）完善小程序信息

填写小程序的基本信息，包括名称、头像、介绍及服务范围等。小程序的名称对于用户搜索等非常重要，相当于网站的域名，最好清晰明了、短小精练，且和小程序功能一致，并能体现企业的品牌形象。例如，京东的小程序名为京东购物，直接将小程序的用途和功能展现了出来。也有直接以企业名称或者产品名称作为小程序名称的，如唯品会、雨课堂、腾讯会议等。

3）开发小程序

完成小程序开发者绑定、开发信息配置后，开发者可下载开发者工具，参考开发文档进行小程序的开发和调试，如图 11–3 和图 11–4 所示。

4）提交审核与发布

完成小程序开发后，提交代码给微信团队审核，审核通过后即可发布小程序。

图 11–3　微信开发者工具启动页

图 11–4　微信开发工具主界面

3. 小程序营销的推广方式

小程序营销的常见推广方式主要有以下 3 种。

1）线上推广方式

线上推广方式主要有通过微信公众号关联方式推广、朋友圈和好友分享、附近的小程序以及关键词推广等，下面将对小程序的上述几种线上推广方式进行具体介绍。

（1）通过微信公众号关联方式推广。通过“微信公众号—小程序—管理小程序—添加”，即可实现公众号关联小程序功能。关联小程序后系统将自动向公众号粉丝推送关联成功消息，点击消息即可跳转至小程序。例如，零售类小程序“蘑菇街女装精选”就推出了“公众号 + 小程序”的玩法，用户对于推送中喜欢的服饰可以直接点击进入小程序下单，过程更加简单快捷。在公众号内无法实现的营销活动，现在可以借助小程序来有效实施。对于想转战电商的传统商家而言，小程序为其提供了更多的发展可能，能够进一步改善企业的营销布局，实现个性化营销模式，从而提高用户的忠诚度。

（2）朋友圈和好友分享。小程序的应用场景很普遍也很多元，建立在微信的基础上小程序使用户能更便捷地交流。小程序可以通过朋友圈进行推广，用户点击链接或者识别二维码可以直接进入小程序。好友推荐、微信群分享是小程序电商的重要客户来源，好友推荐还能提高用户对商家的信任度，从而提高成交的概率。

（3）附近的小程序。附近的小程序基于门店位置进行推广，能够吸引线上用户，为门店带来有效客户。有小程序的商家可以将门店小程序展示在“附近”。用户走到某个地点，打开“发现—小程序—附近的小程序”，就能查看自己附近的小程序，从而成为商家的潜在用户。

（4）关键词推广。用户常通过关键词进行小程序的搜索。小程序开发者可以在小程序的“推广”模块中，配置与小程序业务相关的关键词，便于用户搜索。关键词搜索的排名会受小程序的用户使用次数、服务质量、关键词相关性等因素影响。开发者可以在小程序后台的“推广”模块中查看关键词搜索带来的访问次数。

2）线下推广方式

随着小程序的广泛应用，越来越多的实体店也开始使用小程序。除线上推广以外，线下推广方式还有许多，主要如下。

（1）通过实体店进行线下推广。对于餐饮实体店来说，用户在用餐高峰时期点餐总免不了排队，并且纸质菜单成本较高。实体店使用小程序能够方便用户点餐，减少排队现象，改善用户体验，从而提升店内的点餐效率。例如，麦当劳的小程序包括“i 麦当劳礼品卡”“麦当劳顾客体验”“i 麦当劳”“i 麦当劳点餐”等，如图 11–5 所示。用户可以通过“i 麦当劳礼品卡”小程序领取优惠券，利用“i 麦当劳点餐”用手机直接点餐并在线支付，如图 11–6 所示。麦当劳通过优惠券吸引用户，利用小程序点餐减少了用户排队等候的时间，最后通过“麦当劳顾客体验”小程序收集用户的反馈，充分满足用户的多种需求。麦当劳通过“优惠活动 + 不用排队”的策略很快吸引了大量用户使用小程序点餐，同时培养了用户使用小程序的习惯。

图 11–5　麦当劳的小程序

图 11–6　“i 麦当劳点餐”小程序点餐界面

（2）通过促销活动等方式进行线下推广。企业在固定场所，如学校、商场等地方有针对性地策划地面推广活动，让用户参与活动，扫码关注小程序等，吸引潜在用户，有助于小程序快速积累用户资源。

3）第三方推广方式

除线上及线下推广外，还可以利用小程序商店、新媒体软文、运营公司等第三方力量来实现小程序的推广。但第三方推广往往是收费的，如第三方小程序商店会根据所付费用决定将该小程序放置在前列还是在后面。以软文的形式推广，可将软文投放到粉丝较多的自媒体，这类自媒体常对文稿明码标价。企业还可以将小程序委托给第三方运营公司，让运营公司在旗下的微信社群中进行转发等，并收取一定的费用。

任务实训

1. 实训目的

熟悉小程序营销的模式。

2. 实训内容及步骤

（1）组成实训小组，每组 6 人左右，实行组长负责制。

（2）各小组收集有关小程序营销模式的文献。

（3）各小组对文献进行分析，总结各小程序营销模式的特点并分析不同模式的营销功能。

（4）撰写《小程序营销模式研究》作业，并制作汇报 PPT。

（5）各实训小组组长在课堂汇报，各小组进行互评。

3. 实训成果

实训作业：小程序营销模式研究。

任务 11.2 论坛营销

任务引入

某大学市场营销专业学生小魏的老家在皖西大别山区，这里南北交会，气候温和，物产丰美，尤以皖西白鹅、霍山石斛、六安瓜片、大别山板栗最为闻名。小魏的乡土情结很深，总想着为家乡建设贡献一份力量。于是，他利用所学知识，希望通过论坛营销的方式提升家乡产品的知名度和美誉度，帮助家乡特产更好地走向全国。

请问，小魏同学该从何入手做好论坛营销工作？

相关知识

1. 网络论坛营销的含义

网络论坛营销是伴随网络论坛的兴起而产生的一种网络营销方式，具体而言，是指开展网络营销的企业利用网络论坛交流平台，通过文字、图片、视频等方式发布产品和服务信息，以宣传企业、展示产品、提供销售服务、增进与网络用户的关系并最终促成产品销售的网络营销行为。

2. 网络论坛营销的特点

1）成本低，操作简单

企业开展网络论坛营销几乎不需要什么成本，因为在主流论坛上从注册到发帖都是免费的。网络论坛营销的操作也非常简单，一般只需要注册论坛账号、发帖、顶帖、回复。

2）适宜口碑传播

网络论坛内的所有内容都是由用户发布的帖子产生的，如果帖子传递的营销信息能够成功引起用户的兴趣与讨论，就会产生良好的口碑效应。

3）传播针对性强，便于开展精准营销

开展网络论坛营销的企业可以在针对特定行业（如旅游、健康、餐饮、培训等）的论坛平台上发帖，把信息有针对性、精确地传递给目标受众，从而实施精准营销。

4）沟通氛围好，互动性强

特定的网络论坛平台上的用户往往具有相同的兴趣和爱好，令他们感兴趣的话题容易引起大家的共鸣。企业通过与论坛中的用户积极沟通、友好互动，能进一步提升营销的宣传效果。

3. 网络论坛营销的实施

1）网络论坛营销前的准备工作

（1）确定网络论坛营销的目标。网络论坛营销的目标是指在一段时间内，开展网络论坛营销的企业所期望实现的成果。有了目标就有了行动的方向，企业论坛营销的工作计划就能据此而制订。因此，制定目标是开展网络论坛营销的第一步。需要注意的是，在不同阶段，网络论坛营销的具体目标有较大差异。到底是增加流量、注册量，还是提升品牌知名度、塑造良好的口碑，或直接提升销量等，都要视具体情况而定。

（2）了解网络论坛所营销的产品。开展网络论坛营销的企业要对产品的性能、质量、销售亮点、存在的不足等进行充分了解，这样才能在后期的网络论坛营销中将产品客观、诚恳地介绍给目标受众。在开展网络论坛营销活动的过程中，企业不能只强调产品的优点而对产品的不足闭口不谈，这样很可能会适得其反。用户一旦购买之后发现问题而在论坛里提出质疑或投诉，将会给企业造成极大的信誉危机。

（3）了解目标用户在论坛中的行为与需求。只有了解目标用户的行为与需求，网络论坛营销才能做到有的放矢。开展网络论坛营销之前，企业应弄清目标用户聚集在哪些论坛，用户在论坛里喜欢做什么，他们喜欢什么样的话题、资源以及内容等。而且企业要了解论坛用户最有共性的问题是哪些，哪些问题是最需要解决的，以及企业能解决其中的哪些问题等。

（4）了解竞争对手。所谓“知己知彼，百战不殆”，企业在开展网络论坛营销前要了解竞争对手有没有做过类似的活动、效果如何等，还要分析他们具体的营销活动方式。例如，他们是如何引流的，是发超链接还是文本链接或者借助 QQ、微信等自媒体平台。通过研究竞争对手，企业就能知道产品是否适合进行网络论坛营销，如果适合，又该如何操作及改进等。

2）网络论坛的选择

选择适宜的网络论坛非常重要，企业在筛选时应注意以下几点。

（1）论坛数量要适宜。目标论坛数量不是越多越好，企业要量力而行，根据自身的人力、物力而定。否则选择太多的论坛，企业无力维护，反而会成为负担。企业选择网络论坛时要优先考虑有潜在客户的论坛、人气旺的论坛、有签名功能的论坛、有修改功能的论坛以及有链接功能的论坛等。

（2）论坛质量很关键。论坛质量是网络论坛营销的关键，判断论坛质量的高低要看论坛氛围如何，用户群是否集中、精确等。企业可以对自身所在的行业进行分析，根据分析得出的结果寻找一些所在行业的著名论坛和主题论坛，再在主题集中的论坛上开展网络论坛营销，往往会起到事半功倍的效果。同时企业要根据所要营销的品牌或产品，分析目标客户群体和论坛主要用户群体的契合度，寻找目标市场高度集中的行业论坛。

（3）论坛大小不是决定性因素。论坛规模不一定越大越好，不要忽略小论坛和地方性论坛。很多企业开展营销活动时不愿意在小论坛、地方性论坛发帖。其实小论坛、地方性论坛的影响力虽然有限，但可能是企业目标客户集中的地方，而且相对大论坛来说，其限制可能更少。

（4）尽量选择人气旺的论坛。论坛的人气往往是决定帖子能否火起来的首要因素。企业在开展网络论坛营销之前可以通过多种途径对目标论坛的人气进行分析，如通过网络文献、搜索引擎检索、咨询专业人士等，再对目标论坛进行选择。

3）论坛账号注册

在网络论坛营销活动中，账号名的重要性不言而喻。简单易记、富有特色，并且具有亲和力的账号名更容易被识别和记忆。论坛账号名要尽量用中文，易记且有特色。一般可以直接用公司名、产品名作为账号名，当然也可以用一些富有特色、具有一定寓意的名字。尽量不要用晦涩难记的名字，最不推荐的是英文名或无意义的数字组合，那些随意打出的英文名或数字难以给人留下好的印象。

4）熟悉目标论坛

企业选定目标论坛后，最好不要急于采取营销措施，如发布广告帖等，否则容易被禁言、封号。企业应该先去了解该论坛的特点和规则，以及论坛各板块的特点、差异和论坛用户的特点等，再根据所要营销的产品类型，选择潜在客户群集中的论坛及板块，发布形式不同的内容，满足不同论坛、不同板块和人群的要求，从而高效率地开展网络论坛营销。

5）撰写论坛帖

论坛帖的质量非常重要，它能直接影响网络论坛营销的效果。下面分别介绍两类常见的论坛帖的撰写技巧。

（1）硬广帖的撰写技巧。硬广帖可以利用高权重论坛进行 SEO 长尾关键词的排名，如专门在一些高权重的论坛的广告板块发帖。注意要在标题中加入一些长尾关键词，内容中也要出现几次长尾关键词。一般一个帖子中最好只有 1 ～ 3 个关键词，长尾关键词不要堆积，要自然一点，长尾关键词还可以在帖子的回复中出现几次。

（2）软文帖的撰写技巧。在论坛上发软文帖可降低帖子被删除的概率，所以企业一定要高度重视软文帖的写作。在撰写软文帖时应注意掌握以下技巧。

一是要写好软文帖的标题。标题的作用在于吸引用户，有一个好的标题，帖子便成功了一半。好的标题应该具有视觉冲击力，要能激发网友强烈的点击欲望。标题措辞很重要，要有新意，不能背离主题，可以适度、合理地夸张，还可以提出疑问、寻求帮助，以此获得共鸣。

二是要在卖点和用户需求间找到匹配点。企业在撰写软文帖时，应找准产品的卖点和用户需求间的匹配点。具体做法：首先把产品所有的特色、优势、亮点写出来，并列好优先级；其次把目标用户及其所有的需求、希望、需要解决的问题写出来，也列好优先级；最后将两者进行对比，从中找出最佳的匹配点。

三是要把握写作语气和词汇。除非是写给专业人士或探讨专业性极强的话题，否则软文帖一般要使用轻松化、通俗化的语气，这样写出来的帖子更符合大部分网友的阅读习惯，也更容易引起大家的讨论。

四是要做好配图和排版工作。软文帖只有文字会比较枯燥，加上几张与主题相关的图片会产生更好的阅读效果。例如，某些主题的帖子可能全篇以图为主，配以少量的说明文字，效果同样很好。此外，帖子要段落分明，这不仅方便网友阅读、引用，而且方便自己修改。在帖子中适当加入表情符号可以有效强化帖子主题，活跃讨论氛围，但是表情符号也要适量，过多表情符号的使用会影响网友的正常阅读。

五是要合理布局关键词。要注意软文帖中关键词的合理布局，很多软文帖在写作过程中忽略了关键词密度的合理分布。帖子就算写得再好，没有关键词也很难被搜索引擎收录。一篇好的软文帖不是用华丽的辞藻堆砌而成的，而是将关键词贯穿整篇软文帖，却让网民在阅读时很难发现。

6）做好发帖维护

（1）有选择性地发广告。不要在论坛上随意发广告帖，尤其是广告性很强的帖子。大部分网民会排斥论坛广告，同时对发广告的人会产生抵触心理。为了避免被论坛网友排斥甚至被封号，企业切勿在论坛上乱发广告。

（2）借助论坛意见领袖发帖。意见领袖又称舆论领袖，是指在人际传播网络中经常为他人提供信息，同时对他人施加影响的“活跃分子”。意见领袖是论坛的中心，他们在大众传播效果的形成过程中起着重要的中介或过滤的作用。由他们将信息扩散给受众，受众会更加容易接受，如意见领袖推荐的产品可能会被跟风购买等。

（3）长帖短发。论坛中看帖的人大多缺乏耐心，太长的帖子，不管写得多么精妙，都很少有人能够坚持看完。所以企业一定要长帖短发，将一帖分成多帖，以跟帖或连载的形式发，每隔一段时间发一帖，让他人产生期待。

（4）注重负面信息的处理。消费者在购买产品后，如果感觉不满意，很可能会在论坛上发表该产品的负面言论，这种负面言论往往更能获得人们的关注。因此，企业在进行网络论坛营销时要特别注意这一点，对有本企业产品负面信息的帖子要及时跟帖澄清事实、消除误解。

（5）利用其他外部资源做好辅助营销。发布帖子后，企业可以在第一时间邀请论坛好友或者 QQ 好友、微信好友等参与话题，以增加文章的浏览量和好评量。此外，企业可以在条件允许的情况下使用置顶功能，组织论坛相关团队广为传播等，这些方法会大幅提高用户的参与度，提升最终的营销效果。

7）论坛数据监控和营销效果总结

开展网络论坛营销活动一段时间后，企业需要做好论坛数据监控和营销效果的总结工作，为今后更好地开展网络论坛营销奠定基础。

（1）数据的监控。开展网络论坛营销活动时，除要监测一般的咨询量或销售量等常规数据外，企业还要监测以下数据。首先是帖子点击量，点击量是最基本的监测数据，如果点击量过低，后面的一切计划都无法顺利执行，点击量直接反映了帖子的标题是否足够吸引人。其次是回复量，回复量反映了帖子的卖点、话题设计是否足够引人关注，在保证点击量的基础上，回复量少的原因可能是主帖内的亮点不够，话题设计得不吸引人。再次是参与 ID 数，参与 ID 数能真实地反映帖子的参与人数。最后是传播量，这是一个很关键的数据，它能够直接反映网络论坛营销的效果。

（2）总结网络论坛营销的效果。现实中一次成功的网络论坛营销至少经历不被删除—吸引关注—打动用户—持续关注—加精推荐—被人转载这 6 个阶段，有些非常成功的帖子会引起病毒式传播并产生很大的影响力。很多时候网络论坛营销并没有达到企业所期望的效果，此时企业要及时总结可能存在的问题，如弄清到底是论坛帖的标题有问题、话题有问题、内容有问题，还是论坛平台自身有问题等。

任务实训

1. 实训目的

熟悉网络论坛营销的策划与实施。

2. 实训内容及步骤

（1）进一步阅读文献，了解网络论坛营销的方法与流程。

（2）以家乡的某一特产为网络软文营销的对象，撰写网络论坛营销策划方案。

（3）注册选定的论坛的账户，根据论坛及受众特点，撰写论坛帖并发布。

（4）对论坛数据进行监控并对此次网络论坛营销活动进行总结。

3. 实训成果

实训作业：某产品网络论坛营销的策划与实施。

任务 11.3　App 营销

任务引入

互联网的发展改变了人们的消费方式，人们从线下实体店消费慢慢转变为方便快捷的网络购物——登录购物网站，轻点鼠标查看想要购买的商品，加入购物车，通过网络银行或各种互联网支付工具完成支付。随着智能手机的快速发展和不断更新，网络购物也从网页端转移到了移动端，各大企业也在加紧开发本企业的移动端 App，App 营销成了各大企业抢占消费者市场的新利器。

请问，你是如何理解 App 营销概念的？你所熟悉的 App 有哪些？

相关知识

1.App 营销的概念

App 是英文单词 Application 的简写，是指在智能手机上安装的应用程序。按照不同的划分标准，App 可分为多种类型。例如，按照内容划分，可分为工具游戏类、网站移植类和品牌应用类；按照收费模式划分，可分为收费类、免费类及收费 + 免费类。企业在开展 App 营销时，第一步就要应考选择何种类型的 App。

App 营销是指企业利用 App 将产品、服务等相关信息展现在消费者面前，利用移动互联网平台开展营销活动。

因为智能手机相对于传统计算机而言操作方式较为简便快捷，即使对计算机不熟悉的人，也能够快速熟练地使用智能手机，这也促进了 App 的快速发展。App 包含图片、文字、视频、音频等各种丰富的元素，同时相对于网页端具有信息精练清晰的特点，所以受到越来越多人的欢迎。

例如，某电商企业借助手机 App 的超高人气开展各项优惠促销活动，推出了金融、钱包、到家等一系列 App，全方位方便消费者使用，如图 11–7 所示。该手机 App 不仅方便了老用户随时使用，而且能从各个渠道吸引新用户，将企业的营销从网页端拓展到移动端。

图 11–7　某电商手机 App

课堂讨论

有人说，有了小程序营销就不再需要 App 营销了，你同意这个观念吗？为什么？

2. App 营销的模式

App 营销模式大致可分为植入广告模式、用户参与模式和内容营销模式 3 类，下面分别进行介绍。

1）植入广告模式

植入广告模式是最简单的一种 App 营销模式。App 开发者可以直接将广告嵌入 App，用户打开 App，在首页或相应的界面中就能看到广告。如果对广告感兴趣，用户就可以点击广告了解详细内容，从而参与企业的营销活动；如果不感兴趣，用户直接点击关闭或者跳过广告即可。企业可以将广告植入那些下载量大的 App，这样受众面广。但广告内容本身吸引人才是最重要的，精美的广告有时会使本对产品不感兴趣的用户成为潜在消费者。同时，企业要注意将广告投放到与自身产品或服务相关联的 App 中。例如，华为音乐 App 拥有众多青年用户，其中不少是音乐发烧友，他们对高品质的音响产品有较高的需求，比较适合投放与之相关的产品，如图 11–8 所示。而华为运动健康 App 则比较适合发布健身课程广告，如图 11–9 所示。

图 11–8　华为音乐 App 上的耳机广告

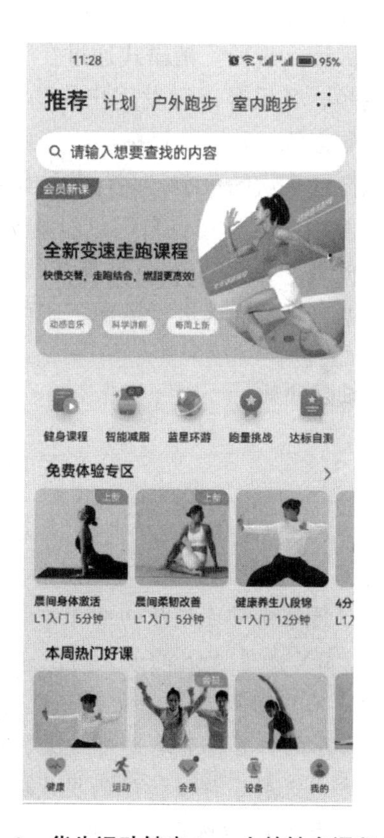

图 11–9　华为运动健康 App 上的健身课程广告

2）用户参与模式

App 营销的用户参与模式是指企业将自身开发的 App 发布到各大应用平台，让用户下载使用。用户参与模式又可进一步划分为网站移植类和品牌应用类两种。网站移植类 App 可以使用户获得等同于网页版的使用体验，虽然这类 App 中的信息可能不如网页端的信息全面详细，但用户可以迅速抓取重要信息。例如，天猫 App 页面简洁而信息全面，页面下方的天猫首页、购物车、个人页面等几个重要导航按钮完全可以满足用户的需要。品牌应用类 App 需要用户使用 App 来完成购买或消费，有的 App 甚至没有对应的网页版，这是因为其需要结合一部分手机功能来使用。例如哈啰出行，用户只有开启手机的位置服务功能，打开 App 对自己进行定位，才能搜索周围的共享单车进行使用。

用户参与模式具有很强的互动性。例如，天猫 App 在每年的“双 11”购物节期间推出“红包雨”等互动小游戏，用户点击手机屏幕上掉落的红包就能抢到相应的购物优惠券，还能将活动的链接在社交软件中进行分享，从而使更多的人看到这个活动。哈啰出行 App 会在用户骑行结束后给用户发红包，用户可以通过微信将链接分享到朋友圈或分享给特定朋友，自己也可以领到一张骑行优惠券供下次使用。平时不使用哈啰出行 App 的人还可以通过链接页面中的下载按钮直接下载安装。由此，哈啰出行 App 通过用户的分享达到了营销推广的目的。

3）内容营销模式

App 营销的内容营销模式是指运营方通过优质内容吸引精准客户和潜在客户，以实现既定的营销目标。这种营销模式通过在 App 上针对目标用户发布符合用户需求的图片、文字、动画、视频、音乐等以激发用户的购买欲望。在采用这种营销模式时，企业需要对目标用户进行精准定位，并围绕目标用户策划营销内容。例如一款叫作汇搭的 App，用户可以在平台上搭配自己喜欢的服装，并与其他用户分享搭配经验。汇搭 App 提供在线服装搭配工具，用户可以使用该工具查看自己已经购买的服装搭配的款式、搭配服装的效果、搭配服装的价格等。此外，汇搭 App 还具有在线销售功能，用户可以在该平台上购买搭配好的服装，也可以根据自己的需求进行搭配。这可谓是一种商家、消费者双赢的营销模式。

案例分析

RX 咖啡 App 运营模式

RX 咖啡是一家体验式咖啡连锁店，它的发展受益于移动互联网技术的不断进步。随着消费者对高品质咖啡的需求日益增加，RX 咖啡利用其移动应用程序（App）创新的运营模式，改变了传统咖啡连锁店的经营方式，获得了高速的成长。

首先，RX 咖啡 App 的最大特点是可以实现在线下单和外卖送达。消费者可以通过 App 在线下单，实现自助点餐、支付、查看订单状态等功能，而且，消费者可以通过它轻松寻找 RX 咖啡店的位置，查看咖啡种类、口味和价格，并了解会员计划和优惠信息等。这种便利的消费方式吸引了许多忙碌的现代城市人群，尤其是年轻人。RX 咖啡 App 也能够直接推送营销活动信息，以吸引消费者。消费者下单后，配送员可根据用户需求，通过 RX 咖啡 App 将所选产品送到用户的门口。

其次，RX 咖啡 App 具有一定的社交和互动功能。它允许消费者将 RX 咖啡店的位置和咖啡体验分享到社交媒体上，并通过社交媒体推广品牌。此外，该 App 提供了一些用户互动的功能，如用户可以在线投票选择新口味，留下评论、建议和反馈等。这种充分运用移动互联网特点的互动方式，使用户感受到参与 RX 咖啡品牌营销的游戏性和乐趣性。

最后，RX 咖啡 App 设有积分兑换功能和优惠券兑换功能，目的是激励消费者持续使用 App。积分可以兑换咖啡和其他商品，优惠券则可以用于下一次购买。

案例分析：RX 咖啡 App 的运营模式在消费者体验、社交和互动、忠诚度和品牌知名度等方面，体现了移动互联网应用程序的特点及其潜力。通过这种模式，RX 咖啡成功地抓住了消费者目光，实现了高速的发展。预计未来，利用移动互联网技术开发的其他应用程序也有望重塑传统行业的商业模式，创造更具互动性和社会性的消费体验。

3.App 营销的技巧

在营销实践中，App 营销的技巧主要体现在以下 5 个方面。

1）把用户放在首位

在 App 营销中，企业要把用户放在首位，不断提高产品和服务的质量，让用户用得放心；还要做好客服关怀，让用户用得顺心。企业要以用户为中心，产品和服务都要围绕用户的体验进行设计，用户带着愉悦的心情体验产品，自然会愿意出钱购买。要做到把用户放在首位，企业就需要找到用户的根本需求。

把用户放在首位就是要针对用户的根本需求提供产品和服务。用户如果口渴，那水才是用户需要的，食物并不能满足其根本需求。只有站在用户的角度和立场思考问题，找到用户的根本需求，企业才能提供让用户满意的产品和服务。

如何寻找用户的根本需求？企业可以通过以下几种方法找到用户的根本需求。

一是通过搜索引擎。如果想知道用户对某一产品最关心的问题是什么，可以在百度等搜索引擎中输入产品名称，搜索引擎会自动匹配一些常见的搜索关键词，这样企业就知道用户最关心的是什么了。

二是站在用户的角度给产品挑毛病。企业要把自己当成产品的用户，用挑剔的眼光审视自己的产品，发现不满意的地方。这也是用户的痛点。

三是从市场中寻找用户的需求。要想让好的产品获得成功，企业需要有发现市场的眼光，这就需要用敏锐的洞察力发现市场中的“蓝海”。

四是让企业的忠实粉丝参与产品设计。粉丝的影响和作用不可小觑，他们是真正对产品有强烈喜爱、认同企业理念和价值观的积极用户，让其参与产品的调研、设计、试用、修改，会产生正向的粉丝效应。

把用户放在首位，通过市场发现用户的根本需求，是 App 营销必须做的事情。这样才能形成差异，让产品脱颖而出，赢得用户的喜爱。

2）通过品牌的力量为 App 营销助力

品牌是一种识别标志、一种精神象征、一种价值理念，是优异品质的核心体现。品牌营销，是通过市场营销使消费者形成对企业品牌和产品的认知的过程。企业要想不断获得和保持竞争优势，必须构建高品位的营销理念。因此，App 营销不能脱离品牌的力量，要借助品牌提升营销效果。

（1）塑造品牌的核心价值。品牌的核心价值主要包含 4 个方面：产品的使用价值、情感价值、文化价值和核心优势。产品的使用价值往往是品牌的根本价值，是吸引消费者的根本。产品的情感价值可以让企业和消费者靠得更近，让消费者对品牌产生情感依赖和诉求。

产品的文化价值包含民族和地域的独特魅力，能够带来更高的附加价值。例如，世界上的不同地域和不同民族都有自己独特的文化。每个产品都有自己的核心优势，企业可以从产品的功能、设计、销售渠道等多方面进行探索，寻找产品的核心优势。

（2）利用品牌效应吸引消费者。人们购买家电会想到海尔，购买计算机会想到联想，购买手机会想到华为，这就是品牌效应，价格不菲的奢侈品能吸引人也是如此。因此，企业要将品牌元素融入App，这样就能通过App吸引那些对品牌忠诚的消费者。具体做法包括：App中要突出品牌的Logo，这是品牌的象征；App的界面要和网页端保持一致，这样消费者就能轻松操作；App中还要同步线下的活动，形成线上和线下的联动，这样不但能让消费者第一时间知晓企业的活动信息，还能将客源引流到线下，增强传统销售渠道的效果。

（3）利用产品背后的精神吸引消费者。手艺人讲求工匠精神，企业做自己的产品和App同样如此，要让消费者体会到企业对产品的精益求精。精神是最容易引起人共鸣的，产生的影响也最深远。产品背后的精神可以通过多种方式传达给用户，如宣传片、微电影、线下活动等。

3）利用产品和服务的情怀吸引消费者

企业除了在产品和服务上要塑造特色，还可以用情感让产品变得与众不同，这就是情怀的力量。App营销要成功，情感是不可缺少的要素。如果企业能够在情感上打动消费者，自然能够获得用户的认可，促进产品的销售。

只有较早地发现用户的情感需求，想办法满足用户的情感需求，才能促进App营销。开展App营销的企业要碰触到用户的内心，让用户获得满意的情感体验。例如，小米公司的使命是始终坚持做“感动人心、价格厚道”的好产品，让全球每个人都能享受科技带来的美好生活。这一点配合其新品发售时别出心裁的营销策略，吸引了大批年轻的粉丝，这些人追求产品的性价比，认同小米的理念，成了小米的忠实用户。情感的营销不需要花费太多，企业只要开动脑筋，抓住用户的心理诉求，就能将品牌价值进行传递，这是App营销过程中需要重视的一个方面。

4）联合有实力的企业借力营销

站在巨人的肩膀上才能看得更远。移动互联网时代，市场竞争激烈，单打独斗不如强强联合，借力营销往往更能事半功倍。但借力营销需要注意几个问题：第一是两个企业的App要能连通，或者借力企业的App能获得流量开放入口。例如，哈啰出行可以在支付宝第三方服务中直接找到，而支付宝“交通出行”中骑单车一项默认直接链接到哈啰出行。第二是两个企业的业务领域可以形成优势互补，即借力企业的业务领域是被借力企业尚未涉及但感兴趣并愿意进行投入的领域，这样双方开展合作，借力企业能获得可观的流量，被借力企业可扩大自己的业务版图。第三是需要广泛推广，企业可以不拘泥于一款合作App，在市场竞争激烈的情况下，要善于发现商机。

5）提供有针对性的差异化服务

在用户使用App的过程中，企业在后台可以通过信息技术搜集用户的个人习惯和爱好，针对其个性化的需求，进行精准推送；还可以根据用户的会员等级提供不同的服务，让VIP用户体会到自己的优越性。私人定制包括为用户制定特定的App首页、App会员界面等。

任务实训

1. 实训目的

熟悉开展 App 营销活动的前期准备工作。

2. 实训内容及步骤

（1）以小组为单位，成立任务团队。
（2）确定 App 营销的内容与目标。
（3）搜集相关资料，经分析、讨论之后撰写《App 营销活动开展的前期准备工作方案》。
（4）提交作业，由老师进行评分，最佳团队的作业在班级进行分享。

3. 实训成果

实训作业：App 营销活动开展的前期准备工作方案。

任务 11.4　熟悉病毒式营销

任务引入

病毒式营销有很多成功的案例，但一些违反公众道德、误导公众的病毒式营销也不少。典型的如“看到本文后请转发给身边至少5位亲朋好友，如不转发，××日内必遭劫难等”。

请问你如何看待这个问题？成功的病毒式营销该如何去做？

相关知识

1. 病毒式营销的含义

病毒式营销是一种常用的网络营销方法，其原理是利用公众的积极性和人际网络，通过互联网的快速复制与传递功能让营销信息在互联网上像病毒一样迅速扩散与蔓延。病毒式营销常被用于网站推广、品牌推广、为新产品上市造势等营销实践中。需要注意的是，病毒式营销成功的关键是要关注用户的体验和感受，即是否能给受众带来积极的体验和感受。

2. 病毒式营销的特点

病毒式营销通过自发的方式向受众传递营销信息，因此它有一些区别于其他营销方式的特点与优势。

（1）推广成本低。病毒式营销与其他网络营销方式最大的区别是它利用了目标受众的参与热情，由用户自发地对信息进行二次传播。这样，原本应由企业承担的推广费用就转嫁到了外部媒体或受众身上，他们充当着免费的传播媒介，因此大大节省了企业的广告宣传费用。例如，法国达能旗下的矿泉水品牌依云，就采用病毒式营销的方法以极低的成本获得了良好的传播效果。

Y矿泉水通过营销短片《滑轮宝宝》(Roller Baby)首次尝试病毒式营销，设计者应用计算机三维动画技术，塑造了滑轮宝宝们可爱的形象。短片中一群穿着纸尿裤的可爱宝宝不仅玩起了轮滑，还摆出了各种酷酷的姿势，甚至大跳嘻哈，如图11-10所示。

图11-10 Y矿泉水广告视频截图

这段时长60秒的短视频在短短一周的点击率就超过了600万次，推出后不到两个月，浏览量就超过了2 500万次。这在当时创造了吉尼斯世界纪录，成为在线广告史上观看次数最多的视频。其实，这段视频是Y矿泉水的一个创意广告，体现了Y矿泉水"保持年轻"的宗旨，但因为制作精美，内容新颖有趣，人们争相转发，收到了令人惊叹的传播效果。

(2)传播速度快、传播范围广。在当今的网络社会，信息传播极为迅速，几乎所有信息可以做到实时传播。而且随着自媒体的兴起，网民对感兴趣的信息可借助博客、微博、微信、短视频平台等进行转发，相当于无形中形成了一个强大的"信息传播大军"，因而能大大拓展信息的传播范围。

(3)效率高、更新快。病毒式营销的信息传递者是目标受众"身边的人"，因而具有更高的传播效率。同时，在整个病毒式营销的过程中，营销信息可以做到实时修改，更新速度极快。

阅读材料11-1

快看呐！这是我的军装照

2017年7月29日，为庆祝中国人民解放军建军90周年，人民日报推出了一款换脸"军装照"H5小游戏。用户只需扫描二维码，上传自己的照片，就可以生成帅气的军装照。这款H5小游戏一经推出，浏览量立即呈井喷式增长。截至2017年8月2日17时，"军装照"H5小游戏的浏览次数累计达8.2亿次，独立访客累计1.27亿人，一分钟访问人数峰值高达41万人。这款H5小游戏将1927—2017年这90年间11个阶段的22套军装全部呈现出来，用户上传照片选择年限即可制作自己的专属军装照。强大的图像处理技术——国内首创的"人脸融合"既能突出用户的五官特点，还自带美颜滤镜，让照片呈现非常自然的效果，使用户产生一种对军旅生活的向往和在朋友圈展现自我的欲望。

3. 病毒式营销的策划与实施

微课堂

病毒式营销的策划与实施

1）病毒式营销的策划

病毒式营销策划的核心是制造具有爆炸性的传播话题。话题只有足够出人意料，足够新鲜有趣，才能激起网络用户的兴趣和转发的热情。病毒式营销的话题有很多种，最常见的有 3 种，分别是情感性话题、利益性话题和娱乐性话题。

借情感性话题营销是指开展病毒式营销的企业以情感为媒介，从受众的情感需求出发，寓情感于营销之中，激发受众的消费欲望，并使之产生心灵上的共鸣。例如，前些年异军突起的某白酒品牌，就是靠一手漂亮的“情感牌”营销赢得了消费者尤其是青年消费者的心，如图 11–11 所示。该品牌那充满了“情感”的营销活动，总是让人们心里充满温情。

图 11–11 某白酒品牌的情感营销

借利益性话题营销是指开展病毒式营销的企业，以引人注目的利益话题来激起受众的高度关注和参与热情。

借娱乐性话题营销是指开展病毒式营销的企业将娱乐元素融入话题，通过营造轻松愉快的沟通氛围来增强受众的黏性，并最终促进产品的销售。

阅读材料 11–2

Q 汽水的病毒式营销

Q 汽水通过融一系列热门话题和小人物幻想等各种搞笑因素为一体的趣味性视频，对 Q 汽水当时的“开盖有奖”“中奖率高达 27%”等活动进行了生动的演绎，牢牢地抓住了观众的眼球。其视频在优酷、土豆、人人网、开心网、微博等各大视频及社交网站被大家疯狂转发，取得了很好的营销效果。面对市场上众多大品牌饮料产品的竞争，Q 汽水在产品功能、口味上并无太多特别之处，但其选择了扬长避短，突出自身特色，在视频中通过传递“中奖率高”的特点使消费者一下子就记住了该品牌，从而与其他品牌进行有效区分。随后，Q 汽水通过视频续集的方式发动了第二波、第三波大规模营销，大幅提升了品牌知名度。Q 汽水当年的销售额也一举进入饮料类的前三甲。

2）病毒式营销的实施

病毒式营销的实施一般需要经过规划整体方案、进行创意构思和设计营销方案、制造话题和选择信息传播渠道、发布和推广话题、总结和分析营销效果等步骤，下面我们就对每一阶段的具体工作做简要介绍。

病毒式营销的第一步是规划整体方案。在这一阶段，企业需制定病毒式营销的总体目标，拟订实现目标的计划，设立相应的组织部门并配备所需的人员。

病毒式营销的第二步是进行创意构思和设计营销方案。企业在进行病毒式营销创意构思时一定要追求独特性和原创性，人云亦云或跟风抄袭等不但难以激发受众的兴趣，甚至会让人反感和厌恶。因此，病毒式营销对创意人员有很高的要求，需要企业能慧眼识人，找到能担此大任的优秀人才。这一阶段的另一个任务是设计营销方案。病毒式营销不是将话题抛出后就大功告成，而是要从多个方面综合考虑，设计全面具体的营销方案，要制定应对不同情况的营销措施。例如，当话题发布后，引起了受众强烈的兴趣并被争相转发时，企业就应该再次制订对应的方案，借势营销，以增强营销效果。

病毒式营销的第三步是制造话题和选择信息传播渠道。企业在制造话题时要融入情感、利益和娱乐等元素，这样更容易引起受众的关注。在选择信息传播渠道时，企业首先应考虑哪些是目标受众最易接触的平台，是论坛、QQ、微博、博客、微信还是短视频 App 等，然后从中进行选择。当然，企业也可采取组合策略，充分利用各种传播渠道发布信息。

病毒式营销的第四步是发布和推广话题。发布和推广话题要选准时机，要尽可能吸引有影响力的名人和意见领袖参与。

病毒式营销的第五步是总结和分析营销效果。对营销效果进行总结和分析，可以帮助企业从中发现问题，适时调整病毒式营销的策略，并为下一次活动提供经验。

任务实训

1. 实训目的

了解病毒式营销的策划流程和策略，能够独立完成一次病毒式营销策划。

2. 实训内容及步骤

（1）确定病毒式营销的主题。

（2）分析所要营销的产品及目标受众，确定病毒式营销的目标。

（3）制造病毒式营销的话题并实施。

（4）对本次的病毒式营销效果进行总结和分析。

3. 实训成果

实训作业：某病毒式营销的策划与实施。

任务 11.5　掌握许可 E-mail 营销

任务引入

京东会员小王曾经在京东商城上搜索过网络营销教材的信息，但当时因为要买的书缺货未能买下。没过几天，小王打开邮箱后惊喜地发现京东商城发来邮件告知他想买的网络营销教材已到货，并邀请他打开网址链接前往京东商城购买。

请问，京东商城是如何通过电子邮件实现精准营销的?

相关知识

1. 许可 E-mail 营销的含义

E-mail 是一种利用计算机通过电子通信系统进行书写、发送和接收的信件，是一种利用电子手段进行信息交换的通信方式。电子邮件结合了电话通信和邮政信件的优势，既能像电话一样快速地传送信息，又能像邮政信件一样具备收件人信息、邮件正文等。用户也可以利用 E-mail 免费收到大量的新闻、专题邮件等，实现轻松的信息搜索。正是由于具有使用简单、投递迅速、形式多样、传递快捷、易于保存等特点，电子邮件被广泛应用。

凡是利用 E-mail 开展营销活动的商业行为都可以被称为电子邮件营销，但未经用户许可而大量发送的电子邮件通常被称为垃圾邮件。发送垃圾邮件开展营销活动是一种违法的商业行为，很容易招致用户的反感。而许可 E-mail 营销则是在用户允许的情况下，通过电子邮件的方式向目标用户传递有价值信息的一种网络营销手段。用户允许商家发送电子邮件是开展许可 E-mail 营销的前提。因此，一些网站在用户注册成为会员或申请网站服务时，就会向用户询问“是否愿意接受本公司不定期发送的产品的相关信息”，或者提供一个列表供用户选择希望收到的信息，在用户确定后，才可以在提供服务的同时附带一定数量的商业广告。

许可 E-mail 营销具有成本低、实施快速、目标精准、主动出击等优势，因此自诞生之日起，就为众多开展网络营销的企业所重视。

2. 许可 E-mail 营销的基本方式

按照 E-mail 地址资源所有权的划分，许可 E-mail 营销可分为内部列表许可 E-mail 营销和外部列表许可 E-mail 营销两种基本的方式。两者各有其侧重点和优势，并不矛盾，必要时企业可以同时采用。

内部列表就是平时所说的邮件列表，包括企业通过各种渠道获取的各类用户的电子邮箱地址资源（更具体的可以是用户的注册信息）。内部列表许可 E-mail 营销就是在用户许可的前提下，营销者利用注册用户的邮箱地址开展的 E-mail 营销。外部列表是指专业服务商或者其他可以提供专业服务的机构提供的电子邮箱地址资源，如专业的 E-mail 营销服务商、相同定位的网站会员资料、免费邮件服务商等。外部列表许可 E-mail 营销就是在用户许可的前提下，营销者利用专业服务商提供的电子邮箱地址资源开展的 E-mail 营销。

内部列表许可 E-mail 营销和外部列表许可 E-mail 营销各有优势。表 11–1 分别从主要功能、投入费用、用户信任程度、用户定位程度、获得新用户的能力、用户资源积累情况、邮件列表维护和内容设计、许可 E-mail 营销效果分析 8 个方面对两种方式进行了比较。

表 11–1　内部列表许可 E-mail 营销和外部列表许可 E-mail 营销的比较

比较项目	内部列表许可 E-mail 营销	外部列表许可 E-mail 营销
主要功能	顾客关系、顾客服务、品牌形象、产品推广、在线调查、资源合作	品牌形象、产品推广、在线调查
投入费用	相对固定，主要是日常经营和维护费用，与邮件发送量无关，用户数量越多，平均费用越低	没有日常维护费用，营销费用由邮件发送量、定位程度等决定，发送数量越多费用越高

续表

比较项目	内部列表许可 E-mail 营销	外部列表许可 E-mail 营销
用户信任程度	用户主动加入，对邮件内容信任程度高	邮件为第三方发送，用户对邮件内容的信任程度取决于服务商的信用、企业自身的品牌、邮件内容等因素
用户定位程度	高	取决于服务商邮件列表的质量
获得新用户的能力	用户相对固定，对获得新用户效果不显著	可针对新领域的用户进行推广，吸引新用户能力强
用户资源积累情况	需要逐步积累，规模取决于已有的用户数	在预算许可的情况下，可进行多方合作，快速积累用户
邮件列表维护和内容设计	需要依靠自己的专业人员操作	由服务商专业人员负责，可对邮件发送、内容设计等提供相应的建议
许可 E-mail 营销效果分析	由于是长期活动，较难准确评估每次邮件发送的效果，需长期跟踪分析	有服务商提供专业分析报告，可快速了解每次活动的效果

内部列表许可 E-mail 营销以投入少量、连续的资源获得长期、稳定的营销资源，外部列表许可 E-mail 营销则是用资金换取临时性的营销资源。内部列表许可 E-mail 营销在顾客关系和顾客服务方面的效果比较显著，外部列表许可 E-mail 营销可以根据需要选择投放给不同类型的潜在用户，因而在短期内即可获得明显的效果。

3. 开展许可 E-mail 营销需要注意的问题

在开展许可 E-mail 营销时，企业需注意以下具体问题。①针对已有的用户信息，分类整理用户邮件资料，按照其消费习惯，制定个性化的营销信息并定期沟通、联系。②充分把握任何可以获取用户电子邮箱地址的机会，如以打折优惠作为获得用户电子邮箱地址的条件。③正确使用许可邮件列表，采用“内部期刊”“信息简报”等形式定期发送最新活动通知、促销信息等。④与用户充分沟通，由用户确定收邮件的频率与邮件的类型。⑤在用户生日或节日时发送祝福邮件，拉近与用户的距离。⑥奖励优秀用户。优秀的用户值得特殊的礼遇，企业可发送邮件告知他们专享的优惠等。

4. 许可 E-mail 营销的主题与内容设计技巧

1）邮件主题设计技巧

邮件主题能让用户了解邮件的大概内容或最重要的信息，是许可 E-mail 营销最直观的体现。一个好的邮件主题应能够引起用户的兴趣，进而令其决定阅读邮件正文。设计许可 E-mail 主题时应掌握以下技巧。

（1）要把邮件最重要的内容体现在邮件主题上。通过邮件主题用户就能确定这封邮件是不是他感兴趣的，内容对他有没有价值，进而决定是否要打开邮件详细阅读。即使用户不打开邮件，通过邮件主题，企业已经把最重要的信息传达给用户了。

（2）主题要明确，要和邮件内容相关联。一般来说，发件人中除显示发件人名称和电子邮箱地址之外，很难容纳更为详尽的信息，而用户对发件人的信任还需要通过邮件主题来进一步强化。在邮件主题中，留出一部分来推广品牌是很有必要的，尤其是在用户对企业品牌的信任程度不高的情况下。因此邮件主题一定要明确，与邮件内容一定要相关联。

（3）邮件主题要尽量完整地体现品牌或者产品信息。有独特价值的产品、信息或者令人印象深刻的品牌出现在邮件主题中时，用户即使不阅读邮件内容也会留下一定的印象。

（4）邮件主题应含有丰富的关键词。除加深用户的印象外，添加关键词也是为了让用户易于检索收件箱中的邮件，因为部分用户收到邮件后并不一定马上对邮件中的信息做出回应，有些人甚至时隔多日之后才突然想起曾经收的某个邮件中含有自己需要的信息。

（5）邮件主题不宜过于简单或过于复杂。尽管没有严格的标准来限制主题的字数，但应尽量将其保持在合理的范围之内，这样的主题既能反映比较重要的信息，又不至于在邮件主题栏默认的宽度内无法展示有价值的信息。

（6）邮件主题要有吸引力。是否阅读邮件完全取决于收件人的个人意愿。因此，在保证信息明确和完整的情况下，企业还要注意邮件主题对用户是否有吸引力。例如，当当网在开学前发给用户的邮件主题“开学季所有教材、教辅图书一律满 100 元减 50 元”就非常有吸引力。

2）邮件内容设计技巧

如果许可 E-mail 营销中邮件主题的作用在于吸引用户，那么邮件内容的作用则是说服用户。为了实现最终的营销目标，设计许可 E-mail 营销邮件的内容时，企业应掌握以下技巧。

一是目标要一致。这里的一致是指许可 E-mail 营销的目标应与企业总体营销目标相一致，因此邮件内容应在既定目标的指引下进行设计。

二是内容要系统。一些开展许可 E-mail 营销的企业不能从整体上对邮件内容进行规划，发给用户的邮件内容或过多，或过少，或经常改变行文风格，让用户觉得这些邮件之间没有系统性、联系性，进而会怀疑邮件的真实性。经常发送这样的邮件很难增强用户与企业之间的黏性，久而久之就会削弱许可 E-mail 营销提升品牌形象的效果，并且影响许可 E-mail 营销的整体效果。

三是内容来源要稳定。开展许可 E-mail 营销是一项长期任务，必须有稳定的内容来源，这样才能确保按照一定的周期向用户发送邮件。邮件内容可以是自行撰写、编辑或者转载的，无论哪种来源，都需要保持相对稳定性。不过应注意的是，邮件列表是一个营销工具，并不仅是一些文章或新闻的简单汇集，企业应将营销信息合理地安排在邮件内容中。

四是内容要精简。内容过多的邮件通常不受用户的欢迎。首先，用户邮箱空间有限，占用空间太多的邮件会成为用户删除的首选对象；其次，接收或打开较大的邮件所耗费的时间也较多；最后，太多的信息让用户很难一下子接受，反而降低了许可 E-mail 营销的有效性。

五是内容要灵活。邮件内容应在保证系统性的前提下，根据企业营销目标的调整做相应的改变。同时，企业要根据用户消费行为和偏好的变化改变邮件内容的呈现方式。

六是选择最佳的邮件格式。邮件常用的格式包括纯文本格式、HTML 格式和富媒体格式，或这些格式的组合。一般来说，采用 HTML 格式和富媒体格式的邮件内容丰富，表现形式多样，视觉效果会更好，但存在文件过大，需要发送链接或附件，导致用户在客户端无法直接阅读邮件内容等问题。到底哪种邮件格式更好，目前并没有定论，如果可能，企业最好给用户提供不同内容格式的选择。

任务实训

1. 实训目的

通过实训掌握许可 E-mail 营销的主题与内容设计技巧。

2. 实训内容及步骤

（1）以小组为单位组成实训团队。

（2）阅读以下材料，按要求完成实训任务。

某时尚女装京东旗舰店计划在即将到来的“6·18”购物节举办盛大的促销活动。为吸引会员前来购物，旗舰店将向每一位会员发送促销邮件。该时装旗舰店主要经营韩式潮流女装，目标客户为 18 ～ 30 岁的都市女性。本次促销活动内容丰富，包括满赠、包邮、限时抽奖、满减等，优惠力度较大。

（3）请各团队为该旗舰店设计邮件的主题和内容。

（4）将促销邮件分发至老师和同学们的邮箱。

（5）各团队对其他团队的促销邮件进行评述。

3. 实训成果

实训作业：某时尚女装旗舰店的许可 E-mail 营销主题与内容设计。

任务 11.6　熟悉二维码营销

任务引入

二维码营销是移动背景下兴起的一种全新的网络营销方式，借助微信扫描二维码的方式，企业能打通线上和线下营销的“瓶颈”，因此被广泛应用。

请同学们站在消费者的角度来分析二维码营销为我们的消费生活所带来的便利。

相关知识

1. 二维码及二维码营销的含义

二维码是日本电装公司于 1994 年在一维条码技术的基础上发明的一种新型条码技术。二维码是根据某种特定的几何图形按照一定的规律，在二维方向上分布的记录数据符号信息的图形。在代码编制上，二维码巧妙地利用构成计算机内部逻辑基础的“0”“1”比特流概念，使用若干个与二进制相对应的几何图形来表示文字、数值信息，通过图像输入设备或光电扫描设备自动识读以实现信息自动处理。二维码图像指向的内容非常丰富，可以是产品资讯、促销活动、在线预订等。二维码的诞生丰富了网络营销的方式，它打通了线上线下的通道，为企业提供了优质的营销方式。

二维码营销是指将企业的营销信息植入二维码中，通过引导消费者扫描二维码，来推广企业的营销信息，以促进消费者产生购买行为。在当今网络营销逐渐从 PC 端向移动端倾斜的时代，二维码营销以其低成本、应用广泛、操作简单、易于调整等优点得以迅猛发展。

2. 二维码营销的优势

从企业的角度来看，二维码营销主要具有以下优势。

1）方便快捷

用户只需用智能手机扫描二维码，就可随时完成支付、查询、浏览、在线预订、添加关注等功能，帮助企业方便、快捷地开展网络营销活动。

2）易于调整

二维码内容的修改非常简单，只需在系统后台更改，无须重新制作投放，成本很低。因此，二维码的内容可根据企业营销的需要实时调整。

3）有利于实现线上线下的整合营销

二维码为人们的数字化生活提供了便利，能够更好地融入人们的工作和生活之中。企业开展二维码营销时，可将链接、文字、图片、视频等植入二维码内，并通过各种线下途径和网络平台进行投放，从而方便企业实现线上、线下的整合营销。

4）易于实施精准营销

开展二维码营销的企业可以通过对用户来源、途径、扫码次数等进行统计分析，从而制定出针对用户的、更精准的营销策略。

5）帮助企业更容易地进入市场

随着移动营销的快速发展和二维码在人们的工作和生活中的广泛普及，功能齐全、人性化、省时、实用的二维码营销策略能够帮助企业更容易地进入市场。

3. 二维码营销的方式

从企业运营层面来看，二维码营销主要包括以下几种方式。

植入社交软件。植入社交软件是指以社交软件和社交应用为平台推广二维码。以微信为例，微信可以让企业和用户之间建立友好的社交关系，企业通过设置微信二维码提供各种服务，能为用户带来便捷的操作体验。

依托电商平台。依托电商平台是指将二维码植入电子商务平台中，企业依托电商平台的流量，引导用户扫描二维码。现在很多电商平台中有二维码，用户扫描二维码后即可下载相应 App，或关注网店账号。

依托企业服务。依托企业服务是指企业在向用户提供服务时，引导用户扫描二维码对企业进行关注，或下载相关应用。例如，在电影院使用二维码网上取票时，企业通过二维码引导用户下载相应 App，或查看相关营销信息。

依托传统媒介。依托传统媒介是指将二维码与传统媒介结合起来，实现线上营销和线下营销的互补，如在宣传海报上印刷二维码，提示用户扫码进行预约和订购，参加相应促销活动等。

4. 二维码营销的渠道

二维码营销渠道既包括线上渠道也包括线下渠道。企业很少会选择单一的渠道开展二维码营销活动，而是会选择线上和线下同时进行。

1）二维码营销的线上渠道

可供企业选择的二维码营销线上渠道有很多，但较为适合的是社交平台和即时通信工具。这是因为社交平台和即时通信工具均具有很强的社交属性和分享功能，可将企业植入的二维码快速、广泛地进行传播，从而达到企业的营销目的。常见的二维码营销线上渠道包括用户基数大且与企业目标消费者定位较为吻合的网络论坛和贴吧，以及微信和微博等。尤其是微信，除了具有以上所说的社交和分享功能，它还具有二维码扫描功能，能够非常方便地帮助用户读取二维码信息，轻松实现扫码支付、扫码订单、扫码收款、扫码骑行等多种应用。

2）二维码营销的线下渠道

与其他营销方式相比，二维码对线下渠道也有很强的适应性。随着二维码的应用场所越来越多，二维码的线下营销渠道也在不断拓展。目前，主要的线下渠道包括线下虚拟商店、实体商品的包装及快递包装、宣传单、画册、报纸、杂志以及名片等。线下二维码营销的关键是吸引用户扫描二维码，这样才能有效促进企业线上营销与线下营销的融合。

任务实训

1. 实训目的

通过实训掌握二维码营销海报的制作。

2. 实训内容及步骤

（1）以小组为单位组建任务实训团队。

（2）通过自主学习，了解二维码海报的制作方法。

（3）设定二维码营销的主题并完成相关的文案设计。

（4）登录二维码生成器网站，完成二维码营销海报的制作。

（5）将生成的二维码发送至班级微信群，完成作业。

3. 实训成果

实训作业：某企业（或产品）二维码营销海报。

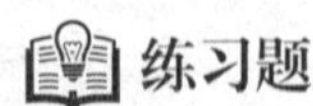

练习题

一、单选题

1. 小程序接入流程的第一步是（　　）。

A. 开发小程序　　B. 注册微信小程序账号

C. 提交审核和发布　　D. 完善小程序信息

2.（　　）是论坛的中心，他们在大众传播效果的形成过程中起着重要的中介或过滤的作用，由他们将信息扩散给受众，受众会更加容易接受。

A. 网红　　B. 意见领袖　　C. 论坛管理员　　D. 以上均不是

3. 病毒式营销与其他营销方式的最大区别是它（　　）。

A. 利用了目标受众的参与热情　　B. 利用了发起者的积极性

C. 利用了网络媒体的开放性　　D. 利用了网络媒体的公平性和便捷性

4. 二维码是（　　）公司在一维条码技术的基础上发明的一种新型条码技术。

A. 中国华为　　B. 美国 IBM　　C. 日本电装　　D. 德国西门子

5.（　　）除了具有社交属性和分享功能，还具有二维码扫描功能，能够非常方便地帮助用户读取二维码信息，轻松实现扫码支付、扫码订单、扫码收款、扫码骑行等多种应用。

A. 微博　　B. 博客　　C. 抖音　　D. 微信

二、多选题

1. 下列关于论坛营销中论坛选择的说法正确的有（　　）。

A. 目标论坛数量越多越好

B. 目标论坛越大越好

C. 小论坛和地方性论坛有时候也可以成为目标论坛

D. 一般的论坛营销不需要建立论坛数据库

E. 选择论坛可以只注重数量，不注重质量

2. 常见的 App 营销模式主要有（　　）。

A. 植入广告模式　　B. 口碑相传模式　　C. 线下推广模式

D. 名人代言模式　　E. 用户参与模式

3. 病毒式营销的主要特点包括（　　）。

A. 推广成本低　　B. 传播速度快　　C. 具有公益性

D. 效率高　　E. 更新快

4. 设计许可 E-mail 营销邮件内容时，企业应掌握的技巧包括（　　）。

A. 目标要一致　　B. 内容要系统　　C. 内容来源要稳定

D. 内容要精简　　E. 内容要灵活

5. 从企业运营的层面来看，二维码营销的形式包括（　　）。

A. 植入社交软件　　B. 依托电商平台　　C. 依托企业服务

D. 依托传统媒介　　E. 依托消费者口碑传播

三、名词解释

1. 小程序营销　2. 网络论坛营销　3. App 营销　4. 病毒式营销　5. 二维码营销

四、简答及论述题

1. 网络论坛营销的特点有哪些？

2. 实施许可 E-mail 营销需要注意哪些问题？

3. 许可 E-mail 营销邮件内容设计的技巧有哪些？

4. 试论述病毒式营销的策划与实施。

5. 试论述二维码营销的渠道。

案例讨论

E 平台的 App 营销

现代生活节奏的加快，使得点外卖成为许多人生活的常态。随着互联网科技的发展，方便快捷的外卖 App 彻底颠覆了传统的电话订外卖的模式，成为外卖市场的主流。

E 平台在 2008 年创立于上海，经过多年的发展，目前已经是我国主流的本地生活平台之一。E 平台能取得如此地位，与其精准的 App 营销不无关系。

在成立之初，E 平台对目标市场的定位就非常明确，选择将大学校园作为业务开展的切入点和重点。一方面，大学人口集中，食堂虽然价格低廉，但是无法满足学生对就餐多样性和可配送性的要求。另一方面，高校周围聚集着大量小型餐馆，它们受限于位置和距离，在经营过程中的主动性受到严重打击。而 E 平台敏锐地发现了双方的需求，并将之转化为商机，架起了学生和周围餐馆之间的桥梁。E 平台选择将商机无限、潜力巨大的高校市场作为首先攻略的城池，展现了其营销过程中的目标市场定位和细分，即选择目标市场，并通过创造、传播和传递更高的顾客价值来获得、保持和增加顾客。

E 平台准确把握用户对于服务的需要，并以此打开市场。例如，校园用户的优势在于群体性强，对新鲜事物的接受能力强，同时作为学生，对价格的敏感程度极高。E 平台很好地利用了用户的这一特点，采用各种促销手段，通过一系列价格优惠来吸引、留住用户，如新用户下单优惠、各种赠饮打折活动等。除了线上的各种优惠活动，E 平台也十分注重线下的宣传，如"饿了别叫妈，叫 E 平台"的宣传口号就十分形象生动，让人记忆深刻。这些手段对增加用户以及增强用户黏性的作用十分巨大。

此外，E 平台还努力理解目标市场的欲望和需求，提供良好的设计和服务，创造、传递顾客价值，实现了自身及利益相关者的双赢。打开 App 界面，系统能精确地定位用户所在的位置，自动搜寻附近的美食外卖，用户不用打电话就可以在线直接预订。而且，App 中餐厅的列表以商标图片形式呈现，用户可以在购买之前看到外卖的内容介绍、点评以及照片等，这比很多实体店的服务还要到位、细致、贴心。最重要的是，用户可以通过 E 平台 App 获悉送餐时间，这对于追求效率的用户来说无疑十分具有吸引力。E 平台 App 根据用户以及商户双方的需要，在系统页面上进行有针对性的优化设计，更好地服务用户。

E 平台不仅关注良好的用户体验，还致力于提供更好的顾客资产和品牌资产管理。在运营质量方面，E 平台有自建的配送队伍提供专业的配送服务。2023 年夏天，E 平台用"精准滴灌"方案来解决高峰期的骑手短期问题，通过物流端与商家端的实时联动，进行骑手、订单的实时调动。E 平台还上线了食安服务 App，通过这款应用 E 平台可以将涉嫌食品安全违规的餐厅举报至监管部门，保证了用户的食品安全。在外卖配送和食品安全这两方面的提升改进，对管理顾客资产和品牌资产的贡献巨大，也提升了用户对平台的信任度。

E 平台在 2023 年第二季度的财报显示，该季度收入增长 30%，订单增长超过 35%，平均订单价值在继续提高，消费者活跃度也在不断提升。

思考讨论题

请结合本案例，谈谈生活平台类 App 营销的策略。

学生工作页

项目 11　其他常见的网络营销方式

任务	分析案例《安琪酵母的网络论坛营销》				
班级		学号		姓名	

本任务要达到的目标要求：

1. 提升学生分析问题的能力。
2. 提升学生对网络论坛营销的认识。
3. 提升学生利用网络论坛开展网络营销的能力。

能力训练

扫描二维码阅读《安琪酵母的网络论坛营销》案例，然后回答以下问题。

案例

安琪酵母的网络论坛营销

1. 开展网络论坛营销前需要做好哪些准备工作？

2. 营销论坛帖发出后，企业还需做好哪些后续工作？

3. 假如网络论坛营销的效果不佳，可能的原因有哪些？

4. 安琪酵母的网络论坛营销为何能够成功？给我们的启示有哪些？

学生评述
完成任务的心得与体会：

教师评价

参考文献

[1] 李东进，秦勇 . 网络营销：理论、工具与方法 [M]. 2 版 . 北京：人民邮电出版社，2021.
[2] 惠亚爱，乔晓娟，谢蓉 . 网络营销推广与策划 [M]. 北京：人民邮电出版社，2019.
[3] 秦勇，李东进，麻菁菁 . 广告学：基础、案例与实训 [M]. 北京：北京交通大学出版社，2023.
[4] 郑昊，米鹿 . 短视频：策划、制作与运营 [M]. 北京：人民邮电出版社，2019.
[5] 车云月 . 搜索引擎营销实战技术 [M]. 北京：清华大学出版社，2018.
[6] 陈德人 . 网络营销与策划：理论、案例与实训 [M]. 2 版 . 北京：人民邮电出版社，2022.
[7] 李东进 . 新媒体运营 [M]. 北京：人民邮电出版社，2022.
[8] 陶红亮 ."互联网 +" 网络营销推广实战宝典 [M]. 北京：中国华侨出版社，2016.
[9] 许耿，李源彬 . 网络营销：从入门到精通 [M]. 北京：人民邮电出版社，2019.
[10] 冯英健 . 网络营销 [M]. 北京：高等教育出版社，2021.
[11] 胡小英 . 企业软文营销 [M]. 北京：中国华侨出版社，2017.
[12] 海天电商金融研究中心 . 大数据分析与营销 [M]. 北京：清华大学出版社，2016.
[13] 王艺 . 微信小程序：设计发布 + 营销运营 + 成交转化 + 应用案例 [M]. 北京：清华大学出版社，2018.
[14] 黑马程序员 . 搜索引擎营销推广 [M]. 北京：人民邮电出版社，2018.
[15] 魏艳 . 短视频直播：营销与运营 [M]. 北京：人民邮电出版社，2019.
[16] 文圣瑜 . 互动营销视角下的直播间主播行为策略分析 [J]. 中国管理信息化，2021，24(13)：115-117.